建构与解构之间
——当代中国大众文化的话语阐释

张乐林 著

河南大学出版社
HENAN UNIVERSITY PRESS
·郑州·

图书在版编目(CIP)数据

建构与解构之间：当代中国大众文化的话语阐释 / 张乐林著. -- 郑州：河南大学出版社，2021.10
ISBN 978-7-5649-4889-4

Ⅰ.①建… Ⅱ.①张… Ⅲ.①群众文化－文化研究－中国 Ⅳ.①G249.2

中国版本图书馆 CIP 数据核字(2021)第 209947 号

责任编辑　马　博
责任校对　解远文
封面设计　马　龙

出　　版	河南大学出版社
	地址：郑州市郑东新区商务外环中华大厦 2401 号　邮编：450046
	电话：0371-86059701（营销部）
	0371-22860116（人文社科分公司）
	网址：www.hupress.com
排　　版	河南大学出版社设计排版部
印　　刷	开封智圣印务有限公司
版　　次	2021 年 10 月第 1 版　　印　次　2021 年 10 月第 1 次印刷
开　　本	787 mm×1092 mm　1/16　　印　张　16.75
字　　数	259 千字　　定　价　56.00 元

版权所有·侵权必究
本书如有印装质量问题，请与河南大学出版社营销部联系调换

序　言

　　本书是对当代中国大众文化的缘起，以及其如何在主流文化、精英文化、异质文化的裂隙中浮出地表，并最终获得文化命名权、合法性的过程描述，并旨在通过对大众、身份、大众文化几个关键词在不同的文化语境中的多副面孔的厘析，试图更深入地描述大众文化身份的驳杂，以及这种驳杂形成的文化立场之复杂的冲突博弈关系。

　　当然无论是对当代中国大众文化获得合法性的过程描述，还是对不同文化权力的紧张角力，本书都试图贯穿以下基本立场：

　　首先，充分尊重各种文化身份的复杂性。因为"文化"本身的多元，本书对内容中涉及的大众文化、主流文化、精英文化等概念尽量保持一种开放、与时俱进的姿态，注重不同言说者在不同场域中的评判立场和理解角度。比如在本书第一、二章对流行音乐为代表的大众文化正名时，特别强调各种文化在不同历史语境中功能、角色、定位的嬗变。也正是因着这种嬗变，大众文化在20世纪80年代的出场才成为一个极具症候性的文化事件，因为它突出呈现了多重文化权力从争斗到妥协，最终融合共生、共在的历史轨迹，并由此彰显了文化演进过程的规律性和复杂性。

　　其次，充分预估当代中国大众文化变迁过程中的正负两面影响，尤其是充分警惕资本对大众文化的过度操控。因为在大众文化兴起过程中，文化和资本一直是相斥相吸的矛盾纠结。资本或者说消费主义与大众文化的兴起之间究竟是怎样的关系，需做专题研究。但值得肯定的是资本并不能成为大众文化繁荣的充分必要条件。应该说大众文化借助于经济资本的力量获得了身份的正名权，但文化资本的商品化同样会反过来盗用、束缚甚至操控大众文化的发展趋势。日常生活的审美化、庸俗化、恶搞化乃至当下文化娱乐产业"娱乐至死"的消费倾向，清晰地显示出大众文化作为资本操控的产物,已然成为资本绑架文化的典型案例。

另外,辩证理性看待当代中国大众文化与其他文化之间的复杂关系,警惕大众文化因其汹涌之态而形成一种文化支配权。大众文化是通过打破主流文化、精英文化的垄断地位而取得存在合法性的,但这并不意味着其就能在反文化权力的斗争中可以获得永久的合法性。因为当下具备强大收编能力和吸金能力的大众文化,对其他文化的过度挤压和戏说改编,已经凸显出其在资本加持下的权力倾向。大众文化中非理性的过度扩张、情绪的无节制释放,会放大整个社会感性的"欲望"层面。尤其是当下的电影、音乐领域,面对商业化流行的成功和快速成名的利益引诱,无论是创作者还是受众,其实都缺乏足够的文化自觉和自省意识。创作者在商业性和艺术性之间的矛盾和徘徊,以及最终对商业性的过度臣服,也正反映出大众文化与生俱来的商品属性,以及由此带来的对文化与政治、社会和经济的关系的根本性改造。我们之所以要警惕,是因为我们相信卢卡奇这样的提醒:一旦大众文化的商品性在一个社会取得了支配地位,"它就会渗透到社会生活的所有方面,并按照自己的形象来改造这些方面。"

总之,本书对待当代中国大众文化尽量秉持客观理性的公正姿态,既肯定其在拓展文化边界、丰富文化内涵、建构多元文化景观中的正面意义,也对大众文化的过度商业化抱之批判和反思。但需要说明的是本书不是将大众文化放置在与精英文化、主流文化的对立面,以一种二元对立的立场去评判大众文化的优劣。正如书中详细描述的,只是尽量将大众文化放置在当代中国现代"转型"的动态过程中,以知识考古学回归历史现场的方法论为指导,去追问大众文化在这种"转型"中扮演了何种角色,它如何型构了当下中国斑斓的文化景观,在这种文化景观中,大众文化如何改写我们对文化与意识形态、文化与社会结构、文化与商业资本、文化与大众审美的关系的解读。并因着对这些关系的重新理解,我们从而得到文化创新和繁荣的新启示:各种文化都有适宜自己生长的土壤,任何形式的文化权力和文化抵制都会阻碍新时代的文化繁荣。各种文化之间的博弈是一个动态且互相取长补短、涵容共生并最终均衡发展的过程。这是文化发展的逻辑趋向,也是我们理应秉持的文化自觉自信的理念。

目　录

绪论：文化·身份·大众文化 … 1
　　一、"文化"作为话语场：大众文化的崛起与文化身份的"分化"/"去分化" … 1
　　二、"大众"作为超级能指：中国文化"大众化"的多幅面孔 … 4

上编：大陆流行音乐的文化政治阐释

第一章：大陆流行音乐的身份认同（上） … 13
　　一、1978—1983：大众文化兴起语境中"流行音乐"身份的置换 … 16
　　二、1985年：流行音乐的"大众性"着陆 … 22
　　三、1986年：流行音乐身份的"合法性"证明 … 30

第二章：大陆流行音乐的身份认同（下） … 39
　　一、1988年：流行音乐的"民族性"移位 … 39
　　二、1990年：港台乐、亚洲风、红太阳和摇滚乐交织而成的"雾中风景" … 45
　　三、1994：流行音乐表达"都市现代性"情怀的多副面孔 … 59

第三章：王菲"传奇"的背后——一个"另类"偶像的生产与消费 … 72
　　导语：王菲的音乐影响与社会影响 … 73
　　一、文化权力与王菲传奇——在批判与拥护之间 … 78
　　二、文化工业与大众接受——在编码与解码之间 … 90
　　三、文化工业与明星崇拜——喜欢王菲的背后 … 99

中编：社会历史转型的文化症候

第四章："无厘头"——作为一种喜剧文化的可能性阐释 ……… 107
  一、无厘头文艺的当下遭遇与研究方法 ……………………… 108
  二、无厘头艺术观念更新的合理性 …………………………… 113
  三、无厘头作为喜剧的本体论存在 …………………………… 116
  四、无厘头文艺的行为诗学 …………………………………… 122

第五章：无厘头文艺的美学价值再阐释 ………………………… 129
  一、解构与建构：无厘头文艺的美学悖论 …………………… 129
  二、"无厘头"艺术的价值指向："解构"承载的人文底色 … 133
  三、传统伦理的温情回归与传统模式的缺陷 ………………… 139
  四、后现代语境中无厘头诗性返魅的可能和途径 …………… 143

第六章：反抗与妥协的暧昧——无厘头作为社会文化变迁的症候 … 152
  一、"大话影像"与"世说新语"：无厘头的普泛化影响与多重面孔 … 152
  二、"网络恶搞"与"暴民心态"：无厘头的社会学病灶 …… 161
  三、重建价值观与文化多元：无厘头的文化变迁启示 ……… 165
  四、无厘头作为审视文化艺术更新的一种路径 ……………… 168

下编：全球化场域中的族裔想象与文化经济

第七章：全球化背景下新世纪武侠电影的症候式解读 ………… 173
  一、问题的缘起与武侠电影研究的方法 ……………………… 173
  二、症候与生存——全球化语境与武侠电影的盛放/迷失 … 186
  三、策略与情结——奥斯卡情结与作为策略选择的武侠电影 … 195

第八章：新世纪武侠电影的意识形态属性与价值嬗变 ………… 203
  一、从娱乐行为到休闲政治——观影行为的多重意义 ……… 204
  二、中产阶级价值的显影与遮蔽 ……………………………… 208

三、深度模式的逃离:被消费的历史 ················· 211
　　四、新世纪的隐喻:武侠与政治的和解 ··············· 215

第九章:新世纪武侠电影奇观化美学悖论 ················· 222
　　一、形下之"器"与形上之"道":奇观与叙事的辩证法 ····· 224
　　二、在奇观与叙事之间腾挪跌宕:《一代宗师》的启示 ···· 227
　　三、器械奇观化与意义的延宕 ······················ 233
　　四、景观催眠术:景观叙事的意识形态性 ·············· 239

结语:新世纪武侠电影实践的启示与出路 ················· 242
　　一、在可能与不可能之间——武侠电影"创新"与"类型"的辩证法 ··· 242
　　二、武侠电影与电影产业的助力关系 ················· 247

参考文献 ·· 253

后记 ·· 258

绪论：文化·身份·大众文化

要考察文化、身份、大众文化，首先要面对的就是社会文化语境的变迁问题，因此对何谓"文化"，这个有着复杂文化变迁痕迹、悠久的历史延绵的概念，需要再从本书的阐释立场出发做一番梳理。"文化"源自于拉丁语，在漫长的历史更迭中，被不同语境、不同立场的解读者，赋予了错综复杂且伸缩自如的内涵和外延。

一、"文化"作为话语场：大众文化的崛起与文化身份的"分化"/"去分化"

18世纪德国思想家赫尔德尔在他的名著《人类历史哲学概要》中曾经界定了文化所要具备的三个特点："第一，文化是一种社会生活模式；第二，文化是属于一个民族的稳定性特征；第三，文化具有不同区域的明显区分性。"① 在这里可以看出，自文化的定义诞生时起，就意味着不同文化之间必然存在不同的身份和意识，而文化的相互碰撞，带来的则是不同文化身份认同的焦虑混杂。

从整个历史文明的发展进程来看，文化的等级性和区分性的形成，是伴随着西方社会由古典时期进入现代时期而出现的，马克斯·韦伯认为现代性的实践以及现代文化的一个突出特点是，把前现代的宗教和形而上基本问题分为三个不同的领域：科学、道德和艺术（或者知识、伦理和审美），这三个领域一经划分就开始各自独立，文化艺术也就因此有了自己自主发展的逻辑性，这是社会的合理性和文化合理性发展的产物。这个过程也就是后来哈贝马斯所言的文化的分化，他认为："这种分化是18世纪的启蒙

---

① 陆扬、王毅：《大众文化与传媒》，上海三联出版社，2000，第1页。

哲学家对现代性按其内在逻辑的系统设计：发展客观科学、普遍化道德与法律以及自律的艺术的努力。"①而周宪则进一步把哈贝马斯的观点具体阐述为："科学领域——求真，体现为客观性；实践领域——求善，体现为道德自觉；审美领域——求美，体现为艺术自主。"②这就规定了"自律"作为现代艺术最主要的追求。但是，艺术对自律的求索，显然也无形中促使着那些拥有优越的社会、教育资源的精英阶层，顺利跻身上层主流社会，或者形成上层阶级的身份地位和权利，从而规定着他们关于社会文化的趣味体系和等级秩序。当然也正是依赖着他们对何为"文化"的权威解释，民间的通俗文化则被逐渐边缘化、低俗化。

当然，无论漠视也罢，藐视也好，事实上是在现代社会，随着普通大众、市民阶层自主意识的萌发，他们开始作为一个自在整体要求在文化舞台上显山露水，那么应运而生的大众文化也必然以势如破竹、汹涌来袭之态，在现代主义的文化版图中谋求自我身份地位的合法化，于是在自律的摇篮中沉睡的文化的精英属性，就必然遭遇巨大的危机和重创。至此，文化再也无法作为特权和专利被自我封闭在艺术自律的狭小天地中，而开始下延为各阶层自我审美趣味的多元身份选择。从这个意义的区分来看，可以把现代主义的精英文化解读为自律的、精神的、审美的文化，因此更主要的体现着现代性的"审美"维度；而早期的大众文化作为民间文化乃至通俗文化的一种变体，更主要的或许与商品经济生产和消费的资本主义逻辑琴瑟和鸣，成为消费主义绑架下的感性的肉身的解放与狂欢的文化，彰显的是现代性的"物质"维度。当然这只是一个粗略的对比区分，不是截然分明的二元对立立场，事实上文化自身的复杂性和暧昧性，以及在各个维度和层面的游走和滑动，恰恰是无处不在无时不显。只不过20世纪之前，这种模糊和游走相对较为隐蔽，而现代性的发生，一方面作为强劲的催化剂，使大众文化从星星之火蔓延到燎原之势；另一方面也显示了文化自身与社会产业

---

① 尤尔根·哈贝马斯：《论现代性》，载王岳川、尚水编《后现代主义文化与美学》，北京大学出版社，1992，第16—17页。
② 周宪：《艺术的自主性：一个现代性问题》，《外国文学评论》2004年第2期。

环境变迁之间的自觉身份互动。

如果在20世纪前半叶,大众文化还是以一种较为鲜明的反精英的身份立场进入文化的所属地的话,那么随着西方在20世纪50年代末后现代主义的进一步来袭,文化之间高雅/通俗、精英/大众、审美/日常生活,统统被收进斑驳拼贴、界限难辨的"后现代"文化场域中。这种变迁就如英国著名的社会学家拉什所言:"如果文化的现代化是一个分化的过程的话,那么,后现代则是一个'去分化'的过程。"①

聚焦到当代中国具体的现实境况中,可以说改革开放40年多来的文化趋向也是大众文化从边缘到中心,进而从意识形态主流文化和知识分子精英文化中争得地盘,独树一帜,但最终又与后两者逐渐融合的过程。这个过程呈现的就是巨大斑斓的文化多棱镜:一边是大众文化获得了身份的合法化,并正在向主流文化挺进的声势浩大的背影;一边则是一直坚守"艺术为人民服务"的主流文化,从开始拒斥大众文化、网络文化到接受、融合并收编后者的复杂历程;另一边则是原本具有同一性、稳定性和共通性的本土精英文化,在应对外来文化、网络文化冲击时的身份徘徊。然而,这些风景日益斑斓、格调日益混杂的文化图景却并不代表其文化身份的去分化、去等级化、民主化甚至平均化。特别是在大众文化兴起过程中,文化和资本一直是相斥和相吸的矛盾纠结。资本或者说消费主义与大众文化的兴起之间究竟是怎样的关系,有待进一步的研究,但值得肯定的是资本并不能成为大众文化繁荣的充分必要条件。应该说大众文化借助于经济资本的力量获得身份的正名权,但文化资本的商品化同样会反过来盗用、束缚甚至操控大众文化的发展趋势。日常生活的日益审美化乃至庸俗化和恶搞化,作为资本操控大众文化的产物,已经验证了资本对文化的负面影响力量。

因此需要思考的正是,如果说,自律的精英文化曾将大众文化斥为次等品乃至不雅文化,但是获得命名权的大众文化,是否就从此获得了不容置疑的历史合法性,得以在反精英文化霸权的战争中拔得头筹?而当下具

---

① Lash, S, *Sociology fo Postmodernism*, London: Routledge, 1990, P, 11—12.转引自周宪:《中国当代审美文化研究》,北京大学出版社,1997,第49页。

有强大收编能力和吸金能力的大众文化,对其他文化的过度挤压和戏说改编,是否意味着又一轮文化霸权的开始?非理性的过度扩张、感性的无节制释放,如若缺少理性的自省和深度的反思,是否会再度陷入欲望的无底深渊?尤其是当下的电影、音乐领域,面对商业化流行的成功和快速成名的利益引诱,大众是否有足够的清醒和自控意识?流行音乐、商业电影的快速传播和大量蔓延,给严肃的音乐或者艺术的小众电影留出了怎样的生存空间?而大众文化制作者、生产者在商业性和艺术性之间的矛盾和徘徊,是否也是大众文化在人性解放与欲望放纵、商业消费与文化民主之间矛盾心态的征兆?进一步说是否也正显示了人类在整个文明的进程中,既期待得到物质的非理性的本能释放,却又担心欲望会如深渊一般的悖论性文化心态?

经过上述的简单分析,可以看出当代中国的大众文化是一个极具个案性的复杂存在。其一,作为社会主义体制下的一个存在,它无可避免地要与中国的政治文化纠缠链接,大众媒体、主流话语和知识精英,可以随时对其校正、纠偏。其二,大众特定的审美意识和文化趣味的发展诉求,以及市场经济的利益需求,又要求它尽可能地具备发展的自主性。于是当代中国大众文化就显然成了多重文化力量争夺的"角斗场",一方面既清晰地显示出大致走向,另一方面,又行走在意识形态、主流话语、知识精英、资本结构、异质文化、大众传媒等知识权力力量构成的复杂网络中。

二、"大众"作为超级能指:中国文化"大众化"的多幅面孔

20世纪新文化运动以来,在海派、鸳蝴派等通俗小说中被反复描摹的都市里的庸人俗事、社交宴会、靡靡之音、流行风尚、生活方式、小资情调等,曾经被当时主流意识形态嗤之以鼻,并以庸俗、颓靡、垃圾为由,打进文化历史的冷宫。但到了1970、1980年代之交,日常生活(包含"服饰、旅游、家居、音乐、休闲等日常生活方式")却以激进反叛的姿态抗拒着政治意识形态,成为解放人的主体性的主旋律,并发挥着启蒙人性的革命意义。继而到了1990年代,在前现代、现代、后现代杂糅的混杂性语境中,日常生活话语更是以汹涌之势迅速改写其携带的政治含义。不仅将带有政治抵抗

意味的日常生活迅速化解为围绕时尚与市场旋转的另一种文化现象,并以"大众文化"的命名,以更多变的面目,更复杂的价值冲撞,轰隆隆在人们猝不及防的焦躁中呼啸而来。这时,如果还站在主流文化或精英文化的立场,将这些已经深深渗入和影响大众日常生活的文化斥为"媚俗"或"低级",不仅已是一种保守主义的姿态,更有可能被大众文化的拥护者反斥为"落伍"或"守旧"。这里大众文化与主流文化之间的地位的错动和位移,不仅印证了大众文化在日常生活层面的影响,更像是雷蒙德·威廉斯所指出的:大众文化是"表述特定意义与价值的特定的生活方式,它不仅存在于艺术和学识中,还存在于制度与日常行为中。就此而言,对于文化的分析便是对特定生活方式即特定文化中隐含于内彰显于外的意义与价值的分析。"[①]威廉斯的提示正在于,对一种大众文化的流行现象进行分析时,不能仅停留在现实的表征上,而是需要从构成其表象的诸要素之间,发现其背后的价值变迁和社会发展趋势。

(一)对西方大众文化理论资源的继承和扬弃

尽管到了新世纪,大众文化研究已经成为一门炙手可热、令众多研究者争相追逐的显学,但是究竟何为大众文化,却又是众说纷纭,争论不休。因为"大众文化"一路漂洋过海,在获得合法性的过程中,困难重重。从早期法兰克福学派阿多诺等的强烈批判,到本雅明的有节制的承认,从葛兰西的文化霸权理论中遭遇的合理性辩护,到霍尔的编码解码中承认"大众"具有生产"意义""快感"的再创造能力,最后到费斯克所谓的"金融经济"和"文化经济"的概念。众多学派学者的持续能力为早期"大众文化"摆脱单一文化身份做出了贡献。

但是将上述的研究者的理论分类,大致仍是以下两条脉络:

首先是批判、抗拒、否定的立场,这一脉络由法兰克福学派之阿多诺、霍克海默为代表的精英文化群组成,认为大众乃是被动消极的"乌合之众",而大众文化取义为"mass culture",是一种以标准化、伪个性化的陈腐老套、保守主义,满足浮华幻想的、受操纵的文化工业产品为标志的文化。

[①] Remond Williams: *Culture and Society* 1780—1950, London, Penguin, 1958.

其目的是通过制造自上而下的整合,满足大众的虚假需求,用来维护社会的统治权威,成为主流意识形态欺骗群众的统治工具。在这里,大众文化不仅是无个性的、被动的,更是媚俗的、低级的。

其次是积极、肯定的立场,经由本雅明到威廉姆斯再到费斯克,是从"popular culture"的层面上认识大众文化,肯定大众文化中也隐含着一种积极能动的自主性力量。在重新理解大众文化,重新审视大众传媒的基础上,肯定了大众文化存在的合理性和创造性——是作为大众的文化,从而完成对主流文化或者精英文化内部象征性反抗。在这里,大众文化就不仅是众人喜欢的文化,而因为具有了反抗性、创造性的特点,又有了被主流意识形态称之为"另类"的对抗性姿态。

综合来说,上述分类明显地呈现了一种精英主义(鄙夷大众文化)与平民主义(肯定大众文化)的二元对立。它似乎可以看作这场没有结果的论争的结果。"如果说,站在经典文化的孤岛上,将芜杂且蓬勃的大众文化指斥为垃圾并感慨当代文化的荒原或废都,是一种于事无补的姿态,那么,热情洋溢的拥抱大众文化,或以大理石的基座,黑丝绒的衬底将其映衬为当代文化的瑰宝,则同样无意且可疑。"①并且,暂不说中国是否已经进入或者接近一个所谓的"后现代"的语境。也不论西方的"后现代"文化是否真的实现了或者填平了"雅俗对峙的鸿沟",但是大众文化真的要么就是麻痹大众的精神鸦片,要么就是大众自我审美趣味的真实呈现吗?到底是知识精英、资本权力,还是大众自己在主导着大众文化的趣味生产和审美价值?但无论理论上怎样质疑这种二元对立的批评态势,在相关的实践性论争中,批评者的话语立场却都无意识地在进一步强化这种二元对立。

应该说大众文化一路走来,丰富的理论资源,涵盖着太多的能指意义,任何简单化的归纳总结,都会削减大众文化本身的丰富驳杂,况且大众文化也绝不是一个单纯的学科可以解答的课题。尤其值得关注的是,中国的"大众"来源与指称都异常模糊,且身份难辨。并在不同的时期,不同的语境呈现不同甚至相反的意义。另外1990年代之后中国市场经济体制的确

---

① 戴锦华:《隐形书写——90年代中国文化研究》,江苏人民出版社,1999,第2—3页。

立,消费市场的繁荣、产业结构的调整,导致了整个中国的社会阶层急速分化,随之带来的是各种文化价值规范体系的全面错动和新的阶层的重新分割。所以审视和辨析当代中国的具体语境,就显得尤为重要。

(二) 中国大众文化的发展脉络

首先,关于"大众"的来源与指称。

相对于大众文化在西方语境中的一路遭遇,在国内又是另一番不同的关于命名权的争夺过程。应该说"大众"一词,在近代中国思想的发展史上具有不可忽视的地位。从晚明现代性的萌芽开始,"大众"所代表的百姓阶层,一直是作为与"庙堂"相对的最低下的阶层而言的。

从新文化运动以来,大致也有两条发展脉络:

一条脉络,在晚清的"文界革命"诸君子眼里,"大众"还是被掌握知识教育资本的君子贬之为"妇女粗人";自民国以来,成为相对于封建贵族的"平民"概念;到了新文化运动中,"大众"在民主政治的遮掩下拥有了颇具民主色彩的命名——诸如"庶民""平民""劳工";到了1930年代,被改写为"工农兵""无产阶级";在战争时期,又成为反封建反压迫的革命主力军的劳苦大众;之后经马克思主义阐释为"历史的主体"的人民;而1949以后,国家给定的统一的称谓是"人民"(当然进入新时期之后,这一"人民大众"也开始出现分化,一部分成为精英文化的倡导者,一部分成为市民或者农民,前者已经脱离了大众的范畴,而后者正是大众的主要力量)。在这一脉络里,大众始终是与国家历史的进程紧密相连的,是作为历史的主人进入新时期的文化语境的。因此"90年代中国大众文化的倡导者,正是有意无意间借助这一历史文化与记忆的积淀,为其提供合法性的论述与申辩。"[①]在这种意识下,"大众"对应于因其延伸出来、进而风生水起的大众文化以及大众传媒的强势地位,就相当于大众是国家的主人、是历史的推动力的说法一样理所当然。从这一条线索可以显见的是,这个层面上的"大众"一词实现的是从逐步摆脱被贬斥化被漠视化的身份,而获取历史主体身份的合法化进程。然而需要警惕的是,这种关于"大众"的命名,是发生在真正

[①] 戴锦华:《隐形书写——90年代中国文化研究》,江苏人民出版社,1999,第10页。

的"大众"之外的。比如说在20世纪三四十年代之前,"大众"是经由士大夫、知识分子、文化精英获得命名和意义的,而三四十年代之后,"大众"的命名和解释权被移交到国家意识形态或者文化精英身上。也就是说,作为一个阶层的命名,大众只能出现在合适的时代氛围甚至是合适的历史年代。因此,1980年代之前,大众虽然存在着,却毋宁说始终是一种被动的隐形存在,这种存在又势必会随着历史境遇和政治背景的更迭,面临着被"他者"随意涂抹的或低俗化或神圣化的变形。

另一条脉络,似乎是被历史掩埋在20世纪二三十年代都市消费的文化事实中,如娱乐业的兴起、通俗小说的流行、消费主义的蔓延、大众传播媒介开始介入日常生活等。而这些在其间从事生产消费传播的群体,曾经被作为新文化运动"人的解放"的一个维度,应该说也直接或间接地通过不同途径或者隐晦曲折的方式作用于社会秩序的建设。但后来除却被作为小市民,或者封建沉渣或者携带资产阶级情调的被否定和被批判的对象外,只能长期存在于文化视野的盲区之内。1990年代,大众文化的勃兴,无疑成全了文化工业和文化市场,使得这里的"大众"逐渐蜕变为生活在一半海水一半火焰中,体验着一半快乐一半忧伤的都市"狂欢人"或者"寂寞人",并开始显露其作为社会消费、娱乐主体的意义。这些大众一方面"扬弃"了现代性宏大进程中的沉重的历史反思,从政治、国家、民族等意识形态话语的束缚中破茧而出;一方面又理所应当地感受着国家现代化进程中,承诺实现的消费自由和感性享受。随着"市场"取代"计划"成为政治经济文化等游戏规则的制定者,这种被压抑已久的迫切要求"浮出历史地表"的大众文化,又加上入世后和西方后工业时代的消费主义、商业文化的直接合轨,其势不可挡的姿态,大大抢占了精英文化和主流文化的昔日领地。但是需要注意的是,此次他方唱罢再登场的"大众文化"肯定不会是空穴来风,描述它的原因正在于要理清其与历史前涉的各种"他者"赋予的身份的勾连和承接。

事实上,从现代性的发展历程来看,此番上阵的大众文化身份正是萌芽于晚明,肇始自晚清,进而发展在五四,崭露头角于1930、1940年代,隐藏在战争时期的民间和底层,进而复兴于"文革"之后,然后又应和着1980年代对现代性的狂热追求出现的题中应有之义,是现代性发展的必然结果,也是应有一极。同时也是1980年代初期政治和经济两个权力主体在争夺对文化领导权的妥协、斗争中,与外来港台文化、异质西方文化思潮、全球化等多元复杂的文化力量之间内外呼应、合谋共生的必然结果。当然更是1980年代初,精英文化试图反拨当时主流文化现实,以期实现"解放思想、人性回归"的启蒙呼喊中需要借势的重要力量。

而正是这两种大众来源的脉络,使得当代中国大众文化从一开始,就具备了内在的矛盾性和驳杂性。应该说,在1980年代初期,大众文化是曾作为精英文化的亲密合作伙伴出现的,两者后来的分野应该说也是各自对现代性的不同方面阐释和演绎的结果。比如在知识分子这里,现代性的追求导向了精神的反思领域,而越来越不满大众文化的庸俗化、浅表化和平面化。而追随着市场经济的无形之手,应和着改革开放后对外来异质文化的片面性误读,大众对现代性的追求,仅仅简单直观地缩减为物质、经济乃至世俗利益的层面。因此,也可以说,目前的大众文化和精英文化乃至主流文化之间的复杂纠缠,正是现代性内在矛盾的生动注释和形象演绎。

其次,经济发展、市场结构调整导致的阶层分化和价值错位。

在上述论证"大众"来源的第一个脉络里,作为历史的主人,进入新时期的大众,逐渐产生了分化,一部分成为新时期主流意识形态的制定者,从而晋升为主流文化或者精英文化阶层;而另一部分成为普通百姓或市民,并与后来的第二条脉络里的大部分合构在一起,成为大众文化名副其实的大众。而第二条脉络里的商业人士,相当部分也在改革开放的浪潮中,成为改革的先行者,从而跻身于政界、商界等。当然这种划分并不是绝对的,而事实是,由于中国特殊的历史过程和文化境遇,作为严肃学者或者知识分子的精英们,其实大多都有曾经是大众的身份经历,这就使得他们自然地要经常涉足大众文化领域,而大众文化也由于其较高的艺术修养的加入,一定程度上获得了较为丰厚的艺术资源。而另一方面,精英文化也因为要获得更多的阅读者,而不断地调整自己的步伐,融入了相当的通俗易懂、娱乐消费的元素,比如当下各类题材的主旋律创作、红色经典创作等,因为更时尚更贴近年轻受众的审美趣味,在各个方面都显示出"潮"的风格。另外再加上审美领域里审美趣味的深层裂变,与大量挪用西方文化的相互推动,使得当代文化领域不断出现各种惊世骇俗的先锋实验,与媚俗的感官震撼等雅俗同领风骚的局面,也就不足为怪了。

应该说无论是何种文化,其实都具有多重的"复调"特性,精英/大众的命名,只是基于对"文化"的不同理解,带来的批评立场的不同。而这也似乎正应了葛兰西的文化领导权理论带来的启示,各种文化之间正是有了千差万别的不同,才必须相互对话、交流、借鉴乃至学习。

从上述对外来理论资源的简单梳理和对国内大众文化的发展脉络的总结,可以看出,正因为大众文化在不同的语境呈现了自身不同的矛盾和悖论,任何想要为大众文化找到准确的定义的想法都显得力不从心。因为不同的论者,总是从不同的理论视野或者不同的考察对象入手,所以总是会有不同的偏重和考虑。鉴于本书的研究对象和研究目的,结合当代中国的具体语境,在众多的定义中,选取以下几个要点:第一,本书所说的大众文化,是伴随着工业革命之后出现的文化类型,是文化工业的必然产物(这里延伸出大众文化的传媒性、商品性、流行性、类型性)。第二,它是大多数人接受和消费的文化,目的在于满足大多数人日常愉悦的感性体验过程(这里包括娱乐性、通俗性、日常性)。第三,从时间上看,它不是孤立存在的,而是随着语境呈现不同的发展趋势;从空间上看,每个时期,又与其他类型文化呈现着互动和交融(这里体现着大众文化对其他文化样态的吸收借鉴和发展创造)。第四,表现样态上,包括流行歌曲、影视剧、广告、通俗文学、各种时尚消费文化等。在这里,需要总结的是,在大众文化的几个属性里面,如果说第一点和第二点,是大众文化之所以能够流行,被大众所喜欢所接受的外在原因的话,那么,第三个属性无疑就是大众文化之流行能够经久不衰,且能够自我更新的内在动因。

(三) 中国大众文化的功能以及本书的研究基点

概括地说,大众文化在当下的社会最起码具备以下三个基本功能:首先,大众文化是社会文化变迁的晴雨表。当下流行什么,时尚趣味的热点是什么,受人追捧的现象和思潮又是什么,这些都是大众文化的表现范畴,比如本书提到的流行音乐的身份变迁、王菲的个案,以及"无厘头"现象在1990年代中期之后的突然来袭,武侠电影在新世纪的勃兴,都是特定时期的社会文化心理的症候反映。从这个意义来看,大众文化看似只显现、表征社会问题,不解决社会矛盾,但事实上,上文提到的这些成熟的大众文化都在使用自己的方式,触摸社会困境,进而想象性地解决社会矛盾。而此也是我们研究大众文化的初衷所在,比如本书通过对"无厘头"现象流行机制的阐释,能够看到它如何成为社会文化变迁和社会机体危机的症候。同样像新世纪的电影产业的危机与克服、中国崛起论与中产阶级、中国电影产业应对全球化的问题等,在新世纪的武侠电影中都能得到及时的反馈。其次,大众文化充当了一种文化产业的形态。之所以如此是与后工业社会特征在中国的出现有关。"后工业社会是一种去工业化的、产业中空的社会结构,文化产业、旅游产业等都成为后工业时代的支柱产业。"① 这在本书中关于王菲的传奇生产,以及新世纪武侠电影如何成为中国文化产业的一部分,有着较为详细的论述。最后,大众文化要充当社会矛盾的润滑剂和消音器。作为一种大众的文化,一方面它要深入社会大众的日常生活中,触摸社会大多数人的喜怒哀乐和悲欢离合,另一方面又要不失时机地调节、安抚大众情绪,甚至是巧妙地转移和化解这些社会矛盾和危机,比如本书对"无厘头"现象的流行以及揭示的社会文化的病灶。这就使得大众文化容易呈现两幅面孔:既敏锐又保守。比如大众文化一方面要认同于现有的秩序,与现存制度和解,但又要与时俱进,引领时尚思潮,进而掀起文化小风浪。当然这也是大众文化的魅力,在主流与非主流之间找到自我更新的机制,既是一个润物细无声的存在,又是一个充满争夺、妥协和弹性、多元的复杂空间。

鉴于上述对本书涉及的三个主要的关键词的各种复杂定义及其来源,以及其与文化诸方面的相互扭结的复杂关系的介绍,本书选择了大众文化最具代表性的两个表现形式——流行音乐与武侠电影,和一个大众文化生产的成功个案——王菲的传奇与流行,还有一个既典型又特殊的大众文化思潮——"无厘头",来作为本书的研究对象。考察在文化、身份、大众工业生产机制,社会文化症候,意识形态等影响大众文化表现、发展以及变迁的几个关键词的作用下,他们各自出现和存在的价值意义,及由此折射出的社会问题和所敞开的理论视野,同时也尽可能地发掘研究此类文化现象的方法论和基本立场。

---

① 张慧瑜:《韩流风靡,非一日之"韩"》,2014年11月10日,新浪专栏·文化谭,http://cul.history.sina.com.cn/zl/shiye/2014-11-10/1215796.shtml。

上编：大陆流行音乐的文化政治阐释

第一章：大陆流行音乐的身份认同（上）

"身份(Identity)""文化身份(Culture Identity)""身份认同"等语词，在晚近的文化研究学界越来越得到重视和关注，也越来越被放置于一组亟待解决的理论论辩和政治分歧问题的讨论中心。但是究竟如何定义"身份"？这个曾经隶属于社会学乃至心理学的名词，何以会在当代文化中骤然成为一个重要的话题？廓清这个概念，对于大众文化，特别是流行音乐的研究究竟有何重要启示作用？

应该说"身份"是一个心理学命题，关于"身份弥散"、"身份断裂"、"身份认同"研究已经在学界形成了一整套完整的心理运作机制，其实在"身份"的背后，紧密相连的就是"自我认同"的问题，也即是说，"身份"是必须借助于"我是谁"才能获得存在的合法性的。所以在有关个体社会化过程的心理研究中，查尔斯·泰勒曾提示我们"身份"的确认某种程度上是每个人的个体自我的确认，它"需要各种资源，因为我们是在各种复杂的关系之中确认我们自己是谁，我们如何对待我们周围的世界。因此，当我们开始追问我们自己是谁的时候，我们实际上总是在问：我们自己与自己身处的社会、国家、世界以至自然界的关系怎样？"① 而"回答这个问题就是理解什么对我们具有关键的重要性。知道我是谁，就是知道我站在何处。我的认同是由提供框架或视界的承诺和身份规定的，在这种框架和视界内我能够尝试在不同的情况下决定什么是好的或有价值的，或者什么应当做，或者我应赞同或反对什么。换句话说，这是我能够在其中采取一种立场的视

---

① 汪晖：《汪晖自选集·自序》，广西师范大学出版社，1997，第2页。

界。"①所以"身份提供了一种在我们对世界的主体性的经验与这种微妙的主体性由以构成的文化历史设定之间相互作用的理解方式"。② 换句话说,也就是,"身份"的含义不仅仅是为了完成对个体自我的定位,同时也解决了自我个体和所处的社会、政治、文化等关联语境的相对位置,更为重要的是它还解决了个体、群体确认"我是谁"的角色定位问题。但是"自我认识并不是孤立的我'思'产物,毋宁说是在与他者的差异比较中被'生产'出来的"。③ 也即是说"我是这个"要借助"我不是那个"得以证明。

所以"身份"问题的凸显正是"现代性"发生以来的事,越是有差异的存在,才越导致身份认同的危机出现。在现代性发生以前,近代的中国几乎没有遭遇外来文化的介入和侵袭,所以那时的"自我"大致是静止、稳定和自足的。恰如查尔斯·泰勒所言:"在现代之前,人们并不谈论'同一性'和'认同',并不是由于人们没有(我们称为的)同一性,也不是由于同一性不依赖于认同,而是由于那时它们根本不成问题,不必如此小题大做"。④ 但是当现代性发生以后,当自我由稳定、统一的"想象界"进入冲突的"象征界",⑤当所处的环境开始由一维变成多维时,"自我"虽然有可能会因为参照物的纷杂和错综,而更为清晰地辨识自己的位置和境遇,但是过多的镜像烛照也会使自我陷入反而不知所属的认同危机之中。

在有关"身份认同"的研究中,随着全球化的深刻影响,后现代主义理论影响渐深,其对世界统一性的否定,对历史本质主义的拆解等,开始对传统价值观念的稳定性产生颠覆,使得形成"身份认同"的统一性和稳定性逐渐消失,于是个人身份、群体身份,乃至国家、民族、种群身份开始普遍陷入

---

① 查尔斯·泰勒:《自我的根源:现代认同的形成》,韩震等译,译林出版社,2001,第37页。
② 钱超英:《身份概念与身份意识》,深圳大学文学院传播系编,吴予敏执行主编《多维视野:传播与文化研究》,北大出版社,2001,第379—380页。
③ 周宪主编《文化与认同:跨学科的反思》,北京:中华书局,2008,第225页。
④ 查尔斯·泰勒:《现代性之隐忧》,程炼译,中央编译出版社,2001,第55页。
⑤ 这里的"象征界"和"想象界"的概念来自法国著名的精神分析学家拉康的定义。

所谓的"身份认同"等危机之中。而对于本章的研究对象,由于当代中国社会和个体正处于价值观念、伦理结构和体制改革的深刻转型语境中:一方面,1980年代的精英启蒙文化退而未退,大众文化却强势登场,另一方面,本土的民族文化体系尚未发育成熟,全球化影响却势不可挡。在这样的双重危机中,不但个体、种族、国家的身份出现认同危机,甚至各种文化本身的身份认同也开始陷入漂移和悬浮状态。也即是说,随着现代性的展开,政治、社会、经济、文化等层面的复杂变迁,使得此种认同的危机开始从个体、民族、国家、种群蔓延至性别乃至各种文化、文明、民俗等,一句话:身份认同的问题从主体上讲不仅表现在属"人"的各个层面,也同样出现在属"文化"的各个价值维度。而从认同流变上讲,不仅出现在纵向的、历时维度的"变动"性时间位移中,也呈示于横向的、共时维度的"交互"性空间混杂处。

将此理论逻辑折射进当代文化转型时期的流行音乐场域中,那么所谓的流行音乐的身份认同危机则纠缠着诸如文化转型、艺术观念更新、社会审美心理、国家管理体制、知识精英批评、商业市场消费等多重复杂的认同背景。在此期间,作为流行音乐的自身,其本体身份该如何界定?流行音乐的"流行"身份该指向什么?大陆流行音乐的原创歌手又该如何给自己重新定位?流行音乐通过哪些身份对城市的现代性进行了描述?流行音乐又是如何在何种力量的争夺中左右漂移,进而完成对其身份的确认和认同?同时,中国流行音乐又如何在大众文化全球化,和欧美流行音乐及地下另类音乐的强势化的语境中,寻求自身的身份塑造?等等问题都成为重新切入新时期流行音乐研究的一个个关节点。

而基于中国社会文化和大众文化及流行音乐本身的变迁研究的历史意识,本章将论说的语境确立为1978—1994这16年间。因为在笔者看来,以邓丽君为代表的港台流行乐在"文革"一结束就开始浮出水面,从而急速地瓦解着大陆的一元音乐身份。而下限的1994年,则是流行音乐结束第一个发展的时代,迎接一个全新时代的临界点,但是流行音乐身份的多元化、多样性,已经基本成形。1994年之后,无论流行音乐如何嬗变,其大众变化的基本身份和商业化、造星化运作模式,都是其基本外壳。所以在此基础上,本章借助"身份"和"身份认同"等相关概念以及意义阐释,围绕"文革"之后，中国大陆复杂的社会经济文化层面的错动和变迁，再次切入流行乐坛现场，一方面考察在势不可挡的大众文化崛起的语境中，在一个由各种力量"妥协、交换、对抗"而形成的文化场域中，流行乐坛的萌芽、发展、高潮、喧嚣、骚动甚至革命性颠覆；即流行音乐本体面临的对传统审美文化的身份和意义的重新区分，大陆流行音乐在模仿港台和商业资本的强势挤压下面临的民族的原创的身份追求；另一方面，在以流行音乐为"镜"，以原创歌手生态和大众接受心态为"像"，以媒体包装、宣传、演出等明星歌手制作机制为"场"的同时，也着力于考察中国大陆原创音乐，尤其是校园民谣和摇滚歌手，因代际不同导致的对两种音乐类型的反叛、回归和背离，并揭示由此导致的流行歌手身份和流行音乐身份的复杂和纠缠。

一、1978—1983：大众文化兴起语境中"流行音乐"身份的置换

"流行音乐是什么"？"流行音乐的概念范畴有多大"？这可能是自"流行音乐"诞生之后一直困扰学界的一个话题。但当下这一问题重新凸显，从某种程度上看，也是音乐界、文化界乃至大众民间长期以来对流行音乐在当下的大肆风靡，但又良莠不齐的艺术/文化身份想象，在应对资本市场和商业经济的诱惑下，发生的认同危机的不期然照应。应该说目前中国流行音乐，特别是网络技术的发展，造成唱片工业的大规模萧条的现实，使一些学界人士不由担心流行音乐发展面临的"或兴盛或死亡"的危机存在。流行音乐曾经在1980年代中期和1990年代中期，创造的原创音乐的繁荣景观，在新千年之后国内音乐市场一派颓势的现实面前显得不堪一击。尽管2000年之后音乐市场仍是一派"众生狂欢"的红火景象，但是各种民间的非专业的名目繁多的"歌手选拔赛"的流行，和网络歌曲的大肆传播，逐渐降低的歌手的准入门槛，使得本来就身份驳杂、出身不明的流行音乐，面临更加艰难的身份认同危机。流行音乐想要获得长久的健康发展，究竟是该更高雅些，还是该更通俗些？流行音乐的大众文化特质，使得它和知识精英以及大众的审美心理、欣赏趣味之间，又形成了怎样的妥协、争夺和认同的复杂关系？

事实上，流行音乐并非在新时期一开始就获得稳定的身份。然而有意

思的是，在对 1980 年代早期的流行音乐，以及一系列历史文化碎片的整理考察中，我们发现在知识界或者学界对流行音乐的身份大加头疼的时候，相对普通的大众来说，这些根本就不是问题。对他们而言，好听、娱乐、通俗、流行就是他们确定流行音乐的主体特征的标准。所以，在唱片的销量和大众的接受意义还没有得到正名之前，流行音乐极容易淹没在批评话语的掌握者对"政治正确"或"艺术正确"的简单化批判中。概括地说，1980 年代早期的流行音乐，其主体身份是徘徊在主导政治和文化精英的争夺里，而无关乎大众，更无关乎娱乐。而流行音乐获得了它相应的大众的商业娱乐身份是在 1990 年代中期，市场化出现之后。当然这并非是指由于市场经济的作用，流行音乐才从其政治、艺术身份走向其商业身份。因为，市场经济并不是音乐商品化的充分必要条件，流行音乐的出现并不是一种与历史与传统音乐相割裂的全新的艺术形式。事实上，在流行音乐看似全然不同的节奏旋律、歌词创作、作曲风格、演唱技巧等方面，处处流露出 1980 年代之前革命音乐、军旅歌曲，尤其是 1970 年代知青歌曲，乃至 1920、1930 年代所谓的靡靡之音等的创作痕迹和文化心理。基于此种基本判断，本章在考察流行音乐本体身份的观念变迁时，注重各种历史前涉身份对其的影响，以官方控制/大众接受/精英批评为关键词，试图重建一幅相对饱满而可信的当代流行音乐文化地形图。

（一）一场"靡靡之音"引起的各种身份论争

"文革"之后，冲击大陆音乐界的最引人瞩目的事件就是港台流行乐的传入，特别是邓丽君歌曲的流行。今天再重新回望邓丽君事件，并不仅仅因为她是当时盛开在大陆流行文化废墟上的第一株芳香四溢的茉莉花，而成为无法绕过的重要话题，而是因为邓丽君当时在中国大陆的遭遇，无意中成了当时音乐界开始意识到自身身份危机的现实表征。因为"文革"结束后的 1970、1980 年代之交，在政治环境，一边是尚未完全退场的政治压力，一边是改革开放的文化复苏。而文化环境上，一方面是各类文化的创作者、批评者在其精英身份下显示的极强的社会批判意识，一方面是来自精英内部或者普通大众对此"文化偏食症"提出的质疑之声。所以此时期，保守和激进，传统和现代，反思与改革等种种相互矛盾又相互交织的社会文化景观，一起参与建构了当时的基本社会心态。

因而邓丽君歌曲的在此一时期的流行，必然受到来自上述文化复杂语境的多方接受和阐释。一方面是大众（青年、老年）对她的热烈追捧，据说"当时不但在各都市出现了贩卖影星照片，尤其是邓丽君照片的摊贩，在南方，邓丽君的录音带更被列为必备的嫁妆之一。"①也就是说只要有录音机的地方，就会有邓丽君歌声。而她的歌声也被称作是在十亿人民茫然而且"失声"之际，如甘霖般洒落这片"文化沙漠"的及时雨，从而使听惯了"革命政治抒情歌曲"的人们在豁然开朗间体味到了人世的甜美、温暖。另一方面则是官方知识精英曾不无夸张地斥责当时的大陆音乐是"邓丽君专政"，甚至有人将邓丽君的流行惊呼为"黄祸"又要来了！②。所以邓丽君的流行实际在当时的大陆语境中，并非如后来者认为的那般畅通无阻，而是经历着一波三折的复杂接受史。这里首先折射的是这样的文化事实：任何一种现象的产生及其意义生成并不是创作者一方所能决定的，而是被大众的心理需求所生产出来的。很显然，在"文革"结束之前，大众一方的审美趣味在很大程度上是被遮蔽和轻视的，直到"文革"之后的文化转型期，历史才为大众由后台走到幕前，并进而获得对话提供了条件。

所以邓丽君的流行，一方面是现代性发展的必然结果，是大众在自由选择中发出自己的真实声音的写照，一方面也是精英文化或者主流文化响应思想解放政策的一种逻辑使然。当然也正是这种策略性的半妥协姿态，使得他们在稍后的批判中，往往显示出更加苛刻的精英或者主流身份立场。换句话说，在精英文化或者主流文化那里，邓丽君的作用仅仅体现在其能够撬开"文革"文化的单一，一旦越过那个时期，邓丽君的软、轻、柔就不具备了启蒙精神所倡导的崇高、纯粹、理性，而变成了接续1930年代旧

---

① 师永刚、昭君、方旭：《永远的邓丽君》，《文史博览》2005年第11期。

② 梁茂春：《中国当代音乐》（1949—1989），北京广播学院出版社，1993，第33页。当时批邓丽君的主要有以下几篇文章：伍雍谊：《一种精神腐蚀剂——对我国三四十年代黄色歌曲的认识》，《人民音乐》1982年第6期；石夫：《捍卫社会主义音乐文化的纯洁性》，《人民音乐》1984年第1期；彭根：《近年来歌曲艺术的软化现象》，《人民音乐》1987年第1期；晓星：《我们应当提倡什么乐风——对"八十年代的时代精神与时代音调"的非议》，《人民音乐》1981年第4期。

上海靡靡之音的"黄色歌曲"。所以在1980年代初形成的对邓丽君的普遍批判,从表面上讲是为了维护音乐艺术自身身份的严肃性和高雅性所采取的必要措施,更深的心理动因是,显示了主流主化或者精英文化对文化领域发言权和主导权的掌控需求。如果说邓丽君歌曲的流行接受史,显示的是大众自主选择的可能性,其威胁的是精英文化或者主导文化的身份认同,那么其对流行音乐本体身份的建构又有何作用?某种程度上说,正是邓丽君歌曲的传入,才使得大陆音乐界不得不重新审视音乐作为本体的身份建构:邓丽君是否就是1930、1940年代"靡靡之音"或曰"时代曲"的卷土重来?是否只有"高、响、硬、亮"的革命歌曲才是社会主义音乐最合适的表达方式?是否涉及爱情等浅吟低唱的风花雪月式格调的音乐都是资产阶级的情调?音乐向大众情感的靠拢,演唱方式上的浅、低、柔、轻等倾向是否就会损伤社会主义高亢的理想主义时代精神?这些思考的出现正是伴随着以邓丽君为代表的港台流行乐的汹涌澎湃的气势,而成为音乐界和文化界不得不急切面对的问题。而这些看似反思的话语,也从一个侧面反映了当时音乐界在文化转型时刻,呼之欲出的内部分野和身份重构的冲动。邓丽君歌曲只是恰逢其时地出现了,这也部分地解释了为何其在大陆的影响力要远远大于港台——因为大陆对邓丽君的选择,最主要的或许并非基于其音乐艺术的成就,也不仅仅是表达一种民间意识的崛起,对主流意识的空前拒绝,或者说是上演一场对雄浑豪迈的革命歌曲的偏离,和对迂徐婉转的细腻歌风的倾斜。更深层的意义则是预示了一种音乐身份的现代转型的开始:是音乐本体内部发生的,要求追求自身独立发展的一种狂热的现实表征,这也部分契合了后来在文化领域,特别是文学界兴起的关于文学主体性和人的主体性的艺术发展的必然趋势。

(二)一种"校园歌曲"带来的身份的正名和一台"春节联欢"晚会开出的官方许可证

在第一批传入大陆的港台流行乐中,伴随邓丽君歌曲而来的还有另一种音乐形式,就是所谓的"台湾校园歌曲",但是与被批为"靡靡之音"的邓丽君的遭遇不同,校园歌曲得到的是主导政治和精英文化的高度认可。比如《北京音乐报》的一条关于侯德健的《龙的传人》的新闻:"1983年6月13

日下午,首都音乐家三十余人聚集在政协礼堂,中国音协为欢迎台湾校园歌曲的倡导者之一《龙的传人》的作者侯德健举办茶话会,中国音协主席吕骥出席并致欢迎词。"①在这里,前者的冷遇与后者的礼遇,从某种意义上显示了,后者是被有意识地作为抵制前者的解药而被广泛接受的。然而有意思的也正是在这里,如前所述,"文革"的结束把音乐本体从政治的他律束缚中解救出来,为其可以获得自我主体性提供可能的社会条件。然而在主流意识形态依然占据话语的权威时,我们看到的事实是,音乐本体身份的获得,必然要纠缠在大众审美趣味,和批评界、理论界的主流关注、互相冲突、辩难、妥协的复杂语境中。所以上文提到的冷遇和礼遇,反映的就是大众一方和精英、主导一方,对此时音乐本体身份的争夺和对其身份发言权的抢占。

只是在刚结束"文革",当时思想文化界的现代化高调和文学界的启蒙理想主义激情,以及尚未被充分认识和形成的市场经济环境,使得主导政治和知识精英,显然不具备充分的心理和思想准备,去接纳音乐所谓的大众性、商业性、娱乐性乃至时尚性。所以音乐也自然而然地在某种意义上成了1980年代知识精英,所普遍信奉的社会主义"现代化"和人性"理想主义"时代大框架的一部分,试图承担起与文学、电影等其他艺术一起,实现"四个现代化"的宏伟目标的重任。于是音乐在他们的期待下,从政治的载体,转身被充当艺术/文化的载体就不足为怪了。而此时传入的台湾的校园歌曲,由于写的是大自然的景,抒的是青少年的情,怀的是故国家园之思,其旋律清新质朴、节奏简单轻快、唱腔自然流畅、歌词清丽富有韵味,既冲破了革命歌曲单一强硬的创作范式,又有别于邓丽君"风花雪月、充满小资情调"的轻柔吟哦,因而契合了当时主导精英对音乐身份的想象和期待,并被用来作为对抗和拯救被邓丽君绑架的大众审美趣味的最主要的工具。所以《龙的传人》《兰花草》《赤足走在田埂上》等歌曲一经传入,就被推向较高级别的舞台,大肆流行。当然这个事实,一方面反映的是主流意识形态在占据音乐本体身份上的胜利,但另一方面也客观上改变了大陆对港台流

---

① 沈尊光:《天涯咫尺歌声传心声——首都音乐家与侯德健亲切聚会》,《北京音乐报》1983年6月25日。

行音乐都是靡靡之音的误解和抵制,从而为"流行音乐"验明正身,使其作为一股潮流即将登上时代舞台打下了基础。

由于台湾校园歌曲在大陆得到了身份的正名,并且在大众中广为传播和流行,不仅"香港歌星张明敏和奚秀兰被邀参加1984年中央电视台的春节联欢晚会,台湾归来的电视工作者黄益腾(艺名阿原)、香港电影演员陈思思也被邀担当了此次晚会的主持人。"[1]而《我的中国心》《阿里山的姑娘》《垄上行》《外婆的澎湖湾》等港台歌曲也经由两人在春晚上的演唱,被传向了千家万户,这些歌曲尽管曲风、格调、唱腔等都与"文革"时单纯的革命歌曲大相径庭,然而由于涵盖浓厚的爱国意识和民族情怀,受到了当时政协主席邓颖超的大加赞赏[2]。领导人的礼遇加上当时媒体明确的支持态度:"作为国家级的中央电视台,又在一年中最重要的节目时间段,春节除夕夜中把港台演员请到舞台上演唱,使我们认识到:一方面,港台歌曲大有爱国者与健康者,并非良莠不分的黄色老虎;一方面又昭示着这样一个信号:从此以后,优秀的港台歌曲可以在中国大陆的舞台上正式登场、传唱,满足人们蓄积已久的审美期待。"[3]无疑让港台的流行乐,获得了一张在大陆畅行无阻的官方许可证。以致在接下来的几年中,港台的歌手屡屡受到官方热情洋溢的高规格接待。诸如:

"1984年10月27日至31日,应中国作家协会广东分会的邀请,香港著名歌星汪明荃参加名为'诗与歌演唱会'"。[4]

"1984年9月30日中央电视台播放了庆祝建国三十五周年的晚会,蜚

---

[1] 《向电视观众作补充报道〈春节联欢晚会〉有看头》,《羊城晚报》1984年1月24日。

[2] 黄望南主编《黄一鹤的电视艺术道路》,中国广播电视出版社,1993,第19—20页。

[3] 耿文婷:《中国的狂欢节——春节联欢晚会审美文化透视》,文化艺术出版社,2003,第63页。

[4] 石楚、晓鹰:《香港娱乐圈中红人,〈万水千山总是情〉的首唱者汪明荃将来羊城演唱》,《羊城晚报》1984年10月17日。

声港、日歌坛的陈美龄参加了演出,演唱了《虞美人之花》等几首歌曲。"①

"1985年3月14日至18日,香港歌星罗文应广东对外艺术交流中心的邀请,在广州中山纪念堂公开举行个人演唱会。"②

然而值得注意的是,这种畅行并非无限度的,健康的、优秀的歌曲的遴选标准,仍然牢牢掌握在主流意识形态的手中。但张明敏和奚秀兰两人登上春晚,以"中间派"唱腔开唱的举动("奚是民歌'中间腔',张是流行'中间腔'"③),却以一个症候式的现象,暗示着此时文化界的主流意识形态身份的下移和向大众文化的倾斜。或者说,在大众对港台音乐的自发诉求下,大陆音乐的精英文化身份正呈现出巨大的身份危机。

二、1985年:流行音乐的"大众性"着陆

应该说,"文革"结束后,在大陆的音乐界,能够与港台乐一起撑起启蒙大众或者动摇"文革"音乐一体化格局的,是时代抒情曲的重新被认同。只是港台音乐在传播的早期,更多地是从外部激发大陆音乐界自我主体身份的寻求,而"抒情歌曲"的正名,则更多地显示了音乐从内部发生身份裂变的征兆。从1949年后那首《告诉我,来自祖国的风》遭受的"灌输了和平麻痹思想,销蚀中国人民志愿军的警惕性"④的责难,到1960年代反右扩大化时期《花儿为什么这样红》的挨批,再到"文革"时《红星照我去战斗》等极少数只能将抒情减弱至最低限度地拥有革命纯粹性的歌曲的被认可,"我们似乎能感受到'抒情歌曲'在建国以来直至'文革'时期在社会音乐生活

---

① 谢庆庆:《今晚,它将在荧屏上引吭高歌——香港歌星陈美龄的心愿》,《羊城晚报》1984年9月29日。

② 黄兆存:《香港著名歌星罗文将在穗举行演唱会》,《羊城晚报》1985年3月1日。

③ 李皖:《六十年三地歌之五:解冻之春(1978—1985)》,载《多少次散场,忘记了忧伤》,生活·读书·新知三联书店,2013,第27—28页。

④ 戈风:《〈告诉我,来自祖国的风〉不是一首好歌》,《人民音乐》1955年第2期。

中扮演了令人'青眼有加'的角色。"①然而即便是这种被"青眼"视之的抒情歌曲,却在"文革"结束后,其被承认和被正名的过程也并非一帆风顺。无论是1978年9月中国音乐家协会的声乐座谈会,还是1979年2月,文化部和中国音乐家协会的音乐创作座谈会,乃至到1980年4月在中共中央宣传部建议下,由中国音乐家协会、中央人民广播电台、文化部艺术局、中央电视台在北京联合召开的音乐创作座谈会上,对抒情歌曲合法化的争论都还是集中在要不要在"抒情歌曲"前加上"革命"两字。当时的会议记录如下:"大家在座谈会上热烈讨论了抒情歌曲的创作和演唱问题。多数同志认为,抒情歌曲在音乐创作中占有重要的地位,是人民需要的。抒情歌曲要抒人民之情、革命之情、健康之情、优美之情。爱情歌曲只是抒情歌曲的一部分。"②这段指示,在承认"抒情歌曲"合法身份的同时,对抒情的内容,却是做了相当清晰明确的规定。"人民、革命、健康、优美"四个关键词的限定作为"大众化"的文化策略,印证了孟繁华后来的论断:"那'大众化'的文化策略本身就隐含着鲜明的意识形态语义,在通俗易懂的表达策略中,有明确的教化内容。因此,那并不是今天意义上的市场文化,它是政治文化的一种'转译'形式。"③应该说这种"大众化"策略本身具有两种功能:一是它适时的替代和填补了大众自身对日益流行的轻快柔的音乐风格的强烈需求;二是主流意识形态对这些抒情歌曲的适时认可迁就和明确的教化内容,表达的是企图用一种大众"喜闻乐见"的抒情形式,满足其教化功能和实现其对音乐身份话语领导权的功能。其实"革命"和"抒情"的双线联姻,历来就是那些抒发个人情感的作品,试图获得主流话语认可,最经常使用也最成功的策略。这不仅体现在音乐领域上,1949年之后的小说文本,无论是《青春之歌》《高山下的花环》,还是在理论界所倡导的"革命的现实主义"和"革命的浪漫主义"相结合的艺术创作方法,强调的都是这样的

---

① 王思琦:《中国当代城市流行音乐:音乐与社会文化环境互动研究》,上海教育出版社2009,第222页。
② 新华社:《音乐创作座谈会在京举行》,《人民音乐》1980年第6期。
③ 孟繁华:《众神狂欢:世纪之交的中国文化现象》,中央编译出版社,2003,第5页。

一种创作思路。所以即使"文革"之后,在主流意识形态刚刚松动的情况下,在"抒情歌曲"前面加"革命"帽子的做法,反映的仍是这样的创作意图。当然最终的论争是以去掉"革命"为结果,但这样做的意图是用"美学的"身份置换,代替表达浓重的民族历史以及对"国"的宏大歌颂。而"美学"的功能正如王晓明所说,"它一方面提供了与那些教条不同的世界观,另一方面又不是直接讨论政治,而是在讲'美'、'诗意',不会招来直接的压制,因此,很多在政治和哲学领域里不大好讲的话,可以在美学上讲——从这个意义上看,当时中国城市的这种文化时尚,是包含了非常强烈的政治性,直接体现了思想自由的要求的。今天回过头来看,她们抒发的大多还是春天啊、美好人生啊之类范围很大的、普遍的、集体性的感情,不像现在的歌手,一开口就是个人的失恋啊、忧伤啊。但是,她们毕竟是在抒发'人'的感情,而不是像'文革'时期那样,用歌曲来宣扬革命和专政。"①

而事实也是,虽然政治意识形态仍然占据话语权的中心,但对流行音乐性质论争发生的本身就已经证明了音乐本体内部裂痕的产生:大众不仅需要新的情感的安慰方式,也需要通过这一方式表达自我阶层的意识形态。于是《祝酒歌》《妹妹找哥泪花流》《我们的生活充满阳光》《再见吧,妈妈》《泉水叮咚响》《边疆的泉水清又纯》《心上人啊,快给我力量》《大海一样的深情》《青春啊青春》《洁白的羽毛寄深情》《太阳岛上》《绒花》《我们的明天比蜜甜》《浪花里飞出欢乐的歌》《永远和你在一道》"②,"这是 1980 年 1 月 4 日到 20 日,由中央人民广播电台、《歌曲》编辑部举办的'全国听众喜爱的广播歌曲'评选活动评选出的十五首抒情歌曲。前三名分别以十五万零八百一十一票;十五万零七百八十五票;十四万二千三百零一票位居榜首。"③不过民间大众选择的这张菜单,却似乎偏离了精英话语和主流意识

---

① 廖炳惠、陈清侨、王晓明:《文化研究与新的文化现实》,《上海大学学报(社会科学版)》2007 年第 1 期。

② 《获选的"听众喜爱的广播歌曲"十五首曲目》,《歌曲》1980 年第 3 期,第 32 页。

③ 小模:《中央人民广播电台歌曲编辑部举办"听众喜爱的广播歌曲"评选活动》,《歌曲》1980 年第 2 期,第 29 页;《获选的"听众喜爱的广播歌曲"十五首曲目》,《歌曲》1980 年第 3 期,第 32 页。

形态所勾勒和召唤的文化图景,于是"中国音协又在全国范围内重新组织了一次声势浩大的歌曲评选活动,通过各级组织的层层筛选、推荐,由中国音协组织专家进行评选,最终由领导首肯后,《中国,中国,鲜红的太阳永不落》等12首歌曲入选。"①这种认定,一方面可以看作是新时期伊始的音乐界对艺术文化的政治意识形态化的理论实践,和对"民选"的偏离的反驳;另一方面也可以看作是占据着话语生产权的知识分子,在音乐本体面临分裂时,重新完成的精英身份的权威代言。然而无论如何,官方确定的这张榜单的流传度都远远低于民选的"十五首",从这些抒情歌曲的听众占有率和民选的视角来看,原因是否正在于这些"抒情歌曲"无意中实现了和当时的通俗电视剧、其他大众文化之间深层的互文关联?才使得"抒情歌曲"尽管带着浓重的意识形态色彩,但却暂时实现了大众文化的替代性满足,构成了新时期音乐实现自身主体身份建构的一个独特案例。

从上面所述的几个方面,可以看出,"文革"结束后的音乐界出现的无论是邓丽君的"靡靡之音"还是清新自然的台湾校园歌曲,或者"抒情歌曲"的回归再创造,都曾作为一种对"文革"时期音乐身份的解构力量而被大众推崇,他们虽然在具体的表达方式、演唱技巧上有很大的不同。但是作为一种逐渐"软化"的音乐类型,应和的是当时文化界普遍出现的从艺术题材到内容,从思想表达到技巧上对"大写的人"的抛弃和对"小写的人"的拥抱,在张扬普通人的情感和表达人的解放的最终旨归上,他们是方向一致的。然而旨归一致,并不代表都能受到主流话语的接纳和倡导。故而当时刚刚结束单一身份的音乐本体,暂时只能处在官方、大众、精英文化三者对其身份合法性的争夺中。1979年底,李谷一因演唱电视片《三峡传说》插曲《乡恋》,引起全国范围的普遍争论,争论的焦点就是演唱的风格问题,比如唱腔上对港台流行乐"气声和滑音"的借鉴,风格上对外来流行歌曲的模仿等。而到了1980年,与指向李谷一的矛头一样,朱逢博面临的也是同样的

---

① 王思琦:《中国当代城市流行音乐:音乐与社会文化环境互动研究》,上海教育出版社,2009,第9页。

对其音乐风格的指责。① 与此同时,遭到批判的还有苏小明的《军港的夜》,程琳的舞台风格等。如果说对邓丽君的批评主要集中在对其演唱曲目的内容涉及爱情的风花雪月、小资情调的批判上,是大众接受和主流意识形态之间的错位,主流话语之间并没有产生太大的分歧。那么对李谷一、朱逢博、苏小明、程琳等的批评,则更多地集中在主流话语内部及其与精英话语之间,是对音乐的风格,即音乐该是什么和能是什么的身份疑问上,比如音乐此时的阶级属性问题,批判的人认为"流行音乐的阶级本性和社会属性决定了流行音乐只能是粉饰太平、麻醉人民的消极的音乐工具。"②赞同者认为"一个时代有一个时代的美,一代人有一代人的美。"不能"把形形色色的音乐思想都归结为资产阶级的思想加以批判","不能以搞政治运动的方式来搞音乐理论工作"。③ 再比如关于音乐的艺术风格、题材、演唱技巧,表现领域等问题的讨论,赞同一方认为流行音乐的歌词较为口语化,重视普通人的情感,旋律因素淡化,而节奏感日益凸现。"较多运用延留和切分等不稳定的节奏,不用或少用在高音上持续形成高潮的手法。多用尾句多次反复的手法。"④且"能唱三个八度的唱法"已经过时了,而三个八度的唱法是"学院唱法",而民歌则是一种自然唱法,流行音乐的唱法介于两者之间,并且其中伴随有"半声唱法"和"假声唱法",一般在一个八度左右,⑤应该说这些辩护的声音都为音乐走向大众提供了理论上的可能。但当时也有反对者指出流行音乐的这种"气声"唱法实际上"是西方资本主义世界的夜总会,酒吧间歌星所特有的一种唱法,这种唱法是和低级庸俗的娱乐生活相适应的,表现颓废消极的思想感情的。作为社会主义

---

① 可参见《人民音乐》1981年第10期上发表的总标题为《对〈向朱逢博同志进一言〉的反映》的一组来信和《人民音乐》1981年第12期上的《也谈朱逢博的演唱风格》等相关评论。
② 瞿维:《关于"流行音乐"的对话》,《人民音乐》1981年第8期。
③ 厉声:《关于音乐理论工作的几点意见》,《人民音乐》1980年第3期。
④ 彭根发:《近年来歌曲艺术的"软化"现象》,《人民音乐》1987年第2期。
⑤ 乐其中:《对当前音乐生活中几个问题的随想》,《人民音乐》1981年第3期。

中国的歌唱演员采用这种唱法是不合适的。"①此外还有批评者认为"流行音乐对于音乐的整个领域来说,其实并未带来新的音乐因素,而只是增加了一些新的非音乐的因素。比如说在歌曲伴奏写作手法与乐器配置上的某些特色。"②

这里值得注意的是最后的这条评论,在关于流行音乐的阶级性或者艺术性的争论中,批评者长河能以一种颇为冷静的思考跳出上述吵吵嚷嚷的二元化的论争,综合音乐的内外进行统筹思考,认为流行音乐与之前音乐的区别最主要的体现在音乐形式的创新上,这在当时应该是有着相当的眼光和气度的。因为这样的批判相当准确地点到了流行音乐的致命软肋——太过注重形式本身的翻新。但这个软肋也恰恰是流行音乐在接下来的几年,能够快速抢占市场的一个主要原因:这似乎符合一种新事物取代另一种事物时,所采取的极端的抛弃或者背离的姿态,所以流行音乐想要从传统音乐中跳脱而出,攫取大众最大的关注度和注意力,当时所能做的也最容易做的就是形式的革新。这是一种企图以形式的弑父来完成其生存空间的拓展,用形式革命取代内容的革命,以求争得自己占领话语场滩头阵地的一种迫不得已的策略,这或许多少带有赌博的意味。但也正是这种对形式的极度依赖和渴望,使得流行音乐在1986年正式登上历史舞台时就具有了博大的包容性和多元发展的可能性。但是遗憾的是流行音乐在之后的发展中,由于过度依赖这些外在因素的创新,甚至让这些音乐以外的东西占据了流行音乐最主要构成要素,从而导致自身主体身份的错位和迷失。当然这都是后话了。

应该说这场关于音乐本体的论争从表层看,似乎纠缠于音乐的大众性/阶级性,艺术性/通俗性的观念的差异上。但是倘若深究,则能够看出这里凸显的恰恰是此时期的音乐身份在面临变革时的两种姿态:其一,是以港台及欧美1970年代以来的流行音乐为理论资源,关键词为激进、改革、大众、通俗;其二,是接续1930年代的革命音乐理论,关键词为保守、民

---

① 程子建:《金毛狐狸和正人君子——对〈军港的夜啊,静悄悄〉一文的质疑》,《人民音乐》1981年第5期。

② 长河:《应当正视"时代曲"的问题》,《人民音乐》1980年第3期。

族、传统。而从当时音乐类型的具体实践来看，对现代性的追求，对人的热情和对人的理想的释放、对自由的倾诉和听觉上的抒情欲望，明显地盖过了对"高、大、强"式的革命歌曲的留恋和维护。从这个意义上看，对音乐的抒情性的追求，对音乐艺术的独立身份的认同也自然而然地构成了现代性话语的题中应有之义。这里需要说明的是，尽管上述所列举的论争双方的意见相左程度不同，某些时候甚至是针尖对麦芒。但实际上，无论是站在主流政治还是知识精英的立场，批评家们的话语范畴依然限定在承认音乐是一种艺术的言说范围之内。而作为其终端的接收者的大众的意见则是被明显忽略的。也就是说，作为主流音乐理论批评者，他们所采用的价值标准和尺度以及由此形成的批评导向与大众的审美趣味发生了错位。如果说，对音乐的艺术纯净性的彰显还意在反拨庸俗政治的狭隘，那么，对大众审美的无视和忽略则意味着另一种知识精英的文化霸权。但有趣的就是在理论界还在为流行音乐应该是什么争论不休的时候，大众却全然不顾这些所谓的艺术条框限制。在他们看来，只要好听，满足他们情感的需求，就是好的，应该的。所以在1983年的中央电视台春节联欢晚会上，就出现了接下来的情况："观众点播这首歌的纸条堆成了高高的一座山，终于，众望所归——李谷一在汗流满面地唱完第五首歌之后，唱响了那首人们期盼已久的《乡恋》。通过春节晚会的窗口，《乡恋》终于解禁了……"①作为接受者终端的大众终于能够理直气壮地为自己喜欢的音乐类型感动和欢呼。1980年代中期，钟惦棐曾针对某些精英电影评论不无激愤地说："自己活，也让别人活"，"不反对探索，但主流必须能在观众中站稳脚跟。"②现在再看这些话，似乎觉得不平之气过重，但是它应该能给当时整个苛刻的文人化的批评界以启示。

总体来说，1978—1985年的音乐身份，有着下面的嬗变过程："文革"结束后，港台流行音乐的传入，不仅加速了大陆音乐界一元身份裂变的进程，并且分别提供了邓丽君参照和"台湾校园歌曲"参照模式。当然被认可的

---

① 耿文婷：《中国的狂欢节——春节联欢晚会审美文化透视》，文化艺术出版社，2003，第82页。

② 钟惦棐：《谢晋电影十思》，《文汇报》1986年9月13日。

是后者,这也是当时语境下主流话语及其权威身份的必然胜利。但是前者却显然体现出了主流话语与大众接受之间的明显错位。与此同时,与上面两者同时参与音乐身份构建的还有"抒情歌曲"的再度勃兴,但在这些曲目中间,却体现了主流话语内部之间意见的分歧,而这分歧也正是现代性在新时期所要必然遭遇的现代与民族、激进与保守的冲突和磨合。而此时期面临身份重构的音乐,并没有获得"流行音乐"的官方命名,所以在相关的论述并没有用流行音乐的定义来完成提前的身份预订。而是试图呈现音乐自身的发展脉络和不得不面对的各种文化力量对其的身份命名。如"黄色歌曲""时代曲""抒情歌曲""校园歌曲"等。

也即是说,这一段时期中,流行音乐并未获得自己的合法身份命名,各种文化力量基于各自的立场,试图实现对其的命名权。但是各种外力的争夺并不能阻碍音乐本体自身的发展逻辑,音乐的诉求开始向曾被宏大叙事所遮蔽的普通人性的软性情感:基本的人性空间和更近于真实美学的大众审美空间。于是当时的音乐就面临了文化归属上的两难:一方面是主流话语和精英知识的批评/创作共谋的艺术格调,一方面是大众自下而上的从过硬的文化氛围中走出的软性通俗的审美诉求。但是就在前者通过对文化资源的占有和借重,试图重新命名这一段音乐本体身份时,大众的听觉趣味和潜在力量,却无形中发挥着巨大的反作用,左右着音乐发展的方向。而事实上,流行音乐的身份认定问题,其实是一直伴随着大众身份或者大众文化身份的认定走向而摇摆或者划定的。一个富有意味的事实就是:1980年8月,"天津市声乐比赛获奖演员音乐会来演出,节目单上明明印着群众喜爱的新歌,却硬是按着不让唱,让唱的,仍是《翻身道情》《南泥湾》等解放前的歌曲和群众一般都很难学会的《茶花女》中的'咏叹调'。人们说:已经是八十年代了,听众们听不到当代新秀演唱的新的抒情歌曲。……《北京晚报》的记者坐在观众席上,听着群众的议论,心里很不是滋味。由此,他们感到了自己的责任:要造舆论,让音乐界和群众声气相通,为歌坛新星的亮相开路……"①于是就有了1980年9月23日"新星音乐会"的诞

---

① 石湾:《前不久,〈北京晚报〉举办了一个"新星音乐会",听众欢呼道——"新星是属于我们的!"》,《羊城晚报》1980年11月1日。

生,据《羊城晚报》上述的报道,这场演唱会的直接诱发动因,就是大众的趣味的直接推动。而之后,邓丽君和张帝的歌曲在民间的盒式录音机里大肆传开,城市众多青年身着喇叭裤、骑着自行车、戴着太阳镜,一脸阳光地向着想象中的鲜红的朝阳般的新生活一路狂奔。"最是先锋邓丽君",就成了当时青年挂在嘴边的流行语。而到了1985年,文化部出台《关于加强城市群众文化工作的报告》,更是从官方层面上推动了流行音乐的流行,该报告指出"长期以来,至今有一些地方仍不敢放手开展娱乐活动。"①并强调必须"清除'左'的思想影响,纠正轻视娱乐活动,轻视知识传播的倾向。"②不仅要求"城市群众文化事业单位要搞好以文为主的多种经营,增强自身发展能力。"③还进一步提出了"亦工亦艺"、"亦商亦艺"、"亦农亦艺"的多种经营途径。④

由此,大众自身的力量加上官方政策的许可,使得流行音乐正在以一种强劲的势头,参与由主流意识形态和精英文化构成的话语场中,并在为三足鼎立之势的最终形成,积聚时机和能量。

三、1986年:流行音乐身份的"合法性"证明

1986年成为第三阶段的开始的界标,是基于这样几个文化症候:第一,为献给"世界和平年",1986年的中国举办了首届百名歌星演唱会,诞生了《让世界充满爱》等一批表现社会重大题材的原创曲目,这不仅标志着大陆流行歌手作为一个群体的实力的彰显,而且说明大陆流行音乐在开始登上历史舞台,在摆脱港台流行乐的巨大模仿身影后,显现的就是让音乐关注社会,关注人生的时代大格局。第二,崔健的《一无所有》的诞生,标志着大陆摇滚乐从"地下"走到了"台前"。第三,"通俗唱法"在大型声乐比赛中的

---

① 文化部政策研究室办公厅编《中华人民共和国现行文化行政法规汇编(1949—1985)》(上),北京文物出版社,1988,第223页。
② 文化部政策研究室办公厅编《中华人民共和国现行文化行政法规汇编(1949—1985)》(上),北京文物出版社,1988,223页。
③ 同上,225页。
④ 同上,225页。

正式设置,说明:"一方面群众的欣赏趣味和欣赏水平有所提高,另一方面从事严肃音乐的专家、教授们的艺术观念也在发生变化。"①第四:"在日本东京第 16 届世界音乐大赛上,中国选手常宽虽然复赛就被淘汰,但仍然以《奔向爱的怀抱》被组委会授予'总指挥奖',这是中国歌手在国际流行音乐比赛中获得的第一个奖项。"②这里,重要的并不是"谁"最终获得了国际的什么奖项,而是"什么样"的音乐和相关的文化舆论在短短的两三年内悄然地置换并夺取了话语权,成了这个变动时代的音乐新宠。而在对这一文化现象的来自文化背景/乐手创作/大众接受/精英批评的四方会谈中,文化转型的深层动力也得以折射。现在回看,1986 年确乎成了 1980 年代中后期中国大陆音乐转型中的一个及时信号,或者说,音乐的精英身份由此真正走向了和变动中的大众文化的互文关系。而互文的直接结果之一就是音乐"流行"身份的获得。

(一)官方/精英/大众:《让世界充满爱》在三者合谋下的流行

1986 之所以能够成为流行音乐发展史上值得书写的一年,除了音乐自身生长环境的渐趋成熟之外,还有两个直接的刺激原因:一是 1985 年 1 月,美国迈克·杰克逊、哈里·贝拉丰特、里昂纳·里奇等 46 位世界著名流行歌星在美国洛杉矶举行的名为"We Are The World"的非洲灾民募捐义演。二是为献给 1986 年国际和平年,中国台湾著名歌手兼词曲作家罗大佑组织 60 名港台歌星而举办了名为"明天会更好"的演唱会。应该说,正是这基于人类最普遍的同情之悲悯与呼唤友爱之人道主义情怀,使得当时还处在精英批评/大众需求夹缝中的流行音乐,找到了最适合出场的理由:既满足主流意识形态和精英批评的对流行音乐关心民众、表现宏大题材的艺术想象期待,又迎合了大众对旋律简单、节奏流畅且真正表达老百姓情感的流行音乐的心理诉求。于是 1986 年,就上演了一场由中国录音

---

① 方辛:《正在转机的中国通俗音乐——评"全国青年首届民歌通俗歌曲大选赛"》,《人民音乐》1986 年第 7 期。

② 黄燎原等编著《十年:1986~1996 中国流行音乐纪事》,中国电影出版社,1997,第 409 页。

录像出版总社、东方歌舞团、北京电视台策划组织,且受到大众热烈欢迎的名为"让世界充满爱"的百名歌星演唱会。而就是在这场演唱会上诞生的主题歌《让世界充满爱》(由王健、陈哲作词,郭峰作曲)由于契合了知识精英在1980代中期表现出来的强烈的参与公共事务的主人翁意识,同时反映了大众当时希望重建民族道德,对美好人性和理想社会的憧憬,从而在一出世即被广为传唱。

其实这首歌能够在1986年出现,一方面纵然是承接着文化大背景下1980年代中期"文化热"的余续,是大众文化兴起的一种内在回应;另一方面从身份认同的获得上看,更应该看作是主流意识形态/知识精英/大众三方同声共气、相互合作的共谋结果。首先从作词作曲人身份来看,王健是当时著名老词人,典型的知识精英;陈哲是精英的后起之秀;而这首歌的由来则是郭峰当时的女友、时任中国录像出版总社编辑张丹丽的提议;而演唱者是当时百名流行歌手;接受者就是大众了。其次从歌词来看,三乐章套曲的前半段,"轻轻地捧起你的脸/为你把眼泪擦干/这颗心永远属于你/告诉我不再孤单/深深地凝望你的眼/不需要太多的语言/紧紧地握住你的手/这温暖依旧未改变。"这里用第二人称的表达方式颇值得玩味:一方面纵然"我"和"你"的使用由于两者直接的对话,获得了类似面对面交流的情真意切的效果。但同时也从一个侧面悄悄传达着身为词作者的知识分子作为第一人称"我",安抚大众"你"的主体姿态,或者演唱者对更弱小的接受者的主体姿态。当然这种不对等的身份,到了副歌部分"我们同欢乐/我们同忍受/我们怀着相同的期待/我们共风雨/我们共追求/我们珍存同一样的爱"时,又转变成了站在同一战线的亲密战友。而到了最后的结语:"无论你我可曾相识/无论在眼前天边/真心地为你祝愿/祝愿你幸福平安",则又最终回到了主体与客体身份分离的位置。总之,这首歌里蕴含着上述三种文化立场,在面对社会问题时,体现出的同一的姿态。但同一姿态并不意味着身份的对等关系,实际上在上述的分析中,已经明显地体现了主导政治/文化精英,对大众依然高高在上的优越感和主体感。(当然这种身份的不对等到了《一无所有》的传播和接受时,已经渐趋平衡。)而大众文化想要获得身份证明,并不能以大众真正自我的审美诉求,完成其在文化地形图中的位置,它进入的路径,必须是先获得知识精英的认可,进而符合主导政治的意识形态期待,才具有身份的合法性。这也是这首歌能够真正流行的内在原因。而这首歌也在这个层面上成了三者在当时社会环境中,微妙而复杂的身份位置隐喻。这也无怪乎乐坛著名的乐评人金兆均曾经面对流行乐坛时发出的这样的深沉感慨:音乐中凝结的历史是最真实的历史。

当然这首歌的积极意义,还在于它和崔健的《一无所有》在为流行音乐赢得命名权的同时,也分别为大陆流行音乐即将走向多元发展,提供了两个方向、两个思路:即主流和非主流。一方面,《让世界充满爱》的思想内容和题材范畴提供了既符合主流意识形态,也符合大众审美诉求的一种可能,这包括后来的各种公益歌曲、爱国歌曲、西北风、亚洲风、新民乐、中国风等处理国家民族等宏大题材的一极;而这首歌的柔性旋律、慢板节拍,也包括了后来以苏芮等为代表的港台歌曲中暗含了大众喜闻乐见的、抒发自我情感的小题材一极,两者又被后来者统称为主流流行音乐。另一方面,则是《一无所有》开创出的非主流一极,《一无所有》除了让摇滚乐开始浮出历史地表之外,还有的意义应该是,为以后各种非主流的音乐获得主流的接受认可,提供了示范性的意义和可能,从而显示了流行音乐身份在诞生之时就具有的包容性和多元性。当然摇滚乐的诞生,更重要的是它始终勾连着流行音乐的文化之根,时不时地将快要虚飘到半空的流行音乐,结结实实地重新拉回文化大地的厚重怀抱。

(二)传统/西方/现代:《一无所有》面临的身份吊诡

当然崔健的《一无所有》能在 1986 年出场,同样也不是一个偶然的文化事件,一方面从流行音乐艺术发展的逻辑上来讲:"《一无所有》的先声夺人之处首先应该归功于他所采用的摇滚形式放荡不羁的演出形象(一件类似大清帝国的袍子,一高一低的裤脚,斜背的一把破吉他),声嘶力竭的演唱风格,震撼人心的旋律与节奏"。① 也就是说,这首先是一场形式革命,

---

① 赵勇:《崔健的摇滚乐与反抗的流变史》,《书屋》2003 年第 1 期。

但更是一场文化革命,①因为流行音乐在越过形式的创新之后,能够让其站稳脚跟且继续蓬勃发展的只能是思想、内容的真实性、原创性与独立性。而这也部分地解释了何以流行音乐会在随后的西北风、亚洲风、囚歌等形式革命尝试之后,倘若没有思想的厚重与文化原创力量的支撑,会迅速走向衰落的原因。而另一方面,从音乐与传统的关系角度来考察,不难发现其虽然在形式上具备强烈的叛变传统的风格,但其思想资源、理论资源却与传统文化存在甚深的密切链接。这也是为何说《一无所有》会是一场文化革命的原因。

　　具体而言,崔健对传统音乐的反叛首先体现在他及时地转移了流行音乐的表现空间:以一个世俗个体的爱情自述剔除了集体语境下一本正经、拿腔捏调的"高尚"语汇,从而将流行音乐主流的理性方向搅动了一下,以其歌中涌动的叛逆形象紧紧地吸引着大众的眼球。或者说,《一无所有》以其"弑父"命题的历史书写(以一个藐视陈规、我行我素略带"痞性"的浪荡青年为表征)和狂放的视觉表现(边摇边唱),以一种个体文化的野性、蛮性和反叛性,激活了大众心中躁动而压抑的生命本能,并以一种粗粝的大众的感性膨胀完成了向僵化的理性文化的革命性冲击。从这个意义上可以说《一无所有》是延续着"后文革时期"文化内部激烈的追求现代化的冲动的,显然跟同时期的"现代派"文学乃至"先锋小说"承续着类似的现代意识,所以作为此时期现代性进程的构成环节,它同样接了"邓丽君""抒情歌曲"对"文革"、"十七年"以及此前"革命歌曲"的"断裂"式处理。应该说它本身就是以一种汹涌澎湃、一往无前的现代性力量作为自己形式改造和音乐创新的原动力。或者说它以一种狂放不羁的表演方式和粗犷奔放的音乐风格把此前政治学、社会学、文化学的反思继续推进到了流行音乐的层面。

---

　　① 崔健曾说:"我认为中国需要一个自我表述的革命,而对此肩负最大责任和拥有最多机会的是艺术家。所以,中国艺术界是世界上最幸运的,还有革命的机会。""我有一个预感,中国将会有一场真正意义上的文化革命,不是政治上的,是真正人文的,能够出现一些举世瞩目的作品。"参见崔健、周国平:《自由风格》,广西师范大学出版社,2001,第150、154页。

所以如果将其放在文化的大背景中,就能看到它与整个文化现代性的发展是同构的,它是隐含着同样激烈的批判和断裂意识。但是这里需要说明的是它作为被大众狂热接受的流行歌曲,其批判意识更多的顺延的是,现代性中曾被压抑的朝向大众自身日常生活的一极。而"现代派""先锋小说"是作为现代性中启蒙的一极而存在的。所以《一无所有》的成功,更多地是流行音乐大众身份的成功,它隐含着大众在音乐选择上的主动权的获得,这也是流行音乐较之其他文化类型更快速也更容易切入大众内心情感的原因吧。

论述到这里,似乎流行音乐的身份在崔健这里遭遇了一场从形式到内容的彻底革命,其实如果真是如此的话,《一无所有》的命运就只能是胎死腹中了,因为中国当时的文化背景还不可能接受一种彻底的反叛文化。因此仔细辨析,会发现《一无所有》从内容到形式也都呈现了崔氏摇滚乐的个体叛逆冲动与红色集体革命演绎模式之间的家族相似性:物质"一无所有"的贫瘠和精神"自由和追求"的高贵;典型的模仿西方个人主义的浪子形象 VS 红色无产阶级的理想主义者;自我的情感宣泄 VS 集体狂欢的力量;乐器伴奏上的吉他、贝斯、键盘、爵士鼓 VS 唱腔上的西北民风与革命歌曲的融合。这些看似不同但精神内涵的一致性正是《一无所有》这一看似陌生"他者"弹出的文化信号;现代性的获得并不是建立在彻底反传统的基础上的。而《一无所有》正是糅合了民族化的艺术形式、本土化的音乐风格,甚至某种程度上还颇为传统的文化思想,进而批判地传达着充满个性解放的略带叛逆的现代文化理念。它的目标是试图将自我、原创、叛逆、反思等1980年代的启蒙主义精神与感性、欲望、无意识、本能、潜意识等西方摇滚的张扬个性、非理性精神糅合在一起。从这个意义上说,《一无所有》的出现既是对现代性在新时期人性解放意识的深化和传承,又是对后者的审视、分化乃至拆解。

有论者曾指出:从"音乐史的演进来看,将《一无所有》的美学渊源远上溯自工农阶级的红色文艺,既符合作品现实,亦合乎历史的逻辑。"①而"崔

---

① 徐承:《反叛者的历史困境:崔健摇滚的美学分析》,《东方丛刊》2009年第3期。

健玩摇滚的初衷原是要表现一个叛逆的、自由的自我,结果却在无意中去向红色传统汲取资源,以致深深陷入集体叙事的模式而不自知。这,或许是崔氏摇滚的一个悖谬所在。"①在笔者看来,这个悖谬一方面恰恰解释了《一无所有》能在1986年破空而来,并得以成为大陆音乐文化阶段性变迁的巨大症候的根本原因:并非仅仅是因为它不早不迟、不偏不倚、恰逢其时地作为一个理想的话题,融合了多方力量的话语诉求,从而在知识精英和意识形态内部,引发了大众中长期潜隐压抑且一触即发的反叛情绪的正式出场。而是在于:《一无所有》能从红色传统中汲取能量,来内在地反叛这个传统,并用这种悖谬的方式去调和当时的各种话语。这样既让主流意识形态感到革命激情的延续,又让启蒙理性中的大众获得一种强大的悖逆传统的反抗力量。而这个悖谬也在另一方面显示了它不只是崔健的,更是摇滚乐自身的,也是现代性在当代遭遇的必然处境,或者说也是整个流行音乐发展的内在悖谬之处:一次次的反传统(当然不止是红色传统,也是民族传统),却又必然一次次的回归传统(比如流行音乐界一次次的民族风浪潮的兴起),而反传统的力量却又必须从回归传统中获得。而这也正是三十年来,流行音乐一次次衰弱贫血,又一次次浴火重生的内在深层动力。或者将此结论扩大至整个文化界,比如文学界:1980年代中期文学寻根的发生,1990年代红色经典的回归,新千年新历史小说的勃兴和乡土、民间底层叙事的流行;电影界:第五代电影《黄土地》《红高粱》《老井》,新千年之际各类武侠电影热等,也能发现反叛与传统之间,革命与继承之间本就咫尺之遥,稍稍跨两步,便显出了艺术在传统与革新之间相互争斗的摇摆姿态。与其说这是中国民族文化传统渊源深邃的遗产回响,不如说,这是现代性发展中艺术生长和发展的内在逻辑。

正如马尔库塞在《神秘列车》里曾提出过摇滚乐这种以反现代的方式来获得现代性认同的悖谬:"摇滚乐有一种固在的矛盾:一方面是野心与孤注一掷的心态,一种风格与冒险感,以及拒绝满足的决心;而另一方面则是

---

① 徐承:《反叛者的历史困境:崔健摇滚的美学分析》,《东方丛刊》2009年第3期。

寻根与历史情怀,以及对于族群、传统、同类人接纳认同等归属感的依赖。"①也正如戴锦华所言:"围绕着崔健,诸多相互矛盾又彼此借重的阐释与话语,缠绕在反叛与皈依、解构与建构、官方与民间、压抑与反抗、精英与波普、政治与艺术之间,使之显现为一个最引人注目的社会文化结点。"②从这个意义上,其实不难理解为何崔健会在舶来的摇滚中自觉寻求个性解放自由的同时,又要不自觉地把个人主义、个性解放放进大量的红色政治或者民间文化的意象中,同时还要把解放的终极状态想象成万众一心的集体胜利的原因了。而这也正是1980年代后期中国当代文化的一个典型症候:所谓的个性解放、个人主义某种程度上只是对想要逃离集体主义的一种宣泄,是对"人的"自由的想象,它作为大写的"人"字和自由、现代、民主的同义词,曾被中国的现代性反复地追索和呼唤。但真正落地在中国的现实语境并成为文化实践时,却始终无法割舍中国独特的家、国、集体和个人同构的文化情怀。

当然以上是从音乐发展的内在逻辑和美学上辨析流行音乐摇滚身份的位移,何以在1986年横空出世的原因。如果从社会学角度来看,1980年代中期,在经济结构方面呈现的是改革的剧烈震荡和阶级的深层分化,从而导致的变动中各阶层身份认同的多元可能。文学领域则是从寻根文学过渡到先锋文学,彰显的是文学寻根观念从对精英文化传统的诗意表达和缅怀留恋向先锋小说对美学形式的追求的全面移动和价值重叠。哲学上,是随着改革开放汹涌而至的各类西方哲学的进攻姿态,既有知识精英启蒙理性主义的高蹈姿态,也不乏"弗洛伊德"和"尼采"的"非理性"与"酒神精神"的大众狂欢。所以共生于1980年代中期的是启蒙现代性和生活现代性形成的双重变奏,加上历史过渡时期的意识形态的松绑氛围,让大众轻松地获得了理解《一无所有》形式上的感性狂欢和思想上理性批判符码的通道。而以《一无所有》为代表的摇滚乐在1986年而非1980年代初、也非

---

① 赛门·佛瑞兹:《摇滚乐社会学》,彭倩文译,万象图书公司,1993,第374页。
② 戴锦华主编《书写文化英雄——世纪之交的文化研究》,江苏人民出版社,2000,第229页。

1990年初的"浮出水面"也成了一种历史的必然。

不管怎么说,崔健的《一无所有》在众声喧哗的接受中改变了流行音乐大众的欣赏口味,为流行音乐在1986年多元身份的获得找到了既可镶嵌精英的深度解读,又契合大众求新求异审美的微妙地带。这个地带一经发现,虽未取得趋同性的身份认同,至少也收获差异性的争议,而这争议本身其实也是流行音乐的现代性身份在精英启蒙和大众生活两个维度的内在矛盾演绎。而这种矛盾在接下来的"西北风"的论争中将得到更充分的表现。

第二章：大陆流行音乐的身份认同（下）

将1988年界定为流行音乐发展史上的又一界标，是因为1988年兴起的"西北风"潮流第一次彰显了大陆流行音乐创作人的整体实力，不仅标志着流行音乐第一次原创高潮的到来，更是为流行音乐以后的身份认同提供了一种本土、西方、商业三方良好融合的身份标本。当然它的缺陷也在于此，三种身份的融合只是一种想象性的期待，"西北风"在这种撕裂式的合作中，更多地呈现的是三方之间的错位和抵牾。但尽管如此，笔者认为，在流行音乐第一次创作潮中，能够显示出将以上三者交融互补的努力和方向，本身就证明了流行音乐从一开始，就企图在本土化、商业化和西方化之间寻求平衡的艺术直觉。只是这种艺术直觉更多的只是感性无意识并非理论自觉，更没能将其上升为理论体系。不过市场的检验始终是最好的试金石，从今天再往回看，或许也应该感谢当初没有成熟的理论指导为流行音乐设定一个发展的目标，或者说没有为流行音乐设定一种稳定的身份限制，这种散养式的方式其实为流行音乐提供了更广的发展空间，机遇与挑战并存下的流行音乐非但没有消失，反而更加多元多样。

一、1988年：流行音乐的"民族性"移位

应该说从1978到1985年，八年的时间，从模仿邓氏风到留恋于台湾校园歌曲的田园情调，从大量抒情歌曲中对亲情、奉献、牺牲等革命精神的无意识借用，到"跟着感觉走"的港台非理性庸俗气息的回响，缺乏原创性与主体性的大陆流行音乐，一直呈现给大众的都是四处借用和模仿的飘忽身影。不断飘移的他者身份，一方面固然可以说明这八年流行音乐在不同身份之间割不断的千丝万缕的关系；但另一方面也客观上印证了一种艺术形式在模仿过后，很有可能是创作心态的爆发。原创音乐的到来也与《让

世界充满爱》和《一无所有》所奠定的大众文化的真正崛起,并建立起自我的主体身份有着密切关系。因此从流行音乐内部发展逻辑上讲,1986—1988年成为大陆当代流行音乐的第一次高潮,是其自身在一次次对"他者"身份借鉴之后,进而寻求自我身份重建的必然结果。当然切合于1988年左右的文化大背景,如果不忽略整个1980年代启蒙理想主义的主旋律(虽然在1988年时,这种理想主义正在急速退潮),那么这种身份认同导致的后果就不是沉湎于1980年代早期柔婉低回的情思与感伤细腻的情调氛围,①而是要在宽松的政治、经济和文化氛围中,强调自身独立价值,要在社会现象中灌注自我批判意识,进而要求艺术表现自我、追求、困惑、自省等强烈的社会批判和参与意识。所以从对流行音乐的接受心理上来讲,要求风格上刚劲有力,歌词上质朴豪迈,思想上反思批判民族和传统,节奏上洒脱奔放,乐器上西方电子乐器的快感劲爆,就成了似乎理所当然的选择。而这无论是从创作上还是接受心态上,都为"西北风"在1987年到1988年的盛行,做了心理铺垫和预先设伏。然而无论是《信天游》(刘志文、侯德健词,解承强曲,1987)、《妹妹你大胆地往前走》(张艺谋词,赵季甲作曲)、《少年壮志不言愁》(林汝为词,雷蕾曲,1987)、《十五的月亮十六圆》(张藜词,徐沛东曲,1987),还是《心愿》(任志萍词,伍嘉冀曲,1987)、《心中的太阳》(文歧词,李黎夫曲,1988)、《黄土高坡》(陈哲词,苏越曲,1988)等,都真的像是刮在黄土高坡上的一股旋风,随着整个1980年代启蒙理想主义的落潮,来势汹汹也去势匆匆了,并快速淹没在1988年底囚歌风浪潮和1989年齐秦、苏芮带来的另一波港台音乐的高潮中。但是针对"西北风"兴起的"地势使之然,由来非一朝"的必然性,尽管评论界给出了很多说法,但是在笔者看来,过多的理由都是从社会、文化、接受心理给出的自下而上的解释,而忽略了主导政治、精英文化在评论界形成的无形指挥棒。而后者显然是规约流行音乐身份认同的主要因素,所以深入考察当时对流行音乐的

---

① 当然早期的这种柔靡和感伤情调更多的是作为对抗"文革"革命歌曲的高、强、快、硬风格出现的,这也决定了流行音乐这十年的发展必然是从强硬—清丽—温婉—柔靡—刚健—质朴—粗犷的一步步走向柔靡,又从柔靡一步步回归阳刚的内在循环。

各种现象的评论,无疑更能清晰的立体地勾勒流行音乐在身份认同过程中的艰难探索和最终走向。

(一)精英批评/大众接受/商业利益:三方话语错位下的各行其是

归纳起来评论界对"西北风"歌潮的出现,主要有这样两种批评思维和心态:

其一,是惯性的拔高型的精英解读。此种解读暗合着1980年代中期"文学寻根"浪潮中的对"民族品格"的探究思路,和电影界此时以《黄土地》《红高粱》为代表出现的对"民族灵魂"的强大生命力的认同诉求。比如有论者认为"西北风"歌潮的出现"一反当时流行歌曲的特色,以陕西、甘肃等地的民歌素材为基本音乐语素,旋律高扬,演唱风格刚劲豪迈,歌词具有深刻的反思、回归情绪及显示批判意味,以民间的审美情趣重新体味处于剧烈变革中的中国人的现实生活。"①还有论者指出"西北风""凝聚的主题是忧国忧民之情,是对中国文化的关怀和批判,"②其"最决定性的特征是它所蕴含的悲剧色彩,这不是凄凉的悲剧色彩,而是慷慨洒脱的悲剧色彩。"③还有论者从文化价值上来看,认为它"是拍合了时代的开放精神,"④而从创作上来看,"作曲家们正是不囿于对民族性的狭义理解,而从深邃的精神世界中反映民族的本质,因而他们笔下的音符就跨越了地域、语言、时空的种种羁绊,反映了人民的本质精神和追求"。⑤无论是从题材还是风格还是表现领域,上述解读都在阐释着"西北风"是以一种粗犷豪迈的高亢形式,提供了民族精神与西方现代摇滚力量的正面示范。可以说,这些欣喜的赞扬者是从传统和现代的双面肯定了"西北风"的价值和意义,称它是

---

① 黄燎原等编著《十年:1986—1996中国流行音乐纪事》,中国电影出版社,1997,第7页。

② 金兆钧:《歌坛十年故事》,《中国百老汇》1995年第10期。

③ 金兆钧:《光天化日下的流行:亲历中国流行音乐》,人民音乐出版社,2002,第278页。

④ 孙焕英:《西北风——中国通俗歌曲的回归》,《音乐天地》1988年第8期。

⑤ 李玉洲:《何故"西北风"从东南刮来》,《人民文学》1988年第11期。

"以现代西方摇滚"与"中国民间音乐文化"相结合,以及"融合了现代审美情趣和民族艺术特色"的"现代音乐文化与古老音乐文化的对撞才产生了的新的审美力量"。这些批评显然是将探求民族性的文化内涵作为自己对流行音乐的期待目标的;但由于"西北风"是新时期"人"的觉醒在音乐艺术上的一种转化表现,其实质是大众审美、精英启蒙理性诉求和现代性表达的杂糅。所以"西北风"中的启蒙意识并不像《一无所有》所开辟出来的摇滚乐那样表现得直接而锐利,而是在现代与传统、大众和文化精英之间含混又充满矛盾的实验组合。

另一种批评则聚焦于学者们对中国现代化发展依然落后的焦虑和普通大众的保守主义情绪上,以"西北风"的蛮性袒露、粉饰太平、抱残守缺、安于现状为由头,不仅猛烈地痛击"西北风"张扬的这种"以丑为美"的美学上的堕落,而且还尖锐地指出《黄土高坡》以出卖家丑、歌颂落后,来安抚自我在西方现代性迅猛发展的强势成就面前的虚伪和尴尬。前者如有论者认为"西北风"中"的确有一些实在缺乏创作上的个性,缺乏对民间音乐的深研和提炼,重复现代文艺中'原始化'的表现,把粗俗的哑嗓子夸张得最强烈。粗野低俗的唱法不是西北民间歌曲的特色,乡土之音不等于叫喊和狂躁(包括电声的狂躁)。民间的多种唱法是发自对生活的真切感受,而不是商品招揽式的浮夸情操,西北民歌中那些含蓄深情、豪放高歌的多种唱法,在'西北风'中感受不到,相反,却沉湎于单调的粗野原始味,表现出顽强的商品化趣味。"①而后者则更激愤指出《黄土高坡》:"想表现什么呢?唱黄土高坡,唱窑洞,唱老黄牛,唱西北风。现在,唱这些东西有什么意义?我们迈向现代文明的步履是那么沉重,我们有些人不但不感到压抑,不感到切肤之痛,反过来,还要大唱赞歌,用现代化的乐曲伴奏,用红歌星演唱,用最先进的媒介作传播,去唱那些贫穷、落后,愚昧保守的象征,去唱几千年农业文明结下的那么可怜的小小的皱了的酸果,唱那种'两亩地一头牛,老婆孩子热炕头'的所谓'丰衣足食',"这种思想本质上就是一种"安于现状、不求上进、墨守成规的小农的生活情趣。""几千年住在黄土高坡没有让

---

① 石夫:《谈谈流行歌曲中的"西北风"》,《音乐研究》1990 年第 3 期。

它彻底变样是一种耻辱而不是光荣啊!"①客观地说,这些批评部分地触及"西北风"在美学上所释放的由过度膨胀的感性,以及"西北风"导致的对传统文化的庸俗化和模式化误解。但无论是传统还是现代,批判还是维护,从上述的言辞中,扑面而来的依然是当时的流行音乐批评中,以情绪化的判断代替有板有眼的理论套用的批评误区。究其实质,这些批评话语依然局限在精英文化审美主义的评价体系之内,话语的立场显现的还是对流行音乐精英身份期望。或者正因为对流行音乐身份的过高期待,一方面使得激进和错位的情绪化批评构成了其时的必然风景。另一方面也加给了流行音乐过重的文化负担和精英身份负荷。而这也是"西北风"后来骤然衰落的原因之一。

进一步分析,如果不忽略前面所论述的大众主体身份的逐步确立在"西北风"的流行过程中所起的重要作用这个事实,就能发现大众对"西北风"的需求与上述精英批评所呈现的裂痕。也就是说,大众在"西北风"(当然也包括《一无所有》)中渴求到的"按自个儿的个性活"的自我意识的觉醒,或者是要求在歌唱中进行自我宣泄的情感解放,与学者们将其抽象为风格上的"民族生命力"的呐喊显然存在着不同层面的理解。于是"西北风"浪潮很明显地呈现了从个人/感性/粗犷到集体/民族品格/精神的刻意拔高和审美趣味,甚至是理解力上的错位和误读。大众对流行音乐的身份祈求,是朝往着形而下的娱乐方向的位移,这些批评的意图则是往形而上方向的宏大的集体无意识抽象,两者无疑构成了源自不同文化场域对流行音乐身份发展趋势的思考方向。而这个裂痕,事实上也在接下来"西北风"的衰落中得到更淋漓尽致的演绎,因为《让世界充满爱》和《一无所有》的成功,确立了大众在艺术审美选择中的主体地位的崛起。这就让1980年代中前期一直占统治地位的启蒙现代性,逐渐让位于日渐凸显的生活现代性。而一旦文化消费的市场由1980年代中期以前文化精英和主导政治引导的卖方市场,移位到由大众审美趣味引导的买方市场时,大众盲目的跟风式的审美趣味就极易被商业娱乐所绑架,使得"西北风"后来的创作和流

---

① 段瑞忠:《攻击〈黄土高坡〉》,《人民文学》1989年第3期。

行成了商业的附庸。所以"西北风"的最终衰落,无疑也是个极为重要的原因。

(二)"西北风"中大众身份的隐性存在

当然也有不同于音乐或非音乐专业学者对"西北风"主题的拔高、过度阐释或者贬损的精英评判,比如有论者指出:就这些创作者的动机和最终呈现的文本来看,"西北风"歌潮本身并不能被称为是"背十字架的音乐","并不是民族性和时代性的完美结合,只是在通俗歌曲处于低谷的态势下,较为成功地运用民族民间音调创作的通俗歌曲。"①甚至仅仅是对试图摆脱港台流行乐的初步尝试,并没有从音乐风格和曲调上形成一种新的类型。指出"'西北风'不是典型的流行音乐,而是中国大众歌曲传统的延伸,是当时社会思潮和大众情感的直接反映,也是《让世界充满爱》以来词曲作家音乐理念的一个凝聚点,它因此而成为平民化的文化标志。"②应该说,面对颇带些陌生化效果的"西北风"浪潮,这些评论,相对前两种精英式的拔高或者民族化的激愤,显然是相对诚实的态度和具有理论的慎思的。他们指出了"西北风"中出现的流行音乐骨子里的平民大众身份,也初步嗅到了"西北风"在精英文化过度抬高的浓重氛围中,已经敞开的商业运作裂缝。而这也暗合了音像艺术公司的经营者的说法:"'西北风'是他们刻意追求的结果。"③这也从另一个侧面佐证了上文的分析。

实际上也是,随着整个文化环境"寻根"热潮和电影界第五代"黄土地"热浪,音乐界在1988年才出现的"西北风"浪潮,再也找不回1986、1987年那种知识精英对民族魂的由衷热爱和被理想主义鼓荡而起的雄风,短暂的风行之后很快就淹没在甚嚣尘上的物质、欲望、商业诱惑等非理性主义的汹涌来袭中,在电声乐队和商业炒卖中归于沉寂。特别是1989年随着卡拉OK的引进,在流行音乐界,一个娱乐化世俗化的大众文化时代的到来已是呼之欲出,在全国各地大众齐唱"跟着感觉走"的歌声中,流行音乐的身份认同在刚刚走出港台音乐的影响焦虑之后,又陷入了更深的迷茫和焦

---

① 彭根发:《有感于"黄土旋律"的拱起》,《音乐天地》1988年第8期。
② 金兆钧:《歌坛十年故事》,《中国百老汇》1995年第10期。
③ 金兆钧:《歌坛十年故事》,《中国百老汇》1996年第10期。

虑之中。其实在1980年代末,文化的巨大变动时期,选择"西北风"这样一个在空间位置上隶属于"边缘"地带、时间横轴上隶属于"过去"的音乐类型来潜意识地释放艺术的创造力和大众的审美趣味,可能是一种症候,也即是一种对这个变动时代文化艺术处在传统/现代/西方还未找到自身主体性的隐性表现。同文化寻根热潮一样,亦从文化根蕴上就体现着对一种文化(传统)的张扬也是对反文化(传统)的张扬这一文化悖论。

总之,正是由于上述精英批判在港台和西方流行音乐巨大的影响焦虑下对刚刚起步的流行音乐过高的心理期待,使得"西北风"浪潮在流行之初就因为负荷过重而显露出了它巨大的缺憾。而这缺憾又由于大众主体地位的渐趋确立,极易变成商业市场操控下的木偶,应该说从1988年底开始的因歌风和知青歌曲的火热,就是这一失控市场的显在表现。这给予我们的启示也在于,此时期的流行音乐倘若能够健康有序的发展,必然要取决于市场观念和商业规则的成熟度和规范性,以及大众审美趣味的深度培养和有效推动,当然更要取决于整个政治和文化环境的更具开放性和多元性,以及主导政治/知识精英批评/商业利润/大众需求几个关键词之间的有效缝合和平衡。而流行音乐在后来的发展中,每一个阶段所呈现的也正是这几个方面相互博弈和妥协争夺过程中的合力结果。

二、1990年:港台乐、亚洲风、红太阳和摇滚乐交织而成的"雾中风景"

在确定1990年作为要描述的又一个界标前,首先应该受到关注的是1990年前后与流行音乐相关的政治、经济和文化方面的事实。

政治方面:1989年7月,中央下达《关于加强宣传、思想工作的通知》之后,中国音乐协会为响应其号召,在全国音乐界展开"批判资产阶级自由化思潮"运动,并在1990年举行"全国音乐思想座谈会"。会议斗争的主要对象一个是"流行音乐",另外一个就是"新潮音乐"。①并且将批判上升到了"颠覆与反颠覆、渗透与反渗透、和平演变与反和平演变"②的高度。其代表性的批判文章是陈志昂的《流行音乐批判》③和《流行音乐再批判》④。这两篇文章加上其时理论界其他音乐前辈的批判,最终达成以下认识:"自80年代以来,港、台及外国流行音乐占据中国歌坛成为霸主,文艺上宏观失控,全国歌星大'走穴','一切向钱看'突出化,文化市场管理混乱,干扰了'双百'方针的贯彻;流行音乐在社会文化生活中的大量存在已经对其他艺术形式构成了强大的威胁;流行音乐中的庸俗、不健康的作品已经对社会、尤其是对广大青少年产生了不良影响。"⑤应该说,除去一些情绪化的批判,上述对流行音乐的批判已经戳到了其致命的弱点,比如说对流行音乐商业化的批判,对文化市场管理混乱的担忧。但是遗憾的是,在这样一个敏感的政治气候中,这些言论更多地表达了知识精英,面对流行音乐身份下移时的激愤情绪,而非理论层面的审慎思考(这里值得思考的也是:敏感的政治环境是否为这些激切言论提供了一个恰逢其时的表达借口,因为如果仔细考察这一时期的批判言论,持全盘否定的几乎来自音乐界的重要人物,而官方的言辞则相对客观和中立)。但值得思考的是,这些声色俱厉的批判大部分止于言说层面,并未在流行音乐的实践层面产生重大影响。而事实也正是,在音乐理论界和政府部门对流行音乐展开大规模审查和批判时,流行音乐并未因此停下其商业化和大众化的步伐。关于这个现象,有

---

① 所谓"新潮音乐"是指20世纪80年代以来,随着改革开放政策的实施,对外文化交流的加强,欧美乐坛上出现的各种现代主义流派也对中国大陆音乐创作群体产生影响。一些音乐学院作曲专业的学生以这些现代创作技法和激进的音乐观念进行着自己的创作探索和实验,涌现出一批"新潮音乐"作家群和作品。人们就将这种创作观念激进、技法比较现代且逐渐汇聚成潮的音乐创作现象称为"新潮音乐"。代表人物有谭盾、瞿小松、叶小纲等。
② 陈志昂:《流行音乐批判》,《音乐研究》1989年第4期。
③ 同上。
④ 陈志昂:《流行音乐再批判》,《人民音乐》1990年第5期。
⑤ 王思琦:《1978—2003年间中国城市流行音乐发展和社会文化环境互动关系研究》,博士学位论文,福建师范大学,2005,第137—138页。

人也曾提出怀疑:政府文化部门还是音乐界"这种介入态度最后所取得的效果却往往是和介入者的初衷相背离的,甚至于令人产生种种的怀疑和遐想——政府文化部门以及音乐界对流行音乐的干涉、批判是主动?是被动?是真心?是假意?流行音乐与主流文化是对抗还是一种合作?"①然后以崔健为例(比如上述批判中,崔健几乎是个万夫所指的对象,但实际上崔健却又受到包括中央电视台在内,海内外各文化部门的热烈欢迎②)详细论述了流行音乐与主流文化之间不仅存在对立、对抗的一面,也在某种程度上存在着"认可""默契",甚至是"合谋"的一面。

但是如果解读止于此,就忽略了这其中更为复杂的各种力量之间的较量,为何主流文化对崔健会产生边批判边欢迎的姿态?对其的批判和默认之间,是否也存在着不同语境下不同文化立场的价值目标问题?应该说,有人用"主流文化"一词模糊了知识精英与官方之间的文化分歧,而恰恰是这种立场的分歧,才导致了对流行音乐"对抗"与"合作"的"双重待遇"结果。对于官方来说,虽然距离1992年邓小平南巡讲话还有两年时间,但是市场经济的主体地位和市场的商品化取向已是大势所趋,因此急需增强国家综合实力,提高国家经济总量以换取在世界政治、经济体系中的位置,那么认可大众文化的合法性以及承认大众文化对商业生产的巨大推动作用,就是官方必然的选择。尤其是当其发现流行音乐能够更轻易,甚至更快速地对接国际时尚文化,进而促进国内消费文化的繁荣时,官方与大众文化的适当"合谋"也就理所应当了。而对于此时的知识精英来讲,习惯了1980年代早期的文化狂欢,面对着此时突然而至的甚至颇带有断裂性质的大众狂欢的文化换幕,其身份的断裂之痛不难想象。所以借助政治风潮的涌起,对流行音乐做言辞苛刻、甚至全盘否定的批判也不足为怪。

---

① 王思琦:《1978—2003年间中国城市流行音乐发展和社会文化环境互动关系研究》,博士学位论文,福建师范大学,2005,第142页。

② 自《一无所有》在1986年诞生以来,崔健就遭遇了很多看似矛盾的事实:1986年,《一无所有》的演出现场,国家体委将其斥责为"牛鬼蛇神"。1987年,崔健接到北京歌舞团"必须限期离职"的口头通知。1988年,中央电视台向汉城(今首尔)奥运会推荐《一无所有》被采用,崔健在汉城(今首尔)演出。1990年1月,在征得北京市委宣传部批准后,崔健开始了他为亚运会集资的巡回演出。1990年4月,崔健再次被禁演。

当然这也充分显示了，此时期知识精英身份的尴尬：一方面文化主导权的丧失使得他们逐渐失去了对大众的文化影响力；另一方面，即便是再激切的言辞也无法最终阻挡流行音乐在官方的默许下朝向市场化、大众化大步迈进的步伐。

文化方面：1989年最值得关注的是"海外音像制品开始正式引进、卡拉OK的引进和传媒的市场化。"①这一方面预示着版权保护的概念进入业界创作人和传媒人的心目中，流行音乐文化不再是被动的、相对封闭的发展态势，而是开始了与外面世界的双向交流和激烈竞争。截至1993年，大陆流行音乐市场已经实现了全面开放，引进版成了此时的热词。此后，齐秦、苏芮、齐豫、王杰、李克勤、邰正宵、张信哲、童安格、谭咏麟、赵传、陈慧娴、张雨生、郑智化、Beyond、四大天王等港台音乐，在很难分清前脚后步中纷至沓来。在大陆流行音乐界上演着"你方唱罢我登场"的繁荣，使得大众尤其是在校或刚离校的青少年，在暂时无法获得与西方或者港台物质现代化的链接中，只能退而求其次地实现其在文化现代化潮流接轨中的代替性满足。另一方面卡拉OK的大肆推广不仅标志着流行音乐较于其他大众文化类型，更早更快速地切入大众日常生活中，从此让流行音乐进入真正获得最贴近、最敏感的标明大众身份的新时期。而且卡拉OK也在某一程度上改变了大众对流行音乐的态度和认识。从意识到"唱歌不再是歌手或者明星的专利"到"唱歌成了大众调节自我情感平衡的润滑剂"，从观望到参与，从单向到互动，实现的更是流行音乐大众身份的本质化确认。而最后，传媒的市场化和大众化，更有力地促进了大众传播网络在其后的最终完成，这无疑是大众文化发展中最重大的转折点。自此流行音乐的商品特征和大众身份获得了无须证明的合法性。到了1991年，香港的制作人刘卓辉开始将"唱片制作"的概念带进大陆，并在1992年，成立了著名的"大地唱片公司"。"1991年底，苏越从日本学成归国，与达利普安香港公司合作，以'签约制'的方式推出楚奇、楚童'兄弟'组合，遂成为大陆'签约制'的先

---

① 金兆钧：《光天化日下的流行：亲历中国流行音乐》，人民音乐出版社，2002，第160页。

行者。① 这一系列举措,成为流行音乐市场从混乱、茫然、自发、无序到规范、合理、健康发展的推动力。

在此选择 1990 年作为陈述对象,是因为这一年中,"市场经济"开始代替"计划经济"。但是新旧经济体制的转换不可能一蹴而就,所以流行音乐的身份阵痛也在这种交替中进入实质性的阶段。一方面"西北风"高潮之后的流行音乐面临着原创力量失重后的策略重组:1989 年一年中大陆流行音乐走过了从"西北风"到"囚歌"风再到"知青歌曲"的文化苦旅,体验了从文化传统中挖掘资源的精英保守主义与商业操作利用其红色民族诉求,以求快速实现经济现代化的市场浮躁心理的正面交锋。其结果是大众商业文化的吞噬性和利益性显示了极强的诱惑力,不假思索的"流行"代替严肃的音乐创作成了 1989 年底与 1990 年初流行音乐的主要目标。港台音乐就是在这样时刻,迅速占领了大众的情感空间,也迷惑了大批精英知识分子的视线。to be or not to be 已经不再是个问题。问题是如何在 to be 的前提下,开拓大陆流行音乐的新空间,并将其带进一个健康良性的发展轨道,而正是对此问题的思考和探索显示了 1990 年在流行音乐界的意义。其实如果详细考察 1990 年的文化环境,正是这样一个主导政治隐而未隐、精英文化退而未退、市场经济立而未立、大众文化进而未进的临界点。各种文化的政策、环境和力量(包括港台/欧美)刚开始达到一个势均力敌的平衡点(当然这个平衡点的时间非常短暂,而接下来的事实就是大众文化和市场经济的主体优势,决定了合力的方向开始朝向商业利润的一边倾斜),所以流行音乐在这一年呈现的就是这样一个既扑朔迷离又相对清晰的由主旋律/艺术/市场三方构成的"雾中风景":主流方向是前述的立足于世俗大众情感世界的港台乐的强势来袭,以及应和泛人情化、泛伦理道德策略的文化主旋律的"亚洲风"和"红太阳"歌潮的鲜花重放。而非主流方向则是摇滚乐从崔健到后崔健时期、从边缘地下到踏上星光大道的燎原之态。

(一) 港台乐带来的"娱乐性"蔓延

如前所述,港台音乐的再次兴起是取 1988 年底"西北风"的衰落而代

---

① 金兆钧:《光天化日下的流行:亲历中国流行音乐》,人民音乐出版社,2002,第 161 页。

之的,并伴随着引进版的开放而从此占据了大陆流行乐坛的半壁江山的。如果粗略地看,此时的港台音乐在某种程度上,应该发挥着类似于"文革"刚结束时那波港台音乐同样的导师作用。也就是说港台音乐的再度勃兴,应是流行音乐文化现代化进程中的必然一环。即每当大陆的原创音乐面临困境时,转向西方资源(当然此时由于西方流行音乐在语言、风格上暂时无法实现与大众文化层次上的对接,所以对西方的模仿必然要转向港台)或者转向传统资源,就成了流行音乐继续前行的必然选择。当然"文革"后那拨港台音乐伴随着大陆原创力量的兴起,以及对流行音乐的精英身份期待,逐渐不合时宜而式微。而此一时期的港台音乐却伴随着大众主体地位的确认和流行音乐大众身份的稳定,成为社会主义市场经济在文化多样化实践方面的巨大成果而被认可的。同时也显示了以港台为代表的消费主义文化(深层上讲是物质现代性),在参与大众日常生活和主导意识形态方面的强力影响,流行音乐不再首先被视为启蒙现代性的工具,而首先被理解为大众情感、大众审美趣味的载体。或许这种身份在西方流行音乐中早已不是个问题,但在社会主义意识形态和浓重的载"道"传统"载文化"传统的大陆,这种娱乐性大众性的身份位移,对于文化身份的冲击,依然是后来大众文化遭诟病首当其冲的原因。比如在1993年文化界掀起的关于"人文精神"的大讨论,论述文化精神滑坡时,最先指责的就是流行音乐全然倒向商业和世俗的怀抱。但是毋庸置疑的也是,如果从流行音乐的大众身份的获得过程来看,其从主导政治和精英文化中裂变出来的大众的惯性力量,必然使其有一个向市场全面倾斜的过程。但是任何一种文化形态的发展,都显然是各种制约因素合力的结果,流行音乐并不例外。只不过1990年之后,大众/市场/商业的合谋显然激发了流行音乐各功能中,满足大众身心情感娱乐的功能,因此大众身份也就成为流行音乐最主要的文化身份。

其实也正是在这里,流行音乐开始暴露了接下来这个十年一直在挣扎和困惑的美学上(商业/艺术或者国外/民族)的两难困境:如果认同国外,自觉地将自己作为市场经济下的文化商品,就会因为缺乏与港台及东南亚、欧美等国外流行音乐,在商业运作上的竞争能力而面临文化殖民的危险;但如果它坚持1980年代自身的精英身份血统,就会不断重蹈"西北风"

的覆辙。所以如果流行音乐只重视其大众身份,而忽略其一路发展而来其他文化身份对其健康发展的建构作用,那流行音乐最终只能倒向商业媚俗,进而被其他文化类型取而代之。而如果其只重视后者,就会形成精英期待和大众审美之间的严重错位,其结果同样会葬送其未来。其实流行音乐在1990年代之后几次的身份认同的焦虑都是此原因的结果。再加上今天的大众既不是1980年代初"没见过猪跑"的大众文化匮乏症处境下,饥不择食的盲目接受者,也不是阿多诺所论述的大众传媒操纵之下,受控于传媒意识形态的被动玩偶,而是成了大众文化产品的主动选择者和意义生产者,所以随着大众自身素质和审美趣味的不断提升,也就必然要求流行音乐身份在多样化、多元化的文化之间互补互动,而流行音乐之所以生生不息的内在原动力,也是其必然要在各种文化之间借鉴吸收、取长补短。

(二)"知青歌曲"和"红太阳"歌潮的怀旧情调

1989年伴随"西北风"式微而起的除了"囚歌"①风之外就是"知青歌曲"的回潮。虽然其在当时的影响不大,但是却直接催生了"红太阳"歌潮的风行,并迅速在文化界掀起了一股重温红色经典的旋风。比如戏剧界:《红色娘子军》和《长征组歌》的重新搬演并大获成功。美术界:赵志田的《大庆工人无冬天》,吴作人的《幸福院》《解放南京号外》以及徐悲鸿的《九州无事乐耕忙》,刘春华的《毛主席去安源》分别以16.5万、26.4万、46.5万、192.5万、605万的拍卖价,再次证明红色经典在人们心目中的位置。虽说催生这股红色旋风的直接原因是1990年为纪念毛泽东诞辰。但是如果不忽略越来越多的人在面对1990年左右甚嚣尘上的都市消费主义、商品文化的侵袭时感到茫然无措,开始转向想象中的过去时代,普遍追忆起"文革"之前的那段集体主义的崇高历史的话,那么就不难理解何以从1989年

---

① 在此没有对"囚歌"风专门介绍,一是由于其出现主要应和着"西北风"掀起的商业化成功,在内容与创作上并没有对流行音乐的身份做出多大的贡献,但是在此笔者想申明的一个观点是,"囚歌"风并不如金兆钧或者王思琦认为的那样,完全是一股逆流,它至少在题材上显示流行音乐无所不包、无所不容的多元性,也显示了其与大众情感需求之间比其他文化类型更密切的关联。二是,它的传播时间较短,并且在其后并没有接续之风。所以仅此带过。

底,一场集体式的怀旧能迅速涨满了文化界的角角落落。但是对比同一时期的怀旧情绪,不能简单地等同于王安忆、孔捷生或者张洁等在伤痕、反思小说中表达的某部分群体或者个人在感情、生存或者社会关系受挫、内心被时代遗弃感到失落孤独,或者摇摆在城乡之间身份无根感时弥散的怀旧情调。因为1990年左右知青歌曲以及与其相连的"红太阳"歌潮的出现,显然内含着更为复杂的怀旧元素,"就怀旧情感的发出者来说,他们已完全度过了人生的低谷,并在一定意义上成了社会的精英分子,他们拥有话语权力本身便足以证明了这一点。因此,这一怀旧风更多的有接续历史、怀恋青春、间接反抗当下时尚的意味。"①因此,追怀往昔人伦之乐、重寻苦难担当意识、建构昔日乡村田园成了抵制今日市场喧嚣、人文精神滑落、社会道德沦丧的依据和信念。但是,正因为这些怀旧发出者此时身份地位的稳定性、优越性,使得这种依据和信念并不能也更不会自觉内化为行动动力。因此,怀旧带来的不是改变现实的实践能力,仅仅成了一种情感空落的暂时抚慰手段、一种茶余饭后的怀旧姿态。因此在知青们高唱《老三届》,痛饮狂欢忆往昔时,不仅小一辈们也可借此窥探父兄一代的往日神采,而且消费主义风行当下的文化工业更可借机对此进行包装贩卖。故而随着商业的渗入,怀旧所怀的不再是对单纯美好神圣崇高的情感的认同回归,而变成了流行音乐可资利用的文化资源。

所以当"红太阳"歌潮再次飘起时,老知青想到的不仅仅是昔日歌颂毛泽东时那种圣洁情感的全身投入,他们更关注的或许是,自己在那段历史中的情感起伏,是对自己终于苦尽甘来的现实性满足,亦是对自我曾经光辉影像的欣赏性留恋。而小辈们则是新奇于昔日革命歌曲被正当红的孙国庆、屠洪刚、李玲玉等用迪斯科旋律、流行唱法、现代电子乐器编排之后,浮现的某种颠覆性实验性效果中。而商业文化在满足上述大众各取所需的情感需求中,收获的是某地方的盒带单价从5.5元翻至11元的热卖奇观,和半年期间共发行550万盒的超高销售利润。因此风行一时的"红太阳",从一开始就存在着"怀旧的陷阱",在其反"现代性"的同时,更多的是

---

① 孟繁华:《众神狂欢——世纪之交的中国文化现象》,中央编译出版社,2003,第49页。

与其合谋,最终落入了"现代性的陷阱"并为其营造"现代性"的商业神话。诚如张旭东所言:"中国所谓的后现代主义的反乌托邦热情有时也创造了它自己的乌托邦,一个保守的乌托邦。九十年代最为显著的潮流之一就是文化怀旧,它可以视为这种意识形态剧变的一个感伤的注脚。"①这或许就是"红太阳"这种怀旧文化在消费时代不得不面对的一种感伤,一旦进入市场,一旦它的消费对象是民众,这个庞大的群体惊人的消费吞吐能力,使其可以将任何文化资源都变成其工业利润链上的一环。正因为"消费文化本身就是让自己出尽风头,它的一次性消费使它不得不抓住时机以求一逞。"②所以,从这个意义上说,"红太阳"歌潮又一次验证了流行音乐作为大众文化的一种所具有的强大的收编能力。

(三)"亚洲风"与电视剧掀起的"西北风"的"民族性"延续

在"西北风"开始没落,"囚歌""知青歌曲""港台乐"混杂而下,令歌坛一时难辨主流方向时,张明敏于1988年5月开始举办"为迎接第十一届亚运会集资——张明敏全国巡回演唱会",其后随着崔健、朱明瑛等的相继加入③,使得流行音乐再一次表现出对社会重大问题的关注热情和参与能力。同时第十一届亚运会组委会也于1989年冬组织并评选了《高举起亚运会火炬》(会歌,石祥词,施光南曲)、《亚洲雄风》(张黎词,徐沛东曲)、《不要说再见》(达江词,侯牧人曲)、《黑头发,飘起来》(剑兵词,孟庆云曲)等9首亚运歌曲录制发行,从而在大陆音乐界一片港台声中发出了自己的"震天吼"的民族声音。应该说"亚洲风"的出现是为迎接1990年9月22日至

---

① 张旭东:《上海怀旧——王安忆与现代性的寓言》,载《批评的踪迹:文化理论和文化批评 1985—2002》,生活·读书·新知三联书店,2003年,第304页。
② 孟繁华:《众神狂欢——世纪之交的中国文化现象》,中央编译出版社,2003,第42页。
③ 事实上,这些歌手打着"亚运会"的招牌,所做的并不纯粹是为亚运会宣传,就像崔健,虽然几场演唱会下来,崔健将所得的100万收入基本都捐给了亚运会,但是崔健的演唱会,无意却成了众多摇滚歌手浮出水面的舞台,如张楚、唐朝、臧天朔等都通过此显示了自己的摇滚势力。

10月7日,要在北京举办的第11届亚洲运动会而刻意为之的举动,再加上官方政策的直接支持推动,想要驰骋音乐界应该不难。但是从传播的事实来看,这种能指过于明确,主题过于鲜明,意识导向过于明显的"亚洲"歌曲,远没有此时的港台音乐以及随之兴起的另一类"主旋律"电视插曲,乃至后起的摇滚乐经得起时间和大众口味的考验。这或许就如金兆钧曾指出的"流行音乐更擅长的领域自然是情感生活的领域""它的手法是通过这样的个人化或者个性化去获得一种最大的整体化效应。"所以"即使是处理重大题材,流行音乐的角度也常常是平民化的、抒情化的和个人化的。"①当然这些评价都是在经过市场和大众检验之后得出的经验总结,当时在创作者那里,他们未必会有此理论的自觉,因为他们似乎也并没有意识到:流行音乐要走的恰恰是,通过浸润个人情感达到凝合整个民众的自下而上的道路。

而"亚洲风"歌曲显然有些"主题先行"了,于是"我们亚洲,江山多俊秀,我们亚洲,物产也富有,我们亚洲,人民最勤劳,我们亚洲,健儿更风流"更像是十年前高亢嘹亮的革命歌曲的现代演绎,当然由于其高扬的民族自豪感、曲调、风格、伴奏、和声上的现代化,其市场的占有率也不可小觑。但随后就淹没在另一类更能反映时代精神的主旋律上。诸如:电视剧《渴望》的插曲《好人一生平安》《渴望》,电视剧《辘轳、女人和井》插曲《命运不是辘轳》《不能这样活》,电视剧《篱笆、女人和狗》主题歌《篱笆墙的影子》、《弯弯的月亮》(李海鹰词曲)、《好大一棵树》(邹友开词、伍嘉冀曲)、《月是故乡》(李澈词,卢恰曲)、《烛光里的妈妈》(王健、李春丽词,谷建芬曲)等。这类歌曲其实在表达人生态度、时代情感方面同上述"亚洲风"在主导意识形态看来是同构的。但不同的是,后者是通过一种感人心切的柔软的,诉诸个人情感的态度来表达民族化的集体情感。这实际是种更关注个体人性化,但同时也伦理化的策略运用,其立场不仅立足于上述的整体性国家民族思考惯性拉开了距离,也与接下来泛滥成灾的只关注个体感性欲望的非理性吟唱拉开了距离。但它的缺陷也相当明显:过于本土化。于是在在港台音

---

① 金兆钧:《光天化日下的流行:亲历中国流行音乐》,人民音乐出版社,2002,第44页。

乐、明星制大肆入侵的1990年左右,由于制作、包装、宣传等的落伍,它们显然无法满足更年轻一代的消费口味。当然并不能以青少年的喜好来判定一种流行音乐的功过,但是在这里提及实在是因为不能忽视大众身份在此的一个明显转换,1980年代的大众与1990年代的大众有着根本的区别,前者是1960年代人,后者是1970年代人,这期间的不同在下文会有更详细的阐释,在这里,只简单地概括为前者有着较深的"文革"革命教育背景,而后者是疏离于"文革"革命教育之外的。所以他们的欣赏口味是被邓丽君等港台音乐培养起来的,而1990年代显然是这拨人的时代。

(四) 中国摇滚势力的集体出场

在思考1980、1990年代之交为何会成为摇滚乐发生与发展的黄金期时,虽然学界众多的论述都似乎已经从文化背景、接受心理、政策开放,思想解放等方面给予了众多解释。认为此时期的中国无论是在思想解放的接受度,还是文化政策的开放度上都具备了接受摇滚乐的条件。但是在看这些论述的时候,觉得其并不能具备足够的说服力,至少中国当时的文化环境并不具备真正推崇以西方叛逆、革命精神为核心的摇滚乐的大环境。但事实是摇滚乐在1980年代的发展,虽然遭遇到一定的困难,比如崔健某些时候还是被攻击和打压的对象,但是这种攻击和打压非但没有扼杀摇滚乐,反而推波助澜,它所改变的顶多是让崔健从台上转向地下,从大舞台转向小教室等演出场所的改变。直到后来反而遭到主流意识形态的频频礼遇。这就不得不让我们把眼光投向摇滚乐作为舶来品的本土化问题。毕竟一件事物的被接受是双方互动的结果,接受者不仅要具备接受条件,外来者也要主动改变自己去适应接受环境。而中国摇滚乐在此时期的发展无疑是上述双方互动的结果。鉴于前者已经被学界多有论述,下面的论说就以后者为重点。

概括地说,摇滚乐在1980年代初并不是用真正的摇滚精神叩开中国大门的,因为西方的摇滚乐是产生于底层对强权文化的反抗中的。而中国摇滚乐最早则是国外party文化的一种,这种文化的典型特征就是"娱乐性、社交性"。所以在当时摇滚party不仅是艺术圈、文化圈里的时髦行为,更是摇滚乐队当时赖以生存、发展的温床。"唐朝"乐队的主唱丁武也认为,"party 可以为乐队提供演出的机会,还可使乐队为了参加 party 而抓紧排练和创作,我们早期的一些作品就是这样产生的。再有 party 对于乐队的稳固有很大的作用。北京之所以有这么多乐队能够存在,主要也是有 party 这种形式。"① 虽然在 1980 年代末的中国,摇滚的繁盛曾让某些先锋精英着实兴奋了一把,并把它当作一种启蒙,一种批判手段,一个诉求平台,一种社会异化下的纯粹信仰活动来想象期待。但是中国摇滚乐以 party 文化的出场,说明从一开始它的主要目的只是娱乐,它的最初指向也是自觉地将之作为流行音乐的一种。这也是它此时期可以得以快速发展的最主要原因。它的批判性或者反叛性至少不是它生而有之的能力。正如崔健自己所说:"摇滚主要是一种娱乐形式,它的社会功能是别人强加的。""我一直没有觉得《一无所有》是摇滚乐,它只是一首流行歌,单纯的一首歌。"② 但是有意思的是,当崔健喊出"我曾问个不休,你何时跟我走,而你却总是笑我一无所有"时,舆论的批评却很少仅仅把它当成一首无意识的情歌来对待。这种立足于精英批评与崔健创作之间的错位,颇有点当时文学界对先锋文学出场时的态度:不是刘索拉的《你别无选择》表现了多少先锋的小说意识,而是,当时的评论界在西方他者的影响焦虑下,急切地希望国内小说能够拥有与之相媲美的文本,从而一定程度上催生出了所谓的先锋文学。刘索拉无意识的写作,正如崔健无意识的创造一样,反映的是被刻意拔高的文化形式远远超出它本身内涵价值的奇特现象。连崔健后来自己也说:"当时的轰动也让我觉得别扭,写歌这么容易。在轰动之后,我好像一下子失去了方向。"③

  从这个意义上说,中国的摇滚乐至少在诞生之初并不具备西方摇滚真正的平民性、叛逆性等先锋属性,相反"它没有让摇滚乐真正从社会底层产

---

  ① 雪季编著《摇滚梦寻——中国摇滚乐实录》,中国电影出版社,1993,第287页。
  ② 崔健、毛丹青:《飞越摇滚的"孤岛"》,《文艺理论研究》1998年第1期。
  ③ 同上。

生对抗,反而在社会的高处建立了贵族化的风景"①,所以它虽然在形式上是精英的、现代的,但在本质上却是娱乐的、大众的,歌词上是批判的、解放的,但思想上却又是妥协的、温和的。当然也正是这个原因,才使得它在诞生之初,就实现了与流行音乐多元身份的对接,它能获得包括官方、精英、大众在内的广泛认可也就在情理之中了。而也正是早期摇滚乐的这种半温和半解放性姿态,才使得其能一浮出水面就蓬勃发展。这里或许需要使用业界普遍认可的所谓摇滚精神和摇滚姿态的概念,虽然太多的人都在谴责中国的摇滚乐没有精神,只有姿态,但毋庸置疑的是中国摇滚精神的最终酝酿发生,却非得先借助这早期的姿态获得生存的合法性不可。当然最终征服国人的仍需要真正的摇滚精神。

但值得注意的也是,一旦 1986 年崔健以《一无所有》宣告了摇滚乐获得准入市场的许可证之后,摇滚乐就迅速抛弃了 1980 年代初在 party 上学会的模仿、扒带、娱乐、技巧等姿态,而开始了对精神的追求,此时不可小觑的同样是 party(后来是被称作摇滚部落的一些酒吧)的作用。这种带有强烈同仁性质的身份聚会,从始至终在摇滚乐的发展中扮演着重要的作用。它最早用娱乐性将摇滚乐植入中国,但其相对安全封闭的社会特性和独特的小圈子文化认同模式,又极易催生并进而保护和发展叛逆、自由、解放的摇滚精神。可以说 party 在这里成了摇滚精神的大胆实验基地,当得到主流社会的认可时,他们会借机浮出水面,但是一旦遭到抵制,他们也可以在自己的小圈子之内自给自足。摇滚乐与 party 及后来的酒吧文化相辅相成的特性,成了摇滚乐与其他流行音乐类型重要的不同之处。当然这也是摇滚乐能一定程度上摆脱主流意识形态的束缚而相对独立发展的基础。1980 年代后期到 1990 年代初期,摇滚精神能在流行音乐市场相对较为混乱时期,其他音乐类型相对沉寂时期,实现一枝独秀的大爆发,一方面源于 1980 年代中期以来启蒙思潮奠定的接受环境,知识精英赋予的启蒙责任和期待,大众在文化转型时期的精神迷茫和焦虑;另一方面主要也得益于他们能有这样一个相对封闭和独立的实验基地、演出现场和特有的接受群

---

① 颜峻:《铁血或盗汗——追忆十年摇滚》,载李宏杰《中国摇滚手册》,重庆出版社,2006,第 354 页。

体。当摇滚精神有了一定的实验成果,应和着1989年底北京"现代艺术展"的余热,就迎来了1990年2月17、18日,在北京首都体育馆进行的一场名为"1990年现代音乐演唱会"的第一场集体试演。而试演的"唐朝"、"呼吸"、"ADO"、"眼镜蛇"、"1989"、"宝贝兄弟"六支摇滚乐队,也因此成了摇滚史上不能不提及的乐队。他们中的一些和后来的黑豹、指南针、超载、轮回、鲍家街43号、魔岩三杰、张楚、王磊等一起将摇滚乐和摇滚精神推向了辉煌的顶点。而这场演唱会正是摇滚乐即将在1994年左右到来的辉煌预演,它不仅是中国摇滚乐的第一次实力展演,也标志着摇滚乐开始从party的狭隘试验场中走出,试图用摇滚精神参与流行音乐乃至大众文化建设的企图。

其实在笔者看来,不是蜷缩在酒吧或party的个人性实验,不是鄙视世俗、肆意发泄,不是隐身而居、无为而治,而是能够真正走向大众,用心去感受大众的喜怒哀乐,虽然做先锋派,但绝不推脱责任,虽然总是在颠覆,但敢于时时直面社会,虽然总是在破坏,但更乐于建构,摇滚乐才真正能担得起颜峻及后来众多热爱摇滚的人所说的:摇滚是一种精神信仰,摇滚是一种拯救力量,摇滚是一场启蒙革命。事实上,当中国摇滚在1990第一次集体走向大众时,它给予我们的正是上面的希望。但此次出场,毕竟距离萌芽还只是8年时间,从懵懂的模仿,纯粹为了好玩,不知摇滚精神为何物,到组建乐队,互相磨合,在party上实验,再创作,其中的品质的粗糙,精神的狂躁、不知所以的虚妄,大量的翻唱,技巧的拙劣和配器的简单并没有为摇滚乐史留下真正值得称道的作品。它展现的其实是第一代摇滚人(多数是1960年代初生:如崔健、七合板其他成员、万马里王、不倒翁等)这8年的努力成果,它的价值也正体现在,第一代人以他们内在的文化背景积淀(大多出身于社会艺术团体,比如像崔健的七合板出自"北京歌舞团"、万马里王来自"中央歌舞团"、"总后勤部文工团"、"全总话剧团",有的还有知青经历)和强烈的思想启蒙意识,要求着摇滚向参与社会批判的方向走去,这也是第一代摇滚人与接下来的新生代和中生代最本质的不同。所以到了1994年,当新生代(后崔健群)成为中坚力量带领摇滚乐创造了所谓辉煌的"图腾"时代时,他们或许并没有意识到这辉煌很大程度上源于第一代人参与精神和批判意识的继续。当他们急切地想要走出"崔健"的影响焦虑时,将更多的精力投放在技巧、实验、个体精神上时,他们就丧失了这种参与式的批判精神(其实也是不得不丧失),而这也是摇滚乐走过1994年之后,逐渐分化甚至退出大众市场的部分原因。

但此时的摇滚乐在经历了1990年的第一次大爆发,被作为启蒙的引领者冲上思想的高地之后,精神高亢,执迷不悔且坚持将摇滚进行到底的新生代摇滚人,在1994年又一次达到辉煌。上述的担忧,接下来的路该如何走,与机遇并存的挑战危机或许要等到1994年之后才能进入这些此时正踌躇满志的摇滚人的视线中。

三、1994年:流行音乐表达"都市现代性"情怀的多副面孔

选取1994年作为流行音乐身份认同的又一个结点,并非因为1994年本身在流行音乐领域里取得的巨大成就,而是更关注其在流行音乐发展史上的承上启下的重要作用。它的全面繁荣,不仅是之前流行音乐在各方面孕育、发展的成果的一个辉煌展示,同时在其间出现的一些新的流行音乐现象,也成为下一个阶段流行音乐身份发展的重大取向问题:比如流行音乐的民族化、国际化问题,MTV出现后改变的音乐表现方式问题,各种流行音乐排行榜和颁奖典礼的出现,网络传媒的营运,等等。上述的这些新事物和现象的出现,都预示着流行音乐将要在接下来的时光中呈现前所未有的新局面,其在流行音乐发展史上的意义,可以与1986年相提并论。如果说1986年标志着流行音乐已经从主流意识形态的控制中走出并获得合法身份,为其全面走向国内市场,颁发了许可证的话。到了1994年,所发生的一切新转变,骤然出现的新的音乐景观,都为其朝向并实现与国际市场的接轨和接受全球化的检验做着积极准备。正如金兆钧所说:"以歌手和企宣、媒体出现的一批年轻人为标志,流行音乐又一代新人宣告诞生。……由张楚开始,到高晓松、郑钧这一代音乐人的出现,暗示了90年代后期流行音乐加快走向国际化的过程,也标志着流行音乐向30年代以

来密切关联于传统文化特性的告别和强烈趋向于国际流行强势文化的开始。"①而这一切都在1994年悄然酝酿。所以1994几乎是结束了一个流行音乐在基本封闭的国内市场(包括港台)自生自灭的散养模式,同时开启了与国际接轨的新的市场运作模式。当然在1994年,这些都还是一个雏形,但这也正是1994年作为起点的界标意义所在。此外1994的意义还体现为流行音乐在面临启蒙/娱乐,精英/大众,艺术/商业,传统/现代等多重身份抵牾时,明显地向娱乐、大众、商业倾斜的倾向(相对而言,1986年较倾向于前者,1990年则达到基本平衡)。同时值得一提的是,1994年也是创作人和大众接受群体面临集体换代的阵痛期,而这也是影响流行音乐的发展趋势的一个重要内因。如果再加上此时期国家政策、学界、评论界对流行音乐的大力度介入,1994年就必然要成为流行音乐发展史上至关重要的一个界点。

(一) 呐喊/彷徨:摇滚乐的辉煌与梦想

继1990年"中国现代音乐会"的成功试演后,摇滚乐成功地在大陆流行音乐界掀起了摇滚热浪,一时间乐坛群雄逐鹿,风起云涌。崔健们的成功示范,无疑给越来越多的渴望冲出压抑,表达自己精神困境,用音乐诠释梦想,用原创对抗模仿,用艺术击败商业的青年群体找到了实现的途径。

首先是大批摇滚乐队的成立。指南针乐队(1990)、呐喊乐队(1992)、大头鞋乐队(1993)、黄冠乐队(1993)、周易乐队(1993)、工M乐队(1993)、晚间新闻乐队(1993重组)、双子星乐队(1994)、梦幻乐队(1994)、城市乐队(1994)、铁风筝乐队(1993)、火烈鸟乐队(1994)、行者乐队(1994)、瘦人乐队(1993)、自觉乐队(1993)、穴位乐队(1992)、红桃5乐队(1993)、石头乐队(1992)、Again 轮回乐队(1992),还有1990年代初的粉雾乐队、清醒乐队、D.D节奏乐队、仓狼乐队、盲流乐队、异教乐队、新四军乐队、焦距乐队、哩乐队、单行道乐队、天窗乐队、Nonnale乐队②等,到了1994年,毫不夸张

---

① 金兆钧:《光天化日下的流行:亲历中国流行音乐》,人民音乐出版社,2002,第195页。

② 黄会林:《当代中国大众文化研究》,北京师范大学出版社,1998,第235—236页。

地说,当时有 400 支乐队混迹江湖。① 当然大多的新乐队、新歌手都在寻求张扬自我个性的合适场所过程中盲目地分分合合,大多还没昙花一现就归于沉寂,难免给红火热闹的 1994 年留下乱、闹、吵的混杂记忆。当然市场是最好的试金石,大浪淘沙之后,就是鱼龙精华,真正为摇滚乐做出贡献的还是"唐朝"、"黑豹"、"魔岩三杰"、"指南针"、"石头"、"清醒"、"呼吸"、"二手玫瑰"等大众耳熟能详的名字。

其次,频繁的演唱会的宣传和造势。

1992 年 12 月 28 日,"摇滚青年"为中国癌症研究基金会举行"群策群力、攻克癌症——崔健演唱会"的三场集资演出。

1993 年 1 月,崔健分别在北京、天津举行个人演唱会,反响热烈。新华社首次参与了报道。

1993 年 2 月,"唐朝"、"ADO"、"眼镜蛇"、"1989"等大陆六支摇滚乐队赴德国参加"93 中国现代艺术节"。

1993 年 6 月,"地下创作者"的音乐组织"音乐公社"在广州海霸王歌舞厅举行了名为"追忆似水流年"的摇滚音乐晚会,并引起轰动。

1993 年 4 月 24 日至 25 日,"黑豹"乐队与"1989"乐队在首都体育馆"临终关怀"活动现场举行大型摇滚义演。

1993 年 7 月 18 日至 19 日,"唐朝"、"呼吸"、"指南针"以及歌手王迪、张楚、窦唯参加了在首都体育馆举行的《奥运——中国之梦》大型综合摇滚音乐会。

这中间,值得一提的是,1994 年 12 月 17 日在香港红磡体育场举行的"中国摇滚乐势力"演唱会。登台的是被称为"魔岩三杰"的窦唯、张楚、何勇以及"唐朝"乐队。这是一次堪与 1990 年"中国现代音乐会"具有同等重要意义的演唱会,它在香港引起的轰动,让成千上万群众同时疯狂于摇滚乐带来的"真实"力量,让港人第一次听到了和灵魂相通的久违的音乐本质。它的重要意义不仅在于标志着"新生代"摇滚力量的全面崛起,更在于中国摇滚在最商业化的地方和时代,展现了超越商业的摇滚力量。这次演

---

① 王大庆:《腐化与重生——中国摇滚乐 20 年》,《音乐生活》2006 年 5 期。

唱会最终证明了对摇滚或者其他音乐来说,商业都应该只是一种流程,一种形式,一种包装,而不是音乐本身,但音乐意义的获得也必须借助商业的形式和运作,在艺术和商业之间,并不是截然对立。但是或许遗憾的是,一个事实证明的真理并不能为当事人所深刻体察。当然即便是有所体察,语境的瞬间转换,市场的剧烈变动,大众审美趣味的快速更迭,包括自身对音乐的理解变迁,自身的精神特质等,都让当事人体会"不识庐山真面目,只缘身在此山中"的尴尬处境。而这些也都成为影响其在商业和艺术之间取得平衡的重要因素。

再次,1993—1994年,摇滚乐开始在港台资金尤其是魔岩文化①、星蝶、红星、大地等唱片公司的大力支持下发行专辑。1993年出版合辑《摇滚北京Ⅰ》(星碟唱片)、"黑豹"乐队《黑豹Ⅱ——光芒之神》(鸿汰、VC)、"指南针"乐队《选择坚强》(星碟唱片)、张楚《一颗不肯媚俗的心》(魔岩文化)1994年郑钧《赤裸裸》(红星生产社)、何勇《垃圾场》(魔岩文化)、窦唯《黑梦》(魔岩文化)、张楚《孤独的人是可耻的》(魔岩文化)、崔健《红旗下的蛋》(东西文化),可以说在之后,摇滚界广为流传和被奉为经典的唱片,都出自这两年。

以上摇滚乐喧嚣热闹的表象似乎足以证明,摇滚乐作为一种音乐形式已经在大陆生根并成长,其制造的摇滚"神话",已经深深地进入了1994年的流行音乐地图,并将深深影响流行音乐的身份认同。但是无论从当时的发片数量,还是演唱会的火爆程度,都似乎还无法嗅出其红火爆发背后的一些不寻常气息。但是如果将眼光向后移上两三年,随着摇滚乐对西方"重金属""朋克""迷幻""另类""工业噪音""硬核""新金属"等摇滚风格的逐步尝试之后,就会发现1994年在此的界点意义:摇滚乐在艺术/商业,灵魂/身体,反抗/救赎,责任/个性,大众/自我等之间寻找到的平衡,被之后急速变换的商业运作、乐手的代际更迭、大众接受心理和文化转型打破,正

---

① 魔岩文化股份有限公司于1992年成立,创立人为张培仁,他于1991年初获母公司滚石唱片同意,离开滚石唱片副总经理职位,成立魔岩文化公司,并在魔岩旗下成立中国火品牌,经营以北京为主的中国摇滚音乐。1995年公司更名为魔岩唱片股份有限公司,2001年结束营业。

如栗宪庭说的:"摇滚乐中的后崔健群以一种嘲笑和无所谓的情绪代替了崔健的浓厚参与意识和政治情绪。"①于是1994年一过,一部分就更靠近主流文化,如零点、汪峰、许巍等,一部分则朝向商业利润倾斜,如郑钧、花儿等。更多仍然愿意继续保持摇滚姿态,并坚守摇滚精神(当然其中的很多最后也走向了后现代的解构和嘲笑,丧失了摇滚精神)的则是转向了地下,如"苍蝇"乐队、左小祖咒、"艾释·子曰"乐队、胡吗个、"舌头"乐队、沈晓彤、"PK14"、"夜叉"、"另外两位同志"、"暗室"、张浅潜等。在这里将此分化详细地列出,并非是逾越了本段关于1994年论述的界限,其实如果仔细辨析摇滚乐在中国的发生发展特征,上述的分化裂痕在此时期,甚至在摇滚乐诞生之初就已经初露端倪。

首先,摇滚乐因代际更迭导致的身份认同危机。这应该说是每一种文化或者艺术类型都必然要面对的问题,但是此问题在其他文化类型中所引起的震动远远小于流行音乐尤其是摇滚乐②:代际的断裂导致的几乎是摇滚精神的内在断裂。活跃在1994年的摇滚乐主力就是学界普遍称之的"新生代",或者说是"后崔健群",大多出生在1960年代末、1970年代初。应该说他们出生时"文革"基本结束,是与那个时代相对疏离的一代人,他们的精神特质正如李皖所意识到的,"他们更为关心的不是历史的真相,而是个人的生存和精神处境。因此摇滚对他们来说也就势必不会像对崔健那样是一种干预现实的'武器'、反思历史的方式",所以当后崔健们用一种纯然的个人经验和形式的创新、内心欲望的展演来替代崔健们曾经经历的苦与痛的挣扎时,这种转换如果单纯地从美学上说本无可厚非,因为摇滚的核心反叛精神本就是多义。但是尴尬的是,此时期的摇滚乐已经被前辈们推向启蒙、革命等的社会学高度,而当摇滚乐被当作为红色背景下左冲右突的中国人寻找精神困境出路的启蒙导师时,摇滚乐本义中的多重反

---

① 栗宪庭:《当前中国艺术的"无聊感"——析玩世现实主义潮流》,转引自《二十一世纪》,香港中文大学中国文化研究所,1992年2月号,第71页。
② 这似乎并不难理解:因为其他艺术类型一代人的艺术生命远远要大于流行音乐领域,所以代际转换相对较为平缓,而流行音乐速生速亡的特性,使得这种转换多呈现强烈的断裂,而代际的断裂又必然导致音乐风格和类型的多变。

叛精神①已经被以前慌不择路的国人急需的"启蒙精神"单一化了。这导致的结果几乎是对摇滚乐的双重打击,对崔健们来说:当中国的发展重点从政治领域全面转向经济领域时,曾"一度困扰的精神领域茅塞顿开,不仅国家行为一心一意了,万民之关注也转向一些很实际的问题,"而曾经作为精神启蒙代言的摇滚人,"猛抬头发现自己处在现代化的洪流中。问题没有了,勇敢不存在,独立失去了意味,因为这是一个好像没有强大对手的时代,谁都甭想充当英雄。"②反叛对手的消解,带来的必然是崔健们自身身份的迷茫困惑。而对后崔健们来说:因为中国几乎在摇滚诞生之时,就把摇滚精神镶嵌在"启蒙"二字上,他们的那种似乎更关注自身精神困境的美学,便被不自觉地推向了"地下""非主流"甚至"边缘",从而背上了"丧失反叛性"的指责。

其次,物质/精神或是商业/艺术的问题,这不但是摇滚乐从一开始都没有解决好的难题,同时也是困扰各种文化的一个致命难题,它时时潜藏在任何一种文化冲突和变动之中。对摇滚乐来说,它的危机在早期 party 文化培养的摇滚的精英式自娱自乐中已经初见端倪,party 的温床加上此时期以及后来众多的摇滚部落、酒吧、迷笛学校、王磊的 Unplugged,这些收容所式的聚集区,让摇滚乐极易在"山雨欲来风满楼"的现实面前"躲进小楼成一统"。它暴露的是中国摇滚乐出生时就因过于依赖外力(如这些聚集区曾提供的物质生存基础和演出设备、场所等,还有外来资金特别是港台著名唱片公司提供的成名机会),而先天具有的生存能力不足(物质贫困一直是地下摇滚人面临的严峻问题)和反抗精神的软弱问题。如果在1994年之前,在摇滚人看来"现实像个石头,精神像个蛋,石头虽然坚硬,可蛋才是生命"(崔健《红旗下的蛋》)。而到了1994年之后,在一些摇滚乐队

---

① 摇滚乐的反叛性是一种不妥协、直面现实的自由与批判精神,应该说这种反叛是广义上的,在革命年代,用歌词的利刃,书写对时代和社会的感受,用节奏和旋律释放其反抗传统束缚、反抗政治强权、反抗文化专制的压迫感受,而尊崇和平、自由、团结;在商业社会,它又反对媚俗、文化垃圾,呼吁平等、自由。而对一个民主开放的社会而言,摇滚乐的自由与批判精神又是其促进社会公正与进步的一个重要因素。

② 李皖:《摇滚乐的失语症》,《天涯》1996年第1期。

陆续下水之后,就有人指责"他们每一个人提起摇滚精神都是无言以对,他们中很多人妥协了,不想妥协的为了生活也都妥协了。他们的行为让旁观者看到了中国摇滚的悲哀,难道柴米油盐的充足才是一个摇滚乐手的努力目标?难道中国摇滚乐手的终极目标是要成为一个流行歌手吗?"[①]这样的发问看似很有理,但是却极浅薄无力,柴米油盐不是目标,但物质困境的存在就如郑钧后来唱"路漫漫,其修远,我们不能没有钱"(《路漫漫》),汪峰也唱"没有姑娘愿意和我在一起,因为我没有房子没有车,没有房子没有车,因为我没有钱,没有钱因为我,没有一个稳定的工作……"(《我爱你中国》)当摇滚乐手还生活在物质和城市边缘,当他们时时还需要纠缠在面包/思想的矛盾中,谁能要求他们必须放弃面包而成就思想的高蹈?很多人都说能否在物质/精神或是商业/艺术中间取一条合理之路,借前者成就后者,这看似一条理想之路,但是想要好好把握这其间的"度"却绝非易事。所以当1994年之后整个社会快速滑向物质、消费为代表的青年感性文化时,对信仰和意义的追求也就让位给了即兴冲动、身体反应和本能共鸣。此时摇滚乐所具有的那种先锋启蒙意识和锐利无比冲撞力,要么就日益萎缩成庸俗浅薄花哨的流行时尚,要么就转向地下自称非主流的边缘化的生活。

最后,摇滚和流行音乐的隶属问题。应该说在摇滚乐或是流行乐的发展史上,每个时期都似乎有人在质疑摇滚到底属不属于流行音乐。虽然最终较为一致的解释都是将摇滚归于流行音乐,但是在此提出此问题的意义是,为何会有这样的质疑出现。因为在西方,摇滚本就是最流行的流行音乐,而到中国反倒会遭遇这样的身份质疑。其实在笔者看来,除却大多数人认为的是中西经济的发展程度不同导致的接受差异之外,重要的是,1994之前,摇滚乐一直保持着其介入主流、参与公众批判的社会意识,而公众也在对摇滚的新鲜和敬意中体会着情感的宣泄、精神的解放,再加上摇滚乐娱乐性的出场方式,使得它在此时期一直被作为流行音乐中具有启蒙力量的类型出现。而1994年之后,两者的蜜月期却因为代际、文化背景和

[①] 翟佳、何鹏浩:《第二代摇滚人无奈并挣扎》,《北京娱乐信报》2002年8月27日。

接受心理等的转换难以为继,使得摇滚乐本能地将关注点由公众转向了个人,其影响力也由市场转向了地下,并因其独特的学院背景带来越来越强的精英性、先锋性和实验性,从而在大众视线中渐行渐远。于是关于摇滚是另类的,非流行音乐的说法蜂拥而起。

再补充一点,其实摇滚乐发展到目前为止,似乎一直在自我矛盾的困境中原地徘徊。反对英雄主义,却充当了时代的英雄,反对陈腐,却不得不向传统屈服,鄙视主流,却又希望获得主流的承认,视金钱如粪土,却又必须借助商业成名。有人说这是一代代的摇滚人不得不面对的无法调和的悖论。但是仔细辨析,会发现这悖论某种程度上是他们为自己"无能的力量"(崔健在1998年的专辑名,似乎是一种预言式的宣告)的苍白辩护。首先,英雄与反英雄的概念并不存在,摇滚乐要充当的是参与和批判的角色,是对社会的不合理现象、秩序和种种媚俗文化的提醒和校正,而所谓的"英雄"只是自己或者外界赠予的头衔。其次,关于陈腐与传统,就更不是问题,摇滚需要反对的是因循守旧、陈规旧调,而不是传统文化的厚重内蕴和深刻精神,而后者恰恰是其取之不竭的动力所在。再次,关于主流和另类之间,摇滚最核心的精神就是其大众性、批判性,其最终的目的是作为大众精神的一种启蒙,进而参与进大众文化的批判性建设中,而这要求的就是要摇滚乐保持在主流的层面,从而实现其批判和警醒大众的功能,主流和另类不是对立,而是其批判的两面性显示。最后,商业和艺术之间,由于上文已经阐述,在此不再赘述。

(二)理想/回望:校园民谣的乌托邦情怀与清丽忧伤的回望姿态

1994年与红火热闹的摇滚乐同时攀上自己音乐类型顶峰的是各类民谣,特别是校园民谣的繁盛。它们的清丽忧伤与"重金属"的喧嚣强劲刚好构成了流行音乐风格的两极。它们同时在1994年出现,似乎是流行乐坛一段传奇。实际上,除却摇滚、各类民谣,还有港台都市感伤乐、另类音乐、世界音乐等的实验成功,都让1994年成为流行音乐多元身份的一个爆发点,应该说这场同时发生在1994年的"光荣与梦想"狂欢绝非偶然。这里除却评论界经常谈论的流行音乐制作技术、团队的相对成熟,投资环境相对活跃,政府政策相对宽松的外在原因外,不得不再一次提到整个时代的代际转换问题,而此或许可以解释1994年的流行乐坛何以会有如此激情与彷徨、理想与迷茫、怀旧与守望,甚至超越世俗的灵魂音乐等名目繁多的音乐类型的繁荣。

其实,仔细考察1960年代末1970年代初出生的这群人,他们的童年落在"文革"的尾巴上,"文革"对于他们来讲,既真实又虚幻,他们是经历者,却不是直接的参与者,那些战乱和纷争并没有跟他们发生切切实实血肉相连的关系。但是革命理想的价值观却打进了他们的童年。到了青年,这些人又受着启蒙意识和理想主义激情的熏陶,踌躇满志。但是他们那时还太年轻,只是1980年代潮流的追随者而非引领者。到了1990年代,终于轮到他们大显身手时,这个世界却经历了文化价值的巨大转型,商业经济、消费主义汹涌而至。于是他们只能一边感慨"不是我不明白,而是这世界变化实在太快!"一边看着自己十年前的"现代"迅速地蜕变成此时的"传统",被out出局。应该说他们一直是生活在时代的边缘人,这种边缘感恰如李皖觉察到的,"这代人是观望的。生活在他的外面,革命在他的外面,""这代人有着天生的、永恒的距离感。他成了历史的观看者。"① 所以内心和外界、传统和现代、理想和现实、都市和乡下、国内与海外等矛盾都在他们身上悖论式的出现。他们既参与了"现代性"的宏大进程,又保持着对"现代性"的敏锐反思。正如马歇尔·伯曼所言他们"既是现代生活的狂热追随者,又是它的敌人,他们永不疲倦地和现代性的含混和矛盾作斗争"。② 而这也是"现代性"的"启蒙"和"物质"两个维度在他们身上的矛盾演绎。而1994年,刚好在这里成了一个断点式的标志,1960年代末1970年代初出生的这代人,也在这里成了一个兼具美学和社会学的概念,他们既是理想主义、小布尔乔亚情调的最后继承者,又经受着结结实实的商业时代的冲击,是亲身经历和感同身受昔日的理想主义、启蒙意识,如何一步步在"喧嚣的舞池匝踏的人声/我容易醉在酒里繁华中"的颓靡和落寞中,

---

① 李皖:《我听到了幸福》,生活·读书·新知三联书店,2003,第21页。
② 周宪编译:《文化研究关键词》,转引自陶东风、金元浦、高丙中主编《文化研究·第3辑》,天津社会科学出版社,2002,第300页。

步入灯火阑珊的舞台暗处的。

　　反观1994年左右的流行乐坛,就似乎不难理解张楚怎样在《一颗不肯媚俗的心》和《孤独的人是可耻的》中间挣扎、徘徊、抗争,最后唱着"只能回到内心左右看看",也仿佛一下就听懂了窦唯《黑梦》专辑中弥漫的分不清哪里是梦哪里是现实的深刻追问,听懂其在《高级动物》中用一连串的二字真言对人性的戏谑潮讽。也瞬间明白了高晓松在感叹"谁不知不觉叹息,叹那不知不觉年纪,谁还倾听一叶知秋的美丽"时,那如流水般的忧伤和高唱"我像每个恋爱的孩子一样在大街上琴弦上寂寞的成长"背后的对青春恋恋不忘的回望。或者即便不能在郑钧"赤裸裸"的"极乐世界"中体会他一边沉沦一边抗争,一边高喊着"幸福可望不可即",一边又祈求着"回到拉萨,把我的心洗净,把我的魂唤醒"的撕裂和痛苦,也至少可以感受到李春波在《小芳》中用充满对过去生活和纯洁姑娘的怀念,来实现对现代都市堕落的本能反抗。再或者,即便不能在唐朝乐队"月梦寂沉沉,银霜茫茫,玉魂飘散落,几多凉……"的呐喊中,体会"大唐雄风"不再的独孤,也至少会在《涛声依旧》"月落乌啼总是千年的风霜/涛声依旧不见当初的夜晚"的清凉感伤中蓦然回首,在感慨"朝花夕拾杯中酒/寂寞的我在风雨后"的怅惘中,缅怀"时光的背影如此悠悠/往日的岁月又上心头"的昨日美好。

　　所以从这个意义上看,摇滚乐和校园民谣,城市民谣,乃至那些感伤低迷,或者另类实验音乐等在1994年的突然兴盛,就有了内在精神气质上的关联:他们是"布尔乔亚"的,也是"波希米亚"的,是传统的,也是现代的,或者还是后现代的。他们是断裂也是链接,是矛盾也是绽开。各种气质的链接处是这一企图调和现代性各种矛盾的努力和尝试。当然他们的音乐之不同,既在于面对自己矛盾处境时,各自因为性情修养、生活历练的差异的不同选择。也在于他们对现代性话语逻辑中,内含的如"传统/现代/后现代"不同价值观取向的不同选择。从而使他们的音乐表达或回到传统(如民谣类),或悬浮于现代与后现代(如都市情歌、另类、说唱等),或直面于现实残酷物语(如摇滚),或超越其矛盾之上(如世界音乐《阿姐鼓》等)的差异性面孔。或许正是因为这一代人身上背负太多的矛盾和张力,所以爆发也异常有力。但是他们或许都没有内在的感受到"启蒙"和"物质"本就是现代性的两个方面,对现代性的崇拜要必然伴随着对其的质疑,这本就是一个问题自身的两个方面。不能在享用现代性的同时,试图将现代的庸俗、杂质轻轻挡开。就比如校园民谣,虽然它的本意只是试图表达自我纯净的情感,但它却以一种集体怀旧和感伤的姿态,不知不觉为自己设置了一个理想主义的青春乌托邦,那里只有"心爱的姑娘、一封情书、睡在上铺的兄弟、静静的教室、洁白的樱花树、无悔的青春和誓言"等,从而将自己放置在了对抗物质现代性的一面。所以他们不管固守"布尔乔亚",还是倒向"波西米亚",还是"布尔乔亚加波西米亚"的思维方式,这些呈现在音乐中的暂时性融洽状态,很可能只是一种短暂的表象的平衡,隐藏着无法弥合的精神裂痕。所以能否快速调节自己的身份,更快地适应急速的时代变迁,就成了他们在接下来的时间里是继续开拓其艺术生涯,还是就此僵死于名誉之巅,或者急转而下,顺从地躺在自己曾抗争的对手怀里的关键。

事实上,对于1994年来说,"光荣与梦想",不仅是1994年的流行乐坛一抹浓墨重彩的系列音乐活动风景,更是对其成就和意义的最佳诠释,也是其多元身份真正获得的标志。说其光荣,是因为这是具有总结意义的一年,既是对流行乐坛自1986年以来,流行音乐本体在其合法身份的获得之后,在原创/模仿、传统/现代、艺术/商业等身份之间游移借鉴之后的成果展示,也是流行音乐自身运作机制随着签约制的兴起,经纪人的出现,版权制的逐步规范,最终形成"精心制作——推向市场——收回投入——进行再生产,实现企划、包装、制作、宣传的一条龙生产流水线,走出一条从艺术出发,以歌带人,以人推歌的制造明星的商业路子"[①]的商业成绩的光荣展示。同时也是流行音乐第一代音乐人音乐理念、精神积淀、矛盾困惑的最后一次爆发。说其是梦想,因为其在总结和展示一个时代之后,已经孕育并开创了一个新的时代,首先是流行音乐形成了制作、演唱、包装、宣传、批评五点一线的与国际同步的操作流程,使得流行音乐结束了在国内封闭流行的小格局,开始了与世界接轨的新梦想。其次,以作品、创作人为中心的流行乐坛,开始让位于以歌手、唱片公司为中心的造星时代,流行音乐开始步入其商品化的新时代。从此一向自视清高的词曲作家将在其后的时间

[①] 于今:《狂欢季节——流行音乐世纪飓风》,广东人民出版社,1991,第191页。

里,不得不直面这股商业化大潮,而他们在此时的主导地位,也将被迫让位于专业的音乐经理人和制作人,"尽管目前在大陆主要的音乐经理人和制作人大部分仍然由词曲作家担任,但在工作性质上有了根本的变化,作为一个词曲作家的创作自由首先让位于纯粹商业性的考虑,词曲创作在流行音乐界已经变得非常职业化,用句通俗的话说,就是艺术家的身份已经为创作工匠的身份所取代"。① 最后,乐手的更新换代必然带来流行音乐的新局面,新一代的精神气质也必然造就新一代的音乐品质,如果我们相信流行音乐的品质是青春的,那么这"青春不消逝,只是迁徙,"而我们在"与青春恍然相逢的刹那,"已经"看到了岁月的慈悲,"这也是1995年,丁薇、朱哲琴将在《断翅的蝴蝶》和《阿姐鼓》中为我们所展示的,流行音乐在新一代歌手的打造之下,或许更多的是拥有这种超越庸俗的高贵气质,而这无疑是1994年给我们预设的最好梦想。

从1978—1994年,流行音乐走过了16年的时间,从近乎"一无所有"的空白,到现在摇滚、军营民谣、都市情歌、港台乐、校园民谣、新音乐、新民乐、世界音乐、另类、说唱等百花争鸣的繁盛。伴随的是,流行音乐从被视为"靡靡之音"到登入大雅之堂的身份流变。1986年是论述的第一个重要界点,在此之前,流行音乐一直没有自己的合法身份,其命名权被悬置在官方政治/知识精英/大众接受三者的对抗、妥协和相互争夺中,它的主体身份是关乎政治、文化和艺术的,但大众、娱乐等的身份裂痕也已经出现并深深扎根。1986年之后,《让世界充满爱》和《一无所有》,借助"世界和平日"的演唱会的舞台,暂时弥合了官方/精英/大众之间的裂痕。在三者同声共气的支持下,流行音乐获得了自己身份的合法性正名。而那两首歌也为流行音乐在接下来的发展中提供了两个思路,两个方向。到了1988年,"西北风"的兴盛暗示着流行音乐身份的民族性移位,但这种移位却体现了精英期待与大众接受、商业利益参与之间的冲突碰撞和深度摩擦。在这种摩擦中,大众的主体地位和审美趣味得以彰显,从而削弱了精英的拔高式民族性解读,进而被商业利益所绑架。最终匆匆地来,匆匆地去。到了1990

---

① 金兆钧:《1994——中国流行音乐的局势和忧患》,《中央音乐学院学报(季刊)》1994年4期。

年，大众和商业的联合，加上主导政治的参与支持，一同促使着大众文化从幕后走向前台。于是在众神狂欢的 1990 年代，精英被置于一个尴尬的进退两难之地。但是毕竟它的主导地位还没有被完全取代，于是 1990 年就是一个各个力量互相制约，达到一个相对平衡的时间点。流行音乐在期间呈现的就是这些力量分别赋予其的不同身份面貌，于是政府倡导的主旋律/精英式的怀旧与喧嚣的港台乐/作为原创的摇滚，就在这一年同台竞技，流行音乐多元身份开始成形。最后，1994 年，"光荣与梦想"一次演唱会的名字，却成为流行音乐在大陆 16 年发展成果再合适不过的注脚。然而在光荣与梦想之外，1994 年也显露了它作为界点的危机所在：流行音乐新的制作机制虽已形成，在将流行音乐带向新的高度的同时，也留下了同样深的祸患和弊端。这就不可避免的导致在接下来的一年中，频繁的解约案例和明星偷逃税等娱乐丑闻。而当流行音乐走上商业化的道路，至此是否就会与理想主义分道扬镳，尤其是流行音乐正经历着新生代的代际转化，无论是创作者还是接受者，他们与中国特定时代政治、历史、文化之间存在的精神气质和血肉筋脉之间的断裂之痛，是否会让流行音乐变得"无根"，成为仅仅漂浮在都市上空的喧嚣旋律。与此同时，音乐批评的落后和对流行音乐理论研究的不足，对音乐艺术的古今问题、雅俗问题、中外问题、商业和艺术的关系问题，运作机制的规范化问题，原创音乐的版权问题，音乐人的身份和制作人的身份问题研究的匮乏，也是 1994 年，暴露给学界的另一个重要启示。当然这些问题也是流行音乐 1994 年之后乃至今天一直探索的难题。

第三章：王菲"传奇"的背后
——一个"另类"偶像的生产与消费

在百度或者任何一个搜索引擎中，嵌入"王菲"，弹出来的都是数以千万计的搜索结果，这些内容几乎涉及王菲日常生活的方方面面。从各种随手抛出来的随感短评到专业乐评，从各式娱乐八卦新闻到王菲个人微博，可以说无论是作为媒体的制造物还是一个真实存在的个人，几乎生活的各个领域，都能看到王菲在其中的流行和影响。"王菲"这个名字俨然已经成为大众文化的一个流行符码，这个符号化的王菲，有着丰富而多面的所指意义：做流行音乐的王菲和做摇滚的王菲、行为举止个性"另类"的王菲和随意任情求真的王菲、私生活屡次被曝光但依旧我行我素的王菲、屡受伤害但又对爱情执迷不悔的王菲、冷漠孤傲但又做公益慈善的王菲，淡出大众视线多年但一出场依然拥有巨大号召力的王菲。从这个意义上讲，选取王菲作为大众文化中流行音乐研究的一个样本，无疑具有代表性。因为她的多副面孔已经使她成为大众文化中一个无法抹去的特立独行的标记。所以可以说，2010年火遍华语世界的《传奇》，有意无意间，成就了王菲在大众文化特别是流行乐坛"传奇"地位的最好注脚。

然而王菲在流行乐坛的传奇地位，却与目前学界对她的研究形成极不相称的反差。在知网和其他期刊网上能搜索到的关于王菲的专业论文很少，其他文章也大多是娱乐界的随笔或者一些关于王菲的娱乐八卦新闻，只有少数是较为专业的乐评，但是这些乐评也多短小，往往只就王菲成就的一个方面做剖析。学界对王菲的这种轻视的原因，从文化研究的角度来说，一方面固然可以归结为学院派精英文化立场的不屑，但更多的却是因为文化研究理论的整体匮乏。因为大众文化研究虽然甚嚣尘上，但是理论资源多是沿用西方固有的理论，基于本土的大众文化的来源与自身的特性的理论还未成体系，况且中国文化的发展现状由于特殊的历史文化前涉而

第三章：王菲"传奇"的背后——一个"另类"偶像的生产与消费

带来的复杂性和斑驳性，又加剧了研究的难度和可行度。而另一方面从艺术研究的角度来看，由于"流行音乐"自身更新换代的频繁，使得它自身的价值和意义往往流于浅表，因而导致的结果往往是某一研究还未形成，而"流行"自身就已渐式微。

但是正如上所述，如果说流行音乐的一个显著的特点就是流行，即流行的更新换代。那么王菲缘何成为流行乐坛的一个传奇，被无数媒体评价为"王菲之后，再无传奇"。如果仅仅从艺术的角度理解，显然难以得出更具说服力的说法，因为王菲的影响力已经远远超出了流行乐坛，而是已经成为一个文化现象，所以将王菲放进大众文化的领域来探讨，似乎应视为一种更可行的研究思路。

因此，是否应将王菲的流行放置在生产、流通和消费的全过程中去解读，才能得出更全面的研究结果，或者更具实践价值的指导意义？比如，欣赏王菲的大众，究竟从王菲这个能指中抽出了怎样的所指意义，安慰自己成为忠实的菲迷，而批判王菲的人，又是站在何种文化立场上，为自己的说辞辩护，在拥护和批判或者中立的话语之间，是否存在不同的审美感受经验、不同立场的快感范畴和不同文化形态确立的道德规范、价值标准的冲突摩擦？如果存在，大众文化是通过何种方式和途径来解决摩擦，消弭其中界限？这种方式和途径是否正是大众文化将得以健康有序发展的关键所在？本章内容正是基于上述的问题，展开对王菲及其音乐的考察，并通过对不同文化立场对王菲的解读和评判，试图探讨大众文化如何对王菲自身的各种悖论元素进行包装编码，进而成就了王菲的传奇地位，而王菲的拥护者，又是基于什么样的文化立场从大众文化里解码出了王菲的传奇魅力，而无论是王菲的批判者还是拥护者，又是如何彰显了当代中国大众文化在世纪之交的驳杂性和辩证法。

导语：王菲的音乐影响与社会影响

相对于国内大众文化的来源与内部分化而显现的矛盾性和驳杂性来说，作为大众文化表征的流行乐坛，发轫于20世纪20年代，畸形繁荣于1930、1940年代，在内地断裂于1949年，而后又复兴于1980年代，其身份也因不同的历史语境遭遇不同的热捧和冷遇。它始终像一艘载不动许多愁的舟子在历史流转中飘飘荡荡，时而振臂一呼、响者云集，时而门可罗雀、被斥为垃圾。如1920年代初，流行小调曾经是作为解放人性的现代性的一个明显标志被新文化运动所推崇，但随着上海等大城市的都市化进程，在进入了1930、1940年代一个繁荣期时，又被左翼文化阵营当作是愚弄百姓的"靡靡之音"，被当作是封建余孽或是资产阶级情调，打入反动文艺一流。一直到了1980年代，《北京晚报》举办了一场"新星音乐会"，催生出甜美抒情的《乡恋》和《军港的夜》，恰如其分的通俗唱法，成为扭转"文革"时期"高、硬、强、响"音乐的先声。而后到了邓丽君，流行音乐又被当成启蒙民众的教材，然后从罗大佑的《童年》等的校园民谣，到张明敏的《我的中国心》，流行音乐从启蒙实现了沟通民间小调与爱国主义、民族主义的意识形态功能。直到崔健，流行音乐开始了一场叛逆的新潮流，这股潮流随着西方音乐的加入，在1990年代初渐趋高潮，形成了大陆流行音乐的第一个原创期，呈现了较为强烈的文化责任感和思考上的某种不妥协态度，而在此之后开始的西北信天游民歌实验，却是一场大众/商业/原创相纠结的悲剧，原创的激情终究无法抵挡商业大潮的侵袭，而随后内地乐坛一片荒芜，一边是央视控制下的少数惨淡的主流音乐，一边是"黑豹"、"唐朝"等只能地下流行的摇滚。而真正属于大众的只能是港台流行音乐四处模仿的飘忽身影，流行音乐曾经有过的严肃主题和高昂的情感基调，几乎是一夜之间飘散在大街小巷的情歌之中。至此大众对英雄的梦幻崇拜，终于结结实实地让位给了现实的明星。而之后卡拉OK，MTV等的出现，更是将流行音乐推向彻底商品化的市场进程了。

　　从上述简单的梳理中，可以看出，流行音乐也并不是铁板一块，而是同样呈现在不同历史时期，承担不同的历史使命的复杂身份。应该说，正是因为流行音乐在启蒙批判和消费商业之间的摇摆，成为以文化精英为自诩的知识分子在面对如今良莠不齐、自相矛盾、出身不明的流行乐坛而失语的原因之一吧。

　　但是无论如何它已经成为上到国家庆典、下到百姓娱乐生活中不可缺少的精神食粮，某种程度上，它已经不再只是一种娱乐形式，一种文化形式，或者一种经济形式。对本章的研究对象来说，菲迷们对王菲的狂热，已经不仅仅是将王菲当成一个简单的偶像来崇拜，而是部分地将其作为自己

第三章：王菲"传奇"的背后——一个"另类"偶像的生产与消费

的神话乃至生活信仰。也就是说王菲对他们而言，不仅是一种生存的教育，生活的一面镜子，甚至可以说是一个煽动心灵情绪的动力源。她对"菲迷们"的影响或许远远超乎那些研究的专家甚至课堂和家庭的简单理解，如果李陀所言不差，"只要想一想，当前世界上有数以亿计的青少年正是沉浸在 MTV 构成的音像梦境中认识生活，在其中形成有关美丑对错的价值观念，从而以这样轻松快乐的方式确立自己与当代社会秩序和体制的关系"①，那么就不会认为王菲反映的社会心态永远不会比社会学家深刻，她可能只用浅吟低唱，甚至希图用寂寞让自己"如此美丽"，但却能不胫而走，造成万众一心的歌潮。

但是正如上文所提出的质疑一样，在更新换代如此之快的娱乐界，稍有不慎，就可能成为被媒体和大众淘汰的过气产品。而王菲却连续二十年能成为传奇，成为引领香港乃至内地乐坛的一个独特的手势，无论是贵为天后，还是贵为人妻，依然能在淡出大众视线 6 年之后，重新营造天后回归的神话。这不能说不是一个值得深思的问题，王菲的传奇地位，除了其自身的极好天分，对音乐超强的感悟能力，还有不断汲取创新的后天努力之外，更多的应该是媒体的操作和文化工业的包装。而王菲作为一个流行现象，应该是一个由多重流行符码所建构出的主体，这个主体作为一个由自身特质、大众期待、意识形态示范、文化工业包装等多重元素构造的复合体，已然在社会生活的各个方面产生影响，让我们不得不将更多关注的目光投向她。

其次，就王菲的艺术影响而言，在流行乐坛，王菲带给流行乐坛的绝不仅仅是简单的所谓多少好听的歌曲，多少个大奖，多少次登上《时代周刊》的封面等身外的荣誉，而是如《三联生活周刊》曾评说的，"王菲为流行乐坛设下了一个至今无人能及的标杆，王菲似乎成了一个长达 14 年的特例，因为她留下的东西再没人拾起。"②那么王菲创造了什么，又留下了什么，这无疑是值得讨论的话题。因为厘清这些不仅可为后来的歌手提供可资借

---

① 戴锦华：《隐形书写——90 年代中国文化研究》，江苏人民出版社，1999，李陀序言第 1 页。

② 王小峰：《王菲时代与后王菲时代》，《三联生活周刊》2010 年 33 期。

鉴的经验和教训，更能为流行乐坛，乃至大众文化的健康发展提供建议和财富。其实王菲这20年的音乐路线基本可以概括为：流行——跳脱流行——彻底"另类"——回归流行——以"另类"改造流行——回归平淡。所以王菲的成功，可以用两个词来概括，流行和"另类"。从"新艺宝"（王菲初到香港第一个签约的唱片公司）时期模仿邓丽君、"小红莓"、极地双子星、比约克，到百代时期自己创作，然后与窦唯、林夕、张亚东等合作，最后到"新索"时期，一路走来的王菲可视为一个不停地在"流行"和"另类"之间摇摆的综合的矛盾体。

这不仅符合事物循环发展的规律，也切合大众审美接受的心理路径。所以每一次轮回，王菲就获得一次蜕变的成熟，愈变愈见精致，愈变愈见大气。而此也是王菲带给后来者的最可借鉴的地方：在流行与"另类"、内地与港台、大众与精英、官方与商业等各种文化和审美趣味之间取得平衡和交融。1970年代，如果说邓丽君能获得整个华语地区听众的认可，更多的是因为她的歌声承担着开启大众的另一种审美的责任，那么王菲获得大众的认可，则是因为她能集不同华语地区的不同文化审美于一身。北京的成长环境，渗透给她摇滚乐的"另类"气质，香港的成名之地，给了她外形上脱胎换骨的契机，后来1992年美国的经历，又让她有了吸纳西方非主流音乐异质元素的机缘，所以在娱乐界这样一个瞬息万变的流行风潮中，她几乎每一次都站在了潮流的前端。在内地人还以模仿香港作为流行的时候，王菲已将崔健掀起的摇滚之旗承接过来，将摇滚的"另类"融入音乐，不仅制造了《胡思乱想》中电子吉他的随意幻变，架子鼓无心的打击，合音混合上的多层次重叠，相当完美成功的一种虚无缥缈的意境，更推出了《浮躁》专辑中四首几无歌词的反主流之作。王菲的半摇滚式的"另类"的歌唱美学，与娱乐文化中的这一时期的媚俗的温情和滥情的美学主流，形成了强烈的反差。而到了1990年代，当摇滚逐渐被主流收编，成为一种被改造的流行时，王菲则直奔欧美，通过对比约克的形象设计的搬演和"小红莓"的"咽音"唱技的继承，基本弥补自身细嗓子无法唱高音的缺憾。如果说这些还仅仅是从外形和唱功上的粗浅模仿的话，王菲带给我们的更重要的是精神上的独立和反叛。在大众情歌风行当时的乐坛，王菲就已经把目光集中在西方地下音乐上，从《涅槃》开始学习托里阿莫斯、安妮迪弗兰克、谢里尔克罗、哈维等为代表的"另类"女歌手,主张女性的社会地位、主张做音乐的独立创新、强调女性的音乐与男性平等……更深刻的音乐理念和思想。从而不断以自己的"另类"创新转换给商业包装出来的流行,增添新的元素,将这些独立的不同的文化审美元素经过内在的吸收再创造,以最终能被人接受的方式与这种模式化的大众文化对抗。

表面上看起来,王菲的这一切都因为天时地利人和的顺其自然而被评论界称之为"无法复制的传奇",但实际上,这种模式确是符合大众文化运行发展的规律的。王菲的成功,其实正是其能够在具有"另类"叛逆特质的亚文化,和擅长模式包装打造流行的大众文化的张弛有度博弈成功的结果。这给我们的启示正在于:作为后来者的歌手,不能为流行迷惑双眼,而是需要不断地为自己的音乐添加来自亚文化或者精英文化等其他文化的优秀元素,从而时时保证自己音乐的创新,在商业制作之外增添靠近艺术的文化因子。以艺术的精神为翼,带动商业的流行腾飞。而对于大众文化来说,因为大众文化本身就如斯图亚特·霍尔所说,不是大众的、完整的、自足的和真正的文化(文化主义),它的成长动力就在于其要借鉴,与其他文化不断的融合,不断借鉴其他文化,从其他文化那里汲取灵感和资本,通过挖掘、包装、宣传,完成"收编"和"招安",进行复制和大量生产,从而形成源源不断的流行时尚。

另外,就王菲的社会影响而言,王菲不仅在音乐技巧或者音乐理念、风格上为流行乐坛创造了一个可供借鉴的成功经验,在社会影响方面,同样树立了一个既传统又叛逆的独立个体形象,为现代人,尤其是现代女性提供了一个独立自主的存在典范,彰显了人的存在的自主意识,大大解放了女性自我。王菲不因为事业而放弃家庭,也不因"菲迷们"反对她结婚就放弃自我。她遵循正常的生活,照顾孩子,也兼顾事业,她独善其身,也和朋友们聚会,但她依然相信内心成长是孤独的,是需要被理解、宽恕和关怀的。2010年4月28日,在北京大学百年讲堂正式公布的首届"中国心灵富豪榜"中,王菲与袁隆平、曹德旺、陈光标、张海迪、范伟、韩寒等一同入选"心灵富豪榜"十大人物。其中王菲的上榜辞是:"空灵的声音,率真的个性,智慧的眼睛,慵懒的表情……她和她的歌声穿越了整整一个时代,她却始终不曾老去,依旧特立独行。当拜金主义密布歌坛的上空,她淡然从容,一切随'心'。当上帝给了她一个兔唇女儿,她就用爱为普天下的兔唇寻找'光明'"①。她敢于对媒体说不,敢于面对记者说出"关你什么事?"她听从自己的真心,任随自己的性情,坦诚自己的人生,努力用自己的行动和存在状态实践马克思的关于人的自由的设想,"人终于成为自己和社会结合的主人,从而也就成为自然界的主人,成为自己本身的主人——自由的人"②。她能够摆脱媒体等各种外物对她的规范和压制,在一定程度上拥有相当的自主性,使她的才情和创造有了可以自由施展的空间和舞台。她的不献媚,不裸露,不拼争,但仍然能够拥有所有的热爱、名声与自由的人格和成功,无疑已经成为大众心中自由、独立、坚强的自足人性的代表。她的2010演唱会火爆的抢票,演唱会每场高达650万的出场费(张学友:500万/场,周杰伦:最高450万/场,甚至莎拉布莱曼:最高480万/场等)就足以看出王菲的人格魅力的经久不衰。2015年2月,在英国市场研究公司YouGov公布的调查中,王菲位列"全球最受仰慕的女性第17名";2016年12月30日,其在上海举办的"幻乐一场"演唱会,尽管门票实行超高价格(票价区间为1800元至7800元),但依然供不应求,演唱会还通过虚拟现实(VR)技术,实现360全景网络直播,同步全球166个国家,直播期间总观看人数超过2000万,累计总播放量达3.5亿,足见天后巨大的市场号召力。2018年与那英时隔10年再度献唱春晚,之后作为体验官参与湖南卫视音乐综艺节目《幻乐之城》,贡献了一台高质量与高口碑双赢的节目。此后她便一直处于休息状态,但无论她在公众的视野之内还是之外,她的不装、不演,都始终努力保持一个真实自我的本性,这种活得自然从容的人格魅力,无疑成了现代都市人安慰自己,寻找自我的心灵归宿地。

一、文化权力与王菲传奇——在批判与拥护之间

因为"大众"以及"大众文化"自身来源的复杂性和多面性,使得论及这

---

① 郎丰君:《2010中国心灵富豪榜北京揭晓》,人民日报社《大地》周刊杂志,2010年4月29日,http://bbs.tianya.cn/post-culture-352013-1.shtml。

② 中共中央马克思、恩格斯、列宁、斯大林著作编译局编《马克思恩格斯选集》第三卷,人民出版社,1972,第443页。

第三章：王菲"传奇"的背后——一个"另类"偶像的生产与消费

些概念的批评语言，或者进行批评时秉承的评判尺度也变得交错纵横、混杂不定。因为对象性质的模糊和流动，导致的正是批评立场的多元和价值判断的艰难，所以对王菲以及流行乐坛，乃至大众文化的评判，出现多个声音、多种标准，甚至褒贬相对，就不足为怪了。但是值得深究的也恰恰是，这些褒贬背后，承载的分别是何种文化立场，这些各自的立场，承载的又是对大众文化未来走向的何种期待，这种期待背后，是否隐含着更深的不同文化权力之间的争夺呢？

笔者曾以"喜欢王菲""不喜欢王菲""是否喜欢王菲"和"如何评价王菲"在各大网站上，包括知网和万方等数据库进行搜索，并对搜索的结果，根据不同的时间段进行再搜索和再整理。尽管笔者极力想要摆脱简单的二元对立的阐释路径，但是从搜索到的近万条的评价中，依然能够较为清晰地看出大众对王菲的态度：否定性的批判话语，和肯定性的赞同话语或者半否定的相对客观的中立话语。下面就从这三种批评态度出发，试图对上述提出的问题，做出可供商榷的解答。

（一）批判的声音和立场

1. 我们为何不喜欢王菲

从搜索的结果来看，大致可以根据评判的内容，将其分为两类：一类是较为专业的评语，不仅说出不喜欢王菲的理由，而且对理由进行了分析和阐释。这些评语一般出自较为专业的乐评人，或者一些研究者之口。大致是以下几点：王菲风格是伪风格；王菲创作是次生创作；王菲是超一流的"菲艺术家"（非艺术家）；王菲不是人，王菲是传媒制造物；音乐上只有模仿，并未超越；个性上，刻意追求一种"冷"、"酷"、"怪"的另类风格；其实只是得到了摇滚或者朋克等叛逆精神的外衣，并没有在精神上冲破通俗流行等藩篱，反倒是一种更加媚俗的做作；装扮上，所谓的引领时尚潮流，不过是和媒体、市场达成一致预期目的的一种合谋。另外他们还质疑的是：谁在制造流行？谁有权利引领时尚？

而另一类，更多的是出现在新浪、天涯、豆瓣、猫扑等一些社区的娱乐版块或者王菲贴吧中，他们坦言：不喜欢就是不喜欢；长相也不好，衣着装扮上也怪异，看不出美在哪里；声音也没听出什么特别的，而个性上，太另类了,太自命不凡了或者太做作了,作为一个流行歌手,目的就是要亲近观众,干嘛永远一副高高在上,拒人千里之外的冰冷模样,真是难以接受。他们还很惊异,很搞不懂为何会有那么多人喜欢王菲。

应该说这两种声音,虽都是从批判王菲的视角出发得出的相同结论,但是所秉承的价值立场却并不相同,下面就分别做一分析。

2. 批判的背后

对第一类的批判者来说,他们对王菲的不满,要么是因为她不够纯,不够艺术。就如著名的乐评人李皖所说:"王菲无论流行了还是另类了,都不是原生型的。这不是说她模仿,王菲从不简单化地模仿,她是她自己。但这不是来自一个地域、一群人、一颗心的纯洁的颤动,而是来自信息覆盖下这个充满了时尚污染、充满了新鲜消费的一颗心的跳动;只是被城市文化所蒙昧的没有自己真正灵魂的众多'新人类制品'中的一个,即使是精致的有味的一个,那又如何?"[①]要么是因为她骨子里"讨厌当明星,又希望引人注意"的媚俗因子让人遗憾,感叹她原本可以成为先锋音乐的艺术宗师,但她又从来不会主动拒绝商业流行的诱惑。比如有人批评"她唱出冷漠华彩的《誓言》的时候,却又唱出技术上进步但内涵上无限倒退的《棋子》《矜持》等顾影自怜的情歌;她唱出迷离恍惚的《飘》《讨好自己》的时候,却偏偏画蛇添足地翻唱了《最浪漫的事》来愉悦听众;她以《Di-Dar》进行对Britpop的尝试,却偏偏不干不净地加首《暧昧》来使原本背负使命的专辑也变得暧昧起来;《寓言》五部曲的庞大恍惚的电子弦布局堪称无懈可击,然而紧随着出现了《如果你是假的》这样轻佻至极的作品……(所以王菲的音乐)注定就只可能成为好音乐而不能成为可载史册的先锋流派……(况且她也从来没有想过要成为一面旗帜,尤其是)近期的演唱会总是以《人间》这首形式内容皆陈旧发黄的曲目作结束,也明示了她总是商业流行中的重要一

---

① 李皖:《次生矿物——王菲:〈王菲〉》,李皖的博客,2011年04月28日,http://blog.sina.com.cn/s/blog_67955d070101ewzl.html。

员。"① 要么说王菲就是麻醉大众对抗虚无、商业、消费主义的蒙汗药,批判"被小资们引为经典的王菲的冷漠表情和不合作态度根本不是文化性格和自觉意识的合成之物,而是一种商业姿态,甚或是有闲阶级们貌似独立实则无力关心世界的自然流露。而受众们最感兴趣的正在于此,一个遥远的略显不近情理的王菲被悄悄转换为'不媚俗'甚至'女权主义'的偶像,工业品牌的魔力几乎消解了隐身其中的强大毒素,小资们在不痛不痒的歌声中柔肠寸断,感受一种没有根基的浮泛的'品味'"。② 还有人通过对王菲的歌词的解读,认为"这样的另类是透辟,却并非批判。在这里,我们看到了无奈、空虚、嘲讽,但是,并没有看到高雅文化许诺给人们的信仰、希望、创造……她只是在一个四周围栏皆是厚厚海绵垫的拳击台上左突右撞,向虚拟的敌人发出虚拟的进击。她对既有环境的破坏系数降到了最低点,她对现存秩序的叛逆更多的只是一种姿态。"③

之所以大段的引用这些资深的乐评人的原文,是为了在这些文字的背后,说明他们秉承的文化立场,无论是批判王菲不够艺术,主动媚俗,还是认为王菲为价值虚无的当下兴起的一批略带颓废、享乐主义的小资打了一针麻醉剂。其实在他们的批判言辞中,处处可以看得到诸如引文出现的"原生态、真正灵魂、先锋艺术、文化性格、自觉意识"等精英文化或者主流文化的评判标准。且不说这样的评判标准对以王菲为代表的大众文化是毋庸置疑的削足适履,而是因为,作为大众文化的符号王菲从来就不是想变成艺术的高雅作品,它从一开始就是作为供市场销售和商家盈利的商品被生产出来的。它有艺术的元素,但本质上更是商业的流行的。如果说,在康德的"无目的的和目的性"的论题中,审美的"无目的性"与功利的"合目的性"只能在近乎神秘的"先验共通感"中得到统一的话,那么文化工业却将这看似矛盾的悖论性实实在在的合二为一了。然而也正是在这合二

---

① 蓝色时分:《大家给我听好了:我是菲迷,我来批王菲》,天涯论坛,娱乐八卦,资深粉丝,2005年6月27日,http://bbs.tianya.cn/post-funinfo-51949-1.shtml。
② 陈家坪:《该不该扇王菲耳光》,《上海采风》2005年6期。
③ 潘玮:《"另类"的王菲?》,《天涯》2002年第1期。

为一中,王菲的批判者站在其所秉承的文化立场,认为王菲本身具有的"无目的"的审美形式,恰恰堕落成了娱乐消遣的良好形式,而王菲音乐作品本身的物质"有目的性"则演变成为公开的商业利润。恰如阿多诺一针见血指出的文化工业具有的"有目的的无目的性",也可以说是"商业利润的'目的'利用了审美的'无目的'"。① 所以这些批判者站在审美的"无目的"的立场,自然就会认为她仅仅是一个披着"艺术家"外衣的纯粹商业歌手,而王菲的"另类"也不过是一场装酷的表演。自然,一切与他们的价值标准不相符合的都不仅是粗俗平庸的(就像他们说王菲对小红莓或者比约克的借鉴,仅仅是学的皮毛),有时甚至是威胁性的消极力量②。

对于这种观点,费瑟斯通曾评论说:"他们的方法取向,是通过对今天看来已经站不住脚的关于真实个体与虚假个体、正确需求与错误需求的区分。对大众文化进行精英式的批评,普遍的看法是,他们瞧不起下里巴人式的大众文化,并对大众阶级乐趣中的直率与真诚缺乏同情。"③这里也许更重要的一点是,他们对大众文化的指责,尤其是对王菲的"商业姿态"、"装酷"的鄙夷,不仅仅存在于其意义生产上,即大众文化工业炒作王菲本身的商业误区,而更多的是一种本体意义上的偏差。正如费克斯曾明确指出的那样,大众文化的使命本身就主要不是从艺术杰作中搜寻审美形式或者崇高的美的理想,也没有强烈的责任,一定要承担寻找超越时代、国界,乃至民族的永恒、普遍的"人类精神"的使命。大众文化作为一种与工业化社会相伴而生的文化形式,它在意的是工业社会中,各种审美趣味的生产和流动,彰显的也是大众在工业化社会中生活的普遍方法和人生价值,因此它所涵盖的只是这种大众在这种社会中的人生经验的意义和表达。从这个意义上讲,以王菲为代表的大众文化,就一定程度上废除了崇高精神、

---

① 霍克海默、阿多诺:《启蒙辩证法》,重庆出版社,1990,第148—149页。
② 《锵锵三人行》节目在《传奇王菲》的谈话中,最终得出王菲之所以流行,并不是王菲对整个乐坛有多大的正面贡献力量,而恰恰相反,她反映的是整个乐坛的低迷。
③ 费瑟斯通:《消费文化与后现代主义》,刘精明译,译林出版社,2000,第2页。

第三章：王菲"传奇"的背后——一个"另类"偶像的生产与消费

审美追求、和艺术价值等因素在文化中的中心地位，而代之以"需求——供应"、"认同——接受"等意义的生产和流通。所以认识和理解以王菲为代表的大众文化的关键，本来就不在于这些文化工业产品有多高的"艺术价值"，因为它们本身根本就不需要先转化为"艺术作品"。就如王菲，本来就没有必要成为纯音乐的坚守者和发扬者才能担负起的它们自己特殊的社会功能。相反的是这种转化本身就是一种贬值过程，因为如果它与用之评判它的价值尺度不符合时，其结果只能使它成为"赝品"、"拙劣的模仿者"或者"次级品"。

如果说，上述的评判者秉承的是精英文化的立场对王菲的"媚俗"和"做作"，还有对"商业化"的王菲感到不满的话，那么对于第二类的评判者来说，他们对王菲的不喜欢大多则是出于理解不了或者觉得王菲性情太孤傲。所以诸如类似："真没觉得她的歌好听，都是一些啦啦啦的哼唱，歌词还莫名其妙。看不懂啊。""欣赏不了，她太另类了"或者"王菲的成名那是靠炒作的来的""声音一般，长得很困难……个性嘛，可以装滴，装颓废装迷幻装冷艳装凄美……最讨厌自命清高的人了"，这样的被菲迷们称为黑菲们的言辞在各大网站都可以随手拈来。还有人坦言说"我不喜欢她，仅仅是不喜欢，坦白说声音很无敌，长得也很不错，我就是觉得她个性太不一般了，我接受不来"。从这些言辞中，可以看到这类评判者其实是站在普通大众直觉感性的立场来评判王菲的。这是一种被莱恩·昂称之为平民主义的意识形态。"它（平民主义意识形态）的话语是反理论的，主要由一些简短的口号组成，'人各有所好'就很说明问题。因此，平民主义意识形态的功能主要在实践的层面，由人们日常生活中几乎是'自发地'和无意识地持有的常识性观念所组成。"① 也就是说，平民主义评判事物的标准往往来自于自发性或者日常性的观念，所以他们并没有也不能为自己的言辞提供有效的完整的话语系统的支撑。当然他们也并不在乎深度的理论，而更多的在乎事物本身显现出来的经验和意义带给他们的直觉感受。所以，这一类批评只能以这种简短的话语方式或者甚至是泄愤式（几乎各个关于"不喜欢

---

① 莱恩·昂：《〈达拉斯〉与大众文化意识形态》，载罗钢、刘象愚主编《文化研究读本》，中国社会科学出版社，2000，第394页。

王菲"的论坛或者贴吧里,都能看到这样的对话:"不喜欢王菲也不用说出来啊,小心板砖啊"。"不喜欢就是不喜欢啊,让板砖来得更猛烈些吧")的方式回答"为何不喜欢王菲"这个问题。但是,平民主义意识形态又使他们相信,他们代表的就是最多数的大众的审美趣味,因此他们的不喜欢也变得理直气壮。在他们眼里,王菲的缺点恰恰就是她太另类了,太不入俗了,太不迎合普通大众的审美口味了。于是"拽什么拽"就成了他们批判王菲时常用的短语。

(二)拥护的声音和立场

1. 我们为什么喜欢王菲

在对资料进行整理的过程中,笔者发现一个有趣的现象,不喜欢王菲的理由和态度似乎都较为统一,评论者的价值立场也较为明晰。而喜欢的理由却千奇百怪,价值立场也模棱两可、复杂难辨。2010年第39期的《三联生活周刊》在王菲宣布复出后两个月(王菲以2010年春晚为契机宣布复出)曾以王菲为封面,并以"我们为何喜欢王菲"的大标题发起长达数页的讨论,并因此引发了又一轮的"王菲热"争议。

纵览笔者搜集到的资料,虽说喜欢王菲的理由基本涉及王菲生活的方方面面,但是从评论内容深度来区分,依然可以将其分为两类:一类是较为专业的翔实的乐评人评论。例如资深乐评人"五饼二鱼"曾评价"新艺宝时期的王菲,带给我们的,永远是颠覆与创造,锐意与见新。从音乐到形象,从唱片包装到言行。""她的那张"完全由'意识'或'潜意识'主导的概念专辑《浮躁》刻意淡化作品中词作的地位,仅以标题叙述歌曲情境,歌曲吟唱则用简单重复的音节强化标题描绘的况味,"从而"彻底颠覆了港台流行音乐的既定模式,完成了欧式另类与北京摇滚完美结合的创新追求。"另外还有王菲体现在"《讨好自己》专辑的原创性和演绎上的自主性"。《迷》专辑的从"浅吟低唱到激情肆意到低回婉转,王菲用情用气用声浑然天成"的无人出其右的歌唱功底等,使得这位至爱王菲的菲迷甚至发出这样的叹慰:"想到近来坛子里的孩子们与所谓'郑迷''纹迷'乃至'琳迷'的骂战显得多么不必要。那些流行商业的芭比娃娃,在王菲开声以后显得多么滑稽可笑,再说什么都是多余了。"①类似的还有香港中文大学冯应谦教授从女性主义的角度分析王菲带来的社会影响:认为王菲的演艺事业挑战了商业逻辑和政治现实,她那完全与传统中国女性特质相反的性格及形象,及其音乐为私人及公众空间提供了一个对于性别关系的幻想空间。从而使得王菲成为首位挑战传统性别角色及市场逻辑的艺人。当然还有人从王菲的唱功上对王菲的影响力进行肯定:因为在她的演唱中,你几乎找得到全部演唱技巧中想要的理想效果。什么混音唱法、气声唱法、高低音转换的平滑、真假换声点的模糊、共鸣与气声的融合……样样俱美。其唱腔既有传统的演唱技法,又吸收了欧美流行乐坛唱法的长处,时而还借鉴美声的技巧,但是其演唱却是完整统一的,各种技艺在其近乎完美的控制下,青山隐隐归于平淡,若是细心体味,却又是于无声处听惊雷。当然还有更多的聚集在网易娱乐论坛"菲靡靡之音"贴吧的一大批资深菲迷。他们都能用相对理性和颇具说服力的评判给予王菲相当高的评价和注解。但是值得注意的是,这些乐评人在给予王菲如此高的评价的同时,也非常清楚地明白王菲的缺陷和不足,比如"五饼二鱼"既承认王菲曾孜孜不倦的艺术追求"是创新、是在横的借鉴与纵的继承中吸取丰富的艺术经验进行再创造"。也承认"王菲的目的并非在音乐地位上的图谋与突破,究其实,无非是一个'娱乐自己'和'娱乐别人'的矛盾中和。"②冯应谦教授也在其文章中明确指出若认为王菲是女性革命运动的先驱,那就大错特错,相反地,她的形象像麦当娜一样表达出女性的力量以及在资本主义文化之下的灵活性,没有任何巨星会否定已建立的经济规则,相反地,他们对着全球性的商业娱乐机构去逆传统而行,反而增加他们的唱片销量。最终她们仍要吸引传媒报道、吸引歌迷去增加唱片销量,以及在音乐工业上赚取更多收益,她们刻意保持一个革命性的形象以令更多人对于女性主义存有幻想。

除却上述的较为专业的乐评,另一类是较为简短的口号式呐喊,比如:

---

① 相关评价资料请参见:网易娱乐论坛:"菲靡靡之音"贴吧,署名"五饼二鱼"发表的关于王菲的评论。
② 相关评价资料请参见:网易娱乐论坛:"菲靡靡之音"贴吧,署名"五饼二鱼"发表的关于王菲的评论。

笔者曾经在网易娱乐论坛较活跃的王菲的贴吧,发起关于喜欢王菲的十个理由的调查,回帖的内容如下:

网名:不死的草
被她的歌深深地打动过;她坚强独立自我的性格影响并改变了我;她是个成功的女人;她看起来的冷漠;她是一个有过去,有故事,有内涵的女人;她有个性,与众不同;她真诚,坦率,有才华;喜欢因她而等待的感觉;她从来都不说废话;因为她是王菲。

网名:小妖的猫
她是王菲;我姑奶与她很像;人品好,有内涵,思想深刻;歌好得不得了;因为她成熟,饱经沧桑,敢爱敢恨,不受世俗拘束;她的样子;她的品位;曾为她哭过;喜欢她的声线;她真正爱音乐。

网名:singmail
她的嗓音无人能及;她的音乐华丽多姿,每次都给人以新感觉;她的冷酷美;她的修长身材;她是最接近我心目中完美形象的女星;她的《重庆森林》;她的心境接近佛道;她的气质高高在上,最有天后风范的女歌手;她和窦唯之间的爱情;她演唱会不说废话。

网名:逃不出的爱
性格可爱;对感情专一;有自己的生活态度;她的音乐一直是我的至爱;身材真的很骨感;长的真的可说有个性;她的品位不错,很好;她喜欢林夕的词;容易受伤却执迷不悔;冷静理智、我爱她。

网名:DIOR
因为《天空》;因为她执迷不悔;因为她是我真正的音乐启蒙;因为她清冷的声音却温暖了我的心;因为知道她真诚;因为她美丽;因为她纯真;因为她爱了该爱的人,也爱了不该爱的人;因为她永远看不透也不愿看透情网;因为她叫王菲。

似乎已经不须再多举了,在上述的四位菲迷总结出来的喜欢王菲的十

第三章：王菲"传奇"的背后——一个"另类"偶像的生产与消费

条理由，可以看到这样一个有趣的现象，在这十条喜欢王菲的理由中，喜欢她的个性的因素远远超过喜欢她的音乐。而且对比笔者手头更多的资料，能看出众多菲迷列举的喜欢理由惊人地相近，这些关键词频频出现：冷酷、独特、与众不同、个性、不说废话……仿佛喜欢王菲，在乎的并不首先是她的歌如何，而是她的特立独行，是她偏离媚俗化、商业化的流行乐坛的另类姿态。分析到此，可以看出其实两类喜欢王菲的理由，都是因为她是"一个非常有个性的、不受约束的、追求独立的人物，她坚持做自己的音乐，而一直与只求娱乐的香港歌坛作着不妥协的斗争，通过一次更比一次激烈的改变，王菲对抗着唱片公司、流行市场和大众欣赏趣味。"①但是在看似相同的理由背后，却有着并不相同的心理逻辑和文化立场。

2．拥护的背后

应该说第一类王菲的喜爱者，对王菲的喜欢和评价是出于相对理性的分析之后，坦言王菲模式是"另类＋主流＋格调"，他们是不自觉地站在大众文化和精英文化的裂缝处，一方面不得不承认王菲是商业与文化工业的合谋物，但另一方面又试图在商业的王菲之外，寻找王菲能够提供的独特的，不同于其他商业明星的迷人魅力。所以他们往往一面感叹着："96年之前的王菲，灵气迫人，让人钦服，大胆前卫，无所顾忌。"一面又无比心痛的哀叹："98年以后的她却仿佛被抽掉了灵魂，总让人免不了人面桃花、物是人非的感慨。"应该说，这样的矛盾正是文化工业对王菲的全方位生产，和精英文化立场给他们带来的表述上的麻烦：王菲是商业的，但又不全是商业的。比如王菲对音乐的领悟和对乐坛的贡献，王菲的真性情等都是文化商业无法复制的，从而一边批判商业的王菲，一边又竭力为王菲做艺术的定位，将其描述成大众文化里的不走寻常路者。这似乎是一种无法进入（可能觉得精英文化太高太远，很难理解）或者不想（正因为精英文化离大众太高太远，明显地脱离现实经验和世俗关怀）进入精英文化，想离开大众文化（觉得大众文化很媚俗）但又无法拒绝大众文化魅力的迂回的话语方式。但是也正是在这里，大众文化本身的丰富驳杂显露出来：一方面，大众

---

① 李皖：《看透王菲》，载《我听到了幸福》，生活·读书·新知三联书店，2012，第108页。

必须在大众文化确立的审美标准、商业特质和个人的感受经验、快感范畴之间取得平衡；另一方面，大众文化的拥护者必须在"爱与痛的边缘"求得自证的逻辑，比如喜欢王菲，就要承认王菲是流行的，但这流行不媚俗，王菲是商业的，但这商业无伤艺术。

而第二类王菲的喜爱者的文化立场，虽然没有上述的复杂，没有上述喜爱者身份的"分裂"。但是站在"执迷不悔"的大众文化的立场也分为两部分：一部分认为王菲就是"商业"的，就是媒体制造出来的一颗"棋子"，但"商业"并不是没有价值、没有内涵、没有意义的代名词，并且"商业"或者"流行"本来就是大众文化的本质。比如就有人说："炒作怎么了，王菲是有资本炒作的，她拥有天籁般的嗓音，飘忽迷离的声线，桀骜不驯的性格，也不是随便哪个明星能学的会的。""都说成就王菲的是王菲背后的强大的行销团队，但实际上同一班人马想要再制造一个王菲，也是绝无可能的，王菲的无可复制正是她的独特的魅力所在。"这些义正词严的反驳无疑是站在大众文化的立场，从而对王菲提供的娱乐价值和消遣意义进行肯定。而另一部分显然也是站在大众文化的立场，但是他们认同的就不仅仅是"商业"的王菲，"流行"的王菲，诚如他们所言，"王菲的确很商业，但商业也商业的有水平，有品位，够个性，王菲的《浮躁》、《天空》等专辑无论是从唱功、编曲、作词、文化寓意等方面丝毫不比所谓的严肃音乐差。"这里仿佛隐含着这样的潜台词，作为大众文化代言的王菲身上，似乎也并不缺少精英文化所谓的高雅和深刻。所以大众文化丝毫不必在精英文化面前感到羞愧和难堪，这也是王菲的拥护者为自己喜欢王菲提供的一个绝好借口。相反，精英文化可能正因为其过于正统和追求所谓的意义深刻等，反倒无法成为流行的时尚。

从上述分析看出，喜欢王菲的背后，无论是遭遇身份分裂的第一类，还是坚守大众文化立场的第二类，其实都是把王菲当成一位不同于其他大众歌手的具有自己风格个性的另类歌者。所区别的仅仅是，前者明知其风格是"伪风格"而爱之，后者是霸道地不加辨别地认同之。而也正是在这里，大众文化遭遇了自身生产和消费分裂的尴尬：一方面文化工业制造出来了流行的商业的王菲，而另一方面这个商业的流行的王菲，又必须以反商业反流行性的另类姿态才能赢得菲迷们的喜爱。正如李皖在被问及王菲

第三章：王菲"传奇"的背后——一个"另类"偶像的生产与消费

2011演唱会为何如此火爆时所说"王菲是专辑末期的代表，是20世纪90年代的经典。大众呼唤王菲，其实更是在呼唤她身上那种纯净的音乐品质，这说明大家对好的音乐还是渴求的。"①这是否可以看作厌倦了大众情歌的消费者们给予善于制造流行，快速复制时尚的机械化、模式化生产流行歌曲的大众文化的一个绝妙讽刺。

论述到这里，似乎可以得出以下的结论：无论是拥护还是批评的话语，背后秉承的其实是不同的文化立场。所以，与其说这些在各大娱乐论坛或者王菲贴吧中展开的无法数计的持续多年的菲迷们和黑菲们的争论是一场娱乐界的无聊口水战，不如说这些争论背后，显现的是各种文化立场对大众文化资源的争夺和抢占。基于精英文化立场的批判，是企图让王菲脱尽媚俗，进入纯音乐或者先锋音乐的另一文化场域。当然王菲还仅仅是个工具，他们更潜在的意图是借助批判王菲，批判大众文化，进而为精英文化或其他文化开疆辟域。而基于大众立场的平民主义，其批判的目的是将王菲身上的精英元素横加鞭笞，以便能够将她牢牢地圈定在大众文化的范畴之中。这应该说也是一种文化"霸权"。于是在这里大众文化就形成了正如斯道雷所言的："通俗文化是一个符号的战场。在这个战场中，冲突在融合力量与抵抗力量之间展开。在外部强加的意义、快乐和社会属性和象征性抵抗行动产生的意义、快乐和社会属性之间发生冲突。"②应该说这冲突正标示着当前文化领域里一些险滩激流，因为无论哪种文化其实都在潜意识地进行着这样一种"霸权"的企图。这从目前文化界或者文化研究中出现的各种文化现象的论战，或对同一个问题的不同批判标准的辩难上都可略见一斑。

当然将大众文化比喻成一个各种文化都企图来分得一杯羹的战场，只是对不同的文化立场进行"霸权"争夺的表面现象的描述。更重要的也许是如葛兰西的"霸权"理论所提供的启示，既然存在不同的文化类型，那么

---

① 王立元：《中国流行乐坛：不能只有一个王菲》，《中国文化报》2010年12月1日。
② 约翰·斯道雷：《文化理论与通俗文化导论（第二版）》，南京大学出版社，2001，第300页。

相互之间的对"霸权"的争夺就不可避免,那么一种文化如何才能获得成为"霸权"的资本?而"霸权"在不同的文化争夺的过程中的相互游动,是否也正是促进各种文化样态交融借鉴的内在动力?虽然葛兰西的霸权理论是基于资产阶级和无产阶级之间对领导权的争夺,但对我们理解今天各种文化之间的纷争却有着重要的启示作用。如"葛兰西强调,资产阶级之可以成为霸权阶级、领导阶级,其前提是资产阶级的意识形态必须在不同程度上能够容纳对抗阶级的文化和价值,为它们提供空间。资产阶级霸权的巩固不在于消灭工人阶级的文化和价值,而在于联系工人阶级的文化形式,并且在此一形式的表征中来组建资产阶级的文化和意识形态。"①这段话虽然说的是资产阶级,但实际上应用于任何一种文化样态。当然这里需要对"霸权"一词进行转义,在葛兰西的理论中,"霸权"是和"控制权""领导权"密不可分的,但是在今天,实际上无论是大众文化、主流文化还是精英文化,其实任何一种文化想要绝对地取得"霸权"已经不可能。那么"霸权"的含义更多地就指向为获得"长久的存在权"和"可持续的发展权"。具体来讲,对精英文化来说,既要保持其启蒙的先锋的精英意识,也要适当融入大众文化或者其他亚文化的一些理论资源,进而保持其旺盛的生命力。而对大众文化来说,想要保持其目前良好的发展势头,就必须更积极地吸纳来自其他文化样态的价值和意义。而本章的研究对象之所以选用王菲,其实正是在此意义上,因为王菲正是集各种文化因素于一身的既矛盾又和谐的成功范例。所以王菲的流行和传奇,绝不是像某些评论家所认为的,只是一个偶然现象,而是大众文化发展的必然趋势所致。

二、文化工业与大众接受——在编码与解码之间

前文分别从王菲的音乐影响和社会影响还有"大众说王菲"的层面论述了"王菲热"的现象,然而这些都只是"王菲热"现象的表层,并没有实质地触及王菲为何会如此流行,王菲为何会成为"一个无法复制的时代标

---

① 托尼·本内特:《大众文化与"转向葛兰西"》,陆扬译,载陆扬、王毅编选《大众文化研究》,上海三联书店,2001,第64页。

本"①。因此在这里试图借助霍尔的编码与解码理论,将王菲还原到大众文化工业的生产、消费的过程中来考察,以期能够对这一问题作出更为可靠的解答。

(一) 文化工业如何编码王菲

这是从文化工业生产王菲的角度来说,因为大众文化的传播必然要依赖大众媒体,而大众媒体要将信息传达给大众,又必须对其进行专业的编码。因为按照霍尔的说法真实的信息和"现实存在于语言之外,但它永远要依靠并通过语言来中介。我们所能知道的和所说的一切不得不在话语中并通过话语来产生。话语'知识'不是以语言明晰地再现'真实'而获得的产品,而是就真实关系和条件准确用语言表述而获得的产品。因此,没有符码的运作,就没有明白易懂的话语"。② 因此这样一个编码的过程,实际上也就是信息再生产的过程,而这就必然关系到文化工业选择哪些信息进入编码程序,以及如何对信息进行编码等问题。而"从资本运作来看,资本的本性是最大限度的增值,它必然要向一切可能获取利润的空间渗透和扩张,一方面,资本的势力不会仅仅停留在物质产品的生产和流通领域,而会进一步向文化心理领域延伸,使精神和文化物化为商品,使其成为资本增值的工具和途径。"③所以在消费主义时代,能够制造"流行与快感"的商品,而且可以被反复消费的大众文化正是产业资本实现利益最大化所需的最佳的文化资本,所以,两者就理所当然地达成合谋,一方面产业资本利用大众文化的全新方式制造着剩余价值,而另一方面大众文化又借助产业资本的投资,实现其在文化领域的收编力和影响力。所以对大众文化来说,它的编码能力就体现在能够借助产业资本,尽可能多地运用所能运用的商业策略,将意识形态、审美价值和伦理观念统统改写成"关于自我的神话",而将商品交换的资本运行逻辑隐秘地藏在其中,试图抹平现实中的价值差异、阶级差异、文化差异以及个人与社会的对抗与矛盾。

---

① 王小峰:《谁制造了王菲》,《三联生活周刊》2010 年第 33 期。
② 斯图亚特·霍尔:《编码·解码》,载罗钢、刘象愚主编《文化研究读本》,中国社会科学出版社,2000,第 349 页。
③ 单世联:《现代性与文化工业》,广东人民出版社,2001,第 381 页。

具体地说,大众文化的编码大致遵循这样的生产逻辑:首先按照平民主义的心理逻辑令大众接受"人各有所好"的观念,同时又以各种意识形态方式和各式行销策略,影响和模糊大众的审美判断,然后依据大众的审美偏好,预设文化工业的传播效果,投其所需的生产,并通过包装和宣传使大众相信其所推销的产品和传达的信息是对他们有益的,是为他们量身打造的,从而达到实现其商业利润最大化的目的。具体到王菲,也就是说,作为大众文化实现手段的文化工业,即唱片公司依照当时另类时尚的流行热潮,收编了王菲种种不同于其他歌手的音乐风格和行为举止,将王菲细若游丝但又尖锐无比的声线,掌控自如的挥洒飘忽跳跃旋律的能力,稍显淡漠矜持的性格特征,以及在公众场合寡言少语的冷贵气质和装扮上追求与众不同的心理潜质,还有其音乐上对 Cocteau Twins 和比约克的"另类"借鉴,个性上随意懒散又率直任性的孩子气,社交上冷漠的孤傲姿态,还有爱情上敢爱敢恨的勇敢和大胆等,通过商业手段的修饰和夸大包装,给菲迷们制造各种各样可能的接受方式。同时大众传媒还通过各种渠道为文化工业编码出来的王菲,进行商业和艺术上的美化和道德上的合理化。而各类层出不穷的内幕式八卦娱乐新闻,又通过对王菲私生活的暴露,极力掩盖媒体制造的另类王菲的痕迹,与此同时,花样繁多的各类乐评文章、名目众多的音乐排行榜等噱头,也在急速放大菲迷们从王菲以及王菲的衍生喜好中,获得的满足感和快感。在这里也正可以看出文化工业大众生产的隐秘逻辑:将个体感性的个人爱好,通过媒体编码进行放大宣传,从而将一部分的喜好催生为群体的喜好,制造流行的趋势和热闹的表象,让更多的人接受和选择这种编码逻辑。

当然作为文化工业追求剩余价值最大化的本性来说,这样的操作,无可厚非,但其实也恰恰显示了,中国本土的大众文化与生俱来的兼容性和复杂性,正是因为之前曾分析的大众文化来源的驳杂,才给它提供了在面对多重文化时强大无比的无所不包的收编和融合能力。于是出现在舞台上的王菲就成大众眼中:"一个美丽而苍白的手势,一抹冷艳清冽的色彩,一道灼人的灵魂的焰火,一个正在述说中的'另类'传奇";"喜欢她唱歌时漫不经心的腔调和一点点落寞的神情,一点点孤单,还有一点点倨意";"喜欢她歌词里的孤独挣扎、分裂凄迷、孤高自傲的生命体验"。"不仅喜欢她

第三章：王菲"传奇"的背后——一个"另类"偶像的生产与消费

的歌,她的声音,甚至连她的歌名都很'另类',《浮躁》《开到荼蘼》《百年孤寂》《一个人分饰两角》《讨好自己》《彼岸花》《不留》《单行道》《胡思乱想》《半途而废》《催眠》《暧昧》《冷战》等独有一种苍凉透彻的人性洞见。"于是从 the Cranberries 的咽音发声唱法到 Cocteau Twins 的暗冷颓唐的神秘美声,从新英伦摇滚到 brit-pop 曲风;从晒伤妆到蝴蝶妆,从钻石妆到眼泪妆,从头顶高跟鞋到头戴超大千纸鹤,从飘逸的中分直发到怪异菠萝头;从"精彩演唱会"上的宛若仙子的白衣长裙到"唱游演唱会"上的朋克式的前卫冷酷,大众文化生产出来的王菲,以看似如此"另类"的姿态将菲迷们召唤至旗下,实际上恰恰显现了文化工业与主流意识形态的合谋。因为王菲的"另类"已经在此发生了转义,本来有独特气质的王菲,自身融合多种矛盾性格、多重文化因素的王菲,被媒体抽离了其内在的精神,锐减了其个性中不能被流行包装的真实、创新或者自由、随意。使得出现在大众媒体前的王菲的"另类",已经消解成了可供主流意识形态话语接受和庇护的仅仅是表层的流行元素。无怪乎有人说"如果说王菲和刘德华有区别,前者代表'离文化近的'严肃的流行音乐,而后者不过是纯粹商业性的流行音乐,那这也是华亭伊势丹里 LEVIS 专卖店和满大街上 BALENO 专卖店的区别。而且这样区别,显而易见是意识形态的和虚构的。"[①]

(二)大众如何解码王菲

如果单纯从编码的角度来看,文化工业制造出来的作为流行符码的王菲,就只是标准工业生产线上的毫无独特意义的商品,而王菲的"另类"也就真的成了批判者所说的被包装出来的"另类",那么接受这些商品的大众就成了大众文化工业的被动的附庸,这完全符合法兰克福学派诸如阿多诺对大众文化的批判。但是如果从解码的角度,也就是消费领域来看,事实上菲迷们从购买王菲的唱片、到现场听演唱会、收看王菲的 MTV、收集王菲的娱乐信息,到建立王菲贴吧热情洋溢的讨论和赞美王菲,进而关心其个人感情生活等,可以说菲迷们在这种消费行为中生产出来的自我体会到的意义和快感,远远不像文化工业和唱片公司所认为的那样简单,那样能

---

① 潘玮:《"另类"的王菲?》,《天涯》2002 年第 1 期。

够被控制的。也就是说,他们并不是被动的"文化傻瓜",恰恰相反,这些消费行为中往往包含着巨大的无意识的不能被媒体所操控的颠覆性再生产力量。马克思曾在论述物质生产与消费时,这样强调消费的重要性,他说:"一条铁路,如果没有通车,不被磨损,不被消费,它只是可能性的铁路,不是现实的铁路。"①也就是说,正是消费,使可能的产品成了现实的产品,并最终确立了生产者的地位。现代的传播学,更是从消费的角度,论证消费对于生产的重要。

所以这一个再解码的过程,其实就是大众对商品意义再生产的过程。因为"假如文化商品或文本不包含人们可从中创造出关于其社会关系和社会认同的他们自己的意义的资源的话,它们就会被拒绝,从而在市场上失败。它们就不会被广为接受。"②但由于大众文化不同于文化商品或者其他的文化资源,它作为意义与快感"是大众创造的,而不是强加在大众身上的,它来自于内部或底层,而不是来自上方。"③所以,"大众的力量将文化商品转变成一种文化资源,还使文化商品提供的意义和快感多元化,它也规避和抵抗文化商品的规训努力,裂解文化商品的同质性和一致性,袭击或偷猎文化商品的地盘。"④所以依据费克斯的理论,尽管文化工业把王菲的"另类"因素或者隐含的精英文化因素,编码进了自己的价值体系,消解了其真实甚至具有对抗商业意味的艺术意义,而仅仅把它们作为流行元素,以满足自己获得最大的商业利益的欲望,从而试图使大众接受并购买这样一个商业的王菲形象。但是"文化是一个活生生的、积极的过程","是在社会体制内部,创造并流通意义与快感的积极过程。"⑤所以实际上对大

---

① 中共中央马克思、恩格斯、列宁、斯大林著作编译局编《马克思恩格斯选集》第二卷,人民出版社,1972,第94页。
② 约翰·费斯克:《解读"大众文化"》,杨全强译,南京大学出版社,2001,第2页。
③ 约翰·费斯克:《理解"大众文化"》,王晓珏、宋伟杰译,中央编译出版社,2001,第31页。
④ 约翰·费斯克:《理解"大众文化"》,王晓珏、宋伟杰译,中央编译出版社,2001,第34页。
⑤ 同上,第28页。

第三章:王菲"传奇"的背后——一个"另类"偶像的生产与消费

众来说,无论大众文化产品、精英文化产品、主流文化产品,其实都不过是可供其用来消费的原材料而已。真正的大众的文化是大众在消费这些文化资源的过程中,自己根据这些资源生产出来的属于他们自己的意义、快感和价值规范。于是就菲迷们来说,这个被包装出来的王菲,某些时候其实只对他们起到这样的文化原材料的作用。应该说,作为文化与工业的联姻,大众文化只是文化生产中与工业生产较为一致、并通过市场进行结合的地方,是文化产品中可以直接或者间接进入市场机制的那一部分,那么对王菲来说,大众传媒能操纵和复制的只是附属在王菲身上的能迎合市场、能为大众所接受的一种在泛模仿时期的特立独行的姿态。因为资本和技术可以改变的只是文化的存在形态,只是把文化中的相当一部分纳入现代市场经济体系,但文化中总有哪怕是小部分是不可能进入工业生产体系的,所以不同的菲迷完全有能力从即便是商业符码的王菲中,生产出自己认同的意义与快感。如霍尔所言,文化工业的意义编码和大众对此的解码并非完全对等,"解码过程并非不可避免的依据编码过程,二者并不是同一的"①而是存在三种解码立场:主导——霸权立场、协商立场和对立立场。那么具体到本章内容,就从这三个立场出发,分别分析这些菲迷们究竟从媒体制造的这个王菲符码中,解读出了什么,并且分析这三种解码立场与大众文化的深层关联。

1. 主导——霸权立场

这是直接从葛兰西的霸权理论生发下来的立场(dominant-hegemonic position),它假定大众的解码立场与文化工业的编码立场一致,解码的意义正是文化工业预设的意义。这种立场的解码者应该说是文化工业编码最理想的消费者。但这里的大众并非阿多诺所一直批判的是被文化工业所操控的"傻瓜",只是他们解码出来的信息刚好与媒体所宣传的事实和提供的信息相吻合。比如在众多的菲迷中,就存在这样一大批,依照媒体对王菲各种八卦新闻的正面或者负面的报道,生产自己对王菲的喜恶。比如自从王菲传出与李亚鹏交往的消息后,很多菲迷都明确表示"不再喜欢王

---

① 斯图亚特·霍尔:《编码·解码》,载罗钢、刘象愚主编《文化研究读本》,中国社会科学出版社,2000,第356页。

菲就是因为李亚鹏",而媒体针对这种菲迷大量流失的情况,无意中又加大了对李亚鹏的正面宣传,于是在王菲的贴吧中,又会经常看到这样的帖子"大家不要对lyp(李亚鹏)有偏见啊","感觉以前对李有误解,相信王菲的品位","尊重菲的选择,她快乐所以我快乐。一如既往地支持她"。而王菲的微博被媒体曝光后,很多菲迷都在论坛中跟帖说,"自从娱乐版(指网易)开始晒王菲的微博,我才开始喜欢她了,一直觉得王菲是冷的,高不可攀的,真没想到王菲还有如此可爱的一面。"应该说,这类菲迷喜欢的和接受的是出现在媒体上的各类王菲形象,他们根据媒体对王菲的宣传,解码着也建构着王菲的形象,从而与她同喜同欢,同悲同凄。

2. 协商立场

这个立场的产生,恰恰出现在菲迷们对"另类"的重新解读上,他们也坦诚喜欢王菲是因为王菲"另类",但是如果说媒体制造的"另类",只是从王菲的形象里抽出来异质的元素进行再编码,那么这里"另类"就无疑成了一种可以被无限复制的甚至是标准化的商品,这毫无疑问是表面的、粗浅的、甚至是刻意修饰的。在王菲的贴吧中,就有菲迷毫不掩饰地对媒体热炒王菲感到不满,并气势汹汹地坦言:"我们喜欢王菲,就因为她是王菲,王菲前面的那些修饰语全是媒体和娱乐记者编造的谎言。"并且在笔者调查的关于"喜欢王菲的十大理由"中,六位网民中有四位就直接把喜欢的理由归结为"因为她是王菲"。在这里,"她是王菲"这句话,尽管在不同的菲迷心目中,又自有不同的含义,但是这无疑是用一种模糊的甚至是霸权式的口吻,对媒体制造出来的王菲形象的另一种"另类"解读。用卢旺塔尔的这句名言:"大众文化反过来是一种心理分析。"从这个意义上说,媒体上的王菲的酷和"另类",非但没有成为文化工业企图灌输给大众的一个时尚代码,反倒成为一部分歌迷因此可能对王菲反感的原因。因为在贴吧或者论坛中,也随处可见这样的声音:阿菲,还是喜欢你在《重庆森林》中那傻傻等待的可爱样子,纯真美好,而不是现在冷酷到底的媒体形象。王菲的冷酷,不近人情,那全是媒体炒作出来的。且看众多菲迷的自白:作为一个人,我欣赏她的做人态度,她所谓的酷,冷淡都是媒体炒作出来的。据我的8年来对她的关注,她是一个相当冷静,成熟,善良,痴情的人,她信奉佛法,吸收新事物,积极思考,活的非常自我,不爱张扬。正是如此,在恶俗和金钱

第三章：王菲"传奇"的背后——一个"另类"偶像的生产与消费

之上的香港,在越来越烂的香港娱乐圈,她才显得格外出众。也有人说："王菲就是王菲,她永远不会跟着别人走。她只想创造自己的音乐,用音乐感动自己。"①还有人说,"喜欢王菲是因为她不擅长作秀,不擅长太多的人情世故,永远像小孩子一样,遵从自己的内心"。更有人说,"她的个性不是商业包装出来的,是她天性如此,所谓的个性、酷绝不是有意为之的商业行为,只能说是无心插柳"。② 在这里,其实这不张扬、任性、甚至一直保持着孩子气的王菲,正是菲迷们从媒体制造的王菲神话中,根据自我认同的需要生产出来的另一种更具指导价值的"另类"意义。然而值得讨论的恰恰是,为何媒体制造的个性张扬,"另类"冷酷的王菲形象,反倒不如真实自然,率性纯粹,甚至有些傻、有些呆的王菲更受欢迎呢?

其实并不是媒体上的冷酷王菲不如真实自然的王菲受欢迎。应该说,前者也是媒体根据大众的喜好所生产出来的,但是为何在最近几年反倒越来越不受欢迎?这里似乎很容易得出这样的结论：这是大众的喜好在变迁,也是所谓的流行之短暂,时尚之替代的必然趋势,也是大众文化流行性通俗性的必然结果。具体地说,也就是,1980、1990年代,当整个社会还沉浸港台掀起的模仿热潮时,王菲的不跟风的另类姿态成了引领时尚的潮流,于是菲迷们就联合大众传媒借机生产了这样的冷酷的、另类的王菲。而到了当大众文化已经把冷酷、另类成功收编为自身文化的一部分,当年的这些时尚被大众所接受和普遍模仿时,菲迷们又开始嗤笑大众对王菲的"酷"的盲目的媚俗崇拜,转而用率性自然、呆傻、不做作等对一切都执迷不悔的同样"容易受伤的女人"来取代那个高傲冷酷的另类身影。毋庸说,这又是另一股时尚潮流。所以说,无论是"冷酷"的王菲还是"会受伤"的真实王菲,并不存在谁更受欢迎的问题,但也并不仅仅就只归结为是时尚变迁的趋势这个表层的原因,而是需要分析在变迁的背后,谁有资格引领这时尚潮流,潮流背后是否隐藏着文化等级的差异?菲迷们在参与时尚变迁,在另类之外能够另辟另类的做法,是否也说明这些菲迷们正在以一种阶级的身份参与其中?

---

① 《众说王菲》,《国际音乐交流》2002年第Z2期。
② 同上。

布尔迪厄曾说:"日常生活的审美呈现或者说生活方式的审美化里面的确存在有一种权力关系,可以对此进行阶级分析……在文化的所谓'民主化'背后包含着不平等的权力关系。"①据此,陶东风曾解释道,"按照布尔迪厄的说法,审美与文化领域的斗争主要表现为'区格'(distinction)行为,通过趣味的差异、通过设计一种特殊的生活方式来跟别人进行区分。问题在于,这种'趣味'的区分并不仅仅是审美的问题,而且也是一种权力运作策略,它把趣味分成不同的等级、并把它延伸到道德的领域。"②的确在王菲的论坛中,会经常看到这样的话语"喜欢王菲是种品位的象征"。据笔者在对各网站王菲贴吧中关于王菲的喜爱者的身份的关注中(虽然还没有具体的翔实的调查资料可以显示王菲的喜爱者和拥护者正是目前在城市中逐渐崛起的中产或者小资阶级,但是从这些菲迷们自曝自己或有车有房,或喜欢西方另类音乐,或将王菲的音乐与一些时尚杂志、健身、美容等这些足以显示白领阶层特征作为自我休闲的一部分的话语中,大致可以判断他们的教育水平、身份地位、喜好消费等普遍处在一个较好的阶层上。)可以推测,这些菲迷大都是由都市白领组成的中产阶级或者正在崛起的小资阶级。于是前面所探讨的媒体编码出来的"冷酷"的王菲和菲迷们解码出来的"会受伤"的真实王菲的不对等错位,就演变成了以文化工业代表的主流意识形态与菲迷们所代表的中产阶级或者小资阶级意识形态之间的错位:编码与解码的错位问题就这样被置换成了对时尚潮流的领导权的争夺问题。(这里是否可以预测:后者解码的"另类"是否会是下一轮时尚的前奏?)所以这协商立场的产生,也正标示着这个崛起的阶级对大众审美价值的叛逆和不满,并以此种隐蔽的形式和方法,表达对媒体推行的流行的一种抵抗和颠覆,所以基于"协商立场"的解码的背后凸显的实际是不同阶层之间权力的博弈。

3. 对立立场

如果前两种立场可以用来解释大众为何喜欢王菲,而这个立场恰恰是

---

① 陶东风:《大众消费文化研究的三种范式及其西方资源——兼答鲁枢元先生》,《文艺争鸣》2004年第5期。

② 同上。

为批判王菲提供了出发点,因为有时大众完全可能理解了媒体编码出来的王菲的意义和价值,但却以一种完全相反的立场去解码。也就是说,他们非常清楚王菲是文化工业的制造物,也非常明白文化工业的目的就是要大众接受他们生产出来的王菲及其附属在她身上的大众流行文化因素。但是他们采用完全不予理睬的态度。所以他们在批判和拒绝王菲的时候,其实表达的正是对大众传媒可靠性的不信任和抵抗。这种立场刚好和前面论述的王菲的两类批判者的立场(一种精英主义立场,一种平民主义立场)形成同构。所以站在对立立场的大众,实际也就分成了两种,一种因为欣赏和接受不了文化工业编码的王菲类型,从而不自觉地逃离和拒绝了文化工业的掌控,这里既体现了大众解码的自主性,也充分显示了文化工业的编码的局限性,如果没有大众的解码,那编码的意义就无从实现。而另一类则是因为看透了媒体宣传的王菲的虚假和所携带的大众文化以"快乐"作为凌驾于一切之上的标准,并偏重"感性愉悦""视觉刺激""时尚趣味""娱乐功能"和"幻觉营造"等形而下的物质幻想本质,从而有意识地批判和反叛。所以也正是这些大众的解码立场,成为大众文化自我反思和警醒的清醒剂。因为"唯其如此,可望推翻制码者的意识形态。"①

从上述三种对王菲解码立场的阐述,其实可以看出,王菲的个性和意义,某种程度上并不仅仅是文化工业编码的,而是大众自己根据自己所需生产出来的。那么这些大众究竟生产出来了什么?这些被生产出来的意义背后,又凸显着大众什么样的文化心理?

三、文化工业与明星崇拜——喜欢王菲的背后

在王菲 2010 年演唱会开唱前不久,《时尚芭莎》做过一个关于王菲的流行与传奇的专题,专题手记也明确说"在与王菲以及王菲的朋友、心理学家、数十位乐评人进行了深入的沟通之后,惊然地发现,王菲之迷,像极了《盗梦空间》,她——那个王菲,是被每个爱她的人在心中塑造出来的!"②应该说,在传媒技术如此发展的今天,在秘密已经成为稀罕之物,差一点因

---

① 陆扬、王毅:《大众文化与传媒》,上海三联书店,2000,第 73 页。
② 《王菲之谜》,《时尚芭莎》2010 年第 11 期。

为过时被移进文化博物馆时,一个娱乐明星,还能被大家视为神秘的存在,即便她的一举一动都成为媒体曝光之后的娱乐界的头条新闻,还是有太多的人,甚至是与她交往过密的人,依然表示对她的不可理解:就连跟王菲合作多年的张亚东也说:"跟王菲合作,始终觉得不了解她的内心,王菲对我来说是非常神秘的,你无从摸索她内心究竟是怎样的,或许因为这样会更有魅力。王菲对我来说是一个'另类',她不在我的规则里,我觉得用我的思路不能理解她。"①应该说正是这个"谜"字,这种神秘感成为大众想象王菲的无穷尽的生产力。既成就了王菲在大众娱乐圈的传奇地位,也成为大众深爱王菲的理由。王菲为何是个谜?其实王菲的谜、王菲的神秘只是她能够按照自己的性格行事,在娱乐圈普遍作秀讨好,跟风模仿的时候,她始终能够保持自我的独立,甚至无视娱乐圈的各种潜规则。正如《时尚芭莎》最后得出的谜解:"王菲的真实正是她全部的谜解——在这个名利娱乐横行的时代,她听从自己的真心,随自己的性情,过自己的人生。仍然能够拥有所有的热爱、名声与自由。"②也许正是这种既拥有了成功,又可以自由的人生,调和了人生诸多悖论,才使得王菲成为与众不同的"谜",引得众人崇拜。也许接下来需要思考的正是王菲"谜"的背后,有着怎样的明星崇拜机制?廓清这个谜,对我们正确认识和理解大众文化有何种益处?

(一)菲迷们的崇拜心理透析

凤凰网在为王菲复出做专题策划时,曾这样归结王菲:"作为独一无二的大众偶像,王菲分别经历着众人的歌声崇拜、个性崇拜甚至私生活崇拜"③三个阶段。据笔者在天涯、猫扑,还有众多王菲贴吧中收集到的资料来看,把王菲当成一种"信仰"的菲迷们不计其数,而王菲更有被菲迷们被评论者过度"神话"的可能。那么菲迷们究竟从这个被过度神话的王菲身上解码出来了什么?

---

① 张亚东,接受《三联生活周刊》采访,王小峰主笔,2010年第33期。
② 《王菲之谜》,《时尚芭莎》2010年第11期。
③ 凤凰网娱乐《明星》王菲:〈被传奇的时代孤本〉正文专访王小峰:王菲被过度标签化 她终结了一个时代,2010年10月28日,http://ent.ifeng.com/idolnews/special/wangfeibeichuanqi/。

第三章：王菲"传奇"的背后——一个"另类"偶像的生产与消费

1. 自我实现的心理欲求

马斯洛曾将人的需求欲望，分了五个层次，而"自我实现的需求"就是五个层次中的最高层次，这是人类在满足最基本的物质和情感需求之后，对自我潜能的一种心理期待，和对成功的心理渴望。每个人也都有将这种潜能转化为可能的欲望，而明星恰恰就在这一点上引起了大众的共鸣。比如光芒四射的王菲无疑为众多菲迷提供了一个成功的镜像，而大众也需要这样一个偶像作为理想化的投射（王小峰语）。于是这光芒也就成了众多在都市残酷竞争中渴望功成名就的大众希冀的一道耀眼光辉，它对大众是种指引和召唤。又因为王菲的成功是大众触目可见的，真实可感的，所以这成功的指引并不像神的声音那样遥远和不可触及。王菲的魅力就在于它是世俗的神话，她的成功，给了更多人这样的希望：我也可以当明星。这也是在王菲身后，出现了众多王菲的模仿者的身影的原因，而这些模仿者更为人们说她模仿的逼真而感到骄傲，比如香港著名歌手卢巧音就说："王菲她好有才华，又有容貌，别人说我是香港的翻版王菲，我好开心，希望能取得像她一样的地位！"

然而这里需要注意的是，正因为"自我实现的需求"，并不是人人都能实现，所以成功的人总是少数的，能够实现自己梦想的人也是少数的。但是这并不能因此就泯灭大众对成功的向往。于是他们就把对成功的渴望转化为对王菲的崇拜，就是要在王菲身上寻找自己成功的将来。他们分享王菲的成长史和成功史，搜集王菲的资料，甚至关注她的八卦新闻，也是企图在王菲的成长轨迹中寻找自我实现的坦途，从而使自我实现的愿望达到一种代替性的满足。从这个意义上讲，明星崇拜的实质，就是人类对自我价值的一种肯定。因此，在某种程度上说，菲迷们对明星的崇拜实际上是对自我潜能的肯定，也是对自己前程的幻想。

2. 理想生活的代言

正像上文分析的那样，任何一个人都有实现个人理想和价值的渴望和权力，但是在目前竞争日趋激烈的形势下，成功并不是轻而易举的事，再加上公平竞争机制的不完善和用人制度方面的缺陷等，成功就更是难上加难。所以真正能够实现理想的人很少，大多数人都只是处在现实和理想相互碰撞中的挣扎者。所以在自己的梦想很难实现的条件下，明星就成了满足自己情感安慰的白日梦。而所谓的成功就只能限制在对王菲的想象之中。所以王菲的不羁个性和天籁嗓音使其历经磨难终于登上天后之位,拥有了菲迷们望尘莫及的最大自由的发展空间。而传媒又尽可能地放大和凸显她的成功。因此,王菲就和媒体一起实现了对大众的幻觉承诺。而这个天后之位又可以使她更率真地活着,不必委屈自己的心。因此她在某种程度上的确代表了一种生活理想。

  但是王菲的成功毕竟不是菲迷自己的成功,对于改变大众的处境并不能真的起到现实的指导作用。相反,王菲提供的成功幻想,更会在一定程度上迷惑或者麻醉大众的奋斗之心。因为王菲作为明星,是被充分商品化的和抽象化的,正如有学者指出:"当代文化工业的商品性和形象性使得它的产品必然成为商业性的形象,明星也不例外。当明星的个人秘密及其外形都在文化工业中作为商品形象的一部分出售时,明星就被彻底形象化了。或者说,在文化市场中明星已成为非人,它是被抽空了内容的纯粹形象。而明星之所以成为明星,也正在于它的一切都可以被商品化,物化的越充分,明星的形象越晶莹剔透,在市场中的知名度越高。最具有影响力的明星实际上是最完美的商品。因而,明星的自由是作为商品的自由。"①那么从这个意义上讲,大众无疑是在自欺,可是大众为什么要进行自我欺骗呢?因为在这些人看来,现实处处充满残酷和陷阱,文化工业制造的幻觉纵然虚假,但多少也是一种安慰,对脆弱而敏感的普通大众来讲,"如果不接纳它,一旦他们不再依附于实际上什么都不是的那种满足,他们就会觉得,他们的生活是完全不能忍受的。"②

(二) 神话王菲的背后

  首先,过度"神话"王菲的背后,影射的其实是这样的心理认识逻辑:借神话偶像来神话自己。具体来说就是,因为王菲的神话,所以喜欢王菲就成了有品位、有个性的象征,这无疑是一种自恋心理倾向。这里并不是王菲的文化属性决定菲迷们的文化属性,而是相反,菲迷们希望自己成为哪

---

  ① 陈刚:《大众文化与当代乌托邦》,作家出版社,1996,第134、135页。
  ② 陶东风,金元浦:《文化研究·第一辑》,天津社会科学院出版社,2000,第198页。

第三章：王菲"传奇"的背后——一个"另类"偶像的生产与消费

个文化阶层的一员，就会竭力把自己的偶像推向哪个阶层的顶端。因为王菲的意义正是菲迷们自己通过消费王菲而生产出来的，而文化工业在此更起了推波助澜的作用，它就是要大众相信"真正重要的不是以我们在生产过程中所起的作用为基础而产生的阶级差别，而是在某些特殊商品的消费方面形成的差别。因而社会身份也就变成了一个我们消费什么，而不是我们生产什么的问题。"①所以喜欢王菲与否，就成为衡量社会身份差异的坐标系。从这个意义上说，王菲凭借"另类"获得的某种精英文化的地位，恰恰成了印证菲迷们自我精英地位的一个工具。这些把王菲当成一种时尚的品位，进而追求的时候，满足的就是在想象性的消费中来确立自己对所谓的精英阶层的身份和名望的欲求。而这些自认为因为喜欢王菲而不同于普通的追星族的菲迷们，又进而会促成如布迪厄所言的一种特定的社会身份、社会阶层的产生。但是值得注意的是这种追求，不是建立在物质和财富的真实满足之上的，而是建立在虚假的消费符号基础之上的。

其次，在这里也反映出大众文化将要遭遇的尴尬，作为文化工业一手打造出来的王菲，只能被菲迷们冠以反商业的"另类"文化形象接受，而菲迷们接受王菲的过程，也是将自己身上的大众文化的烙印革除的过程。应该说这里无疑暴露了普通大众对精英阶层的深深向往，同时也显示了大众文化在面对精英文化时，依旧低人一等的弱势处境。但是值得注意的是，菲迷们这种自我假想式的文化精英主义，不仅无助于弥合个体现实的阶层处境与想象中的阶层的继续分化，更无法揭示媒介意识形态对大众自我主体的虚构表象，相反会进一步遮蔽这种分化，把这些带有意识形态阶层区隔的话语，诸如"品位""身份""时尚""趣味"变成一种流行趋势和自然而然的生活潮流，通过把这些观念内化，更深地渗透进社会成员无意识当中。无怪乎陶东风曾说："中国的大众文化行使的是把中产阶级利益合法化并遮蔽中国两极分化的现实的'文化霸权'实践。它是以非意识形态的方式

---

① 约翰·斯道雷：《文化理论与通俗文化导论（第二版）》，南京大学出版社，2001，第167页。

行使的意识形态霸权。"①从这个意义上说,文化工业对王菲的"另类"生产,以及大众对王菲的消费某种程度上恰恰推波助澜了社会阶层差异的加大和社会鸿沟的分裂趋势。但是从另一方面来讲,将中产阶级利益合法化,甚至是模糊大众与中产之间的阶级差异,从文化的发展前景来讲,是否也在无意中加大和促进了阶级之间文化的交流和融合?

　　上述的分析,主要是从文化工业生产王菲和大众消费王菲,以及消费的不同姿态中分析王菲现象和大众文化之间的关系。应该说王菲的传奇,正是因为王菲自身是融合了大众文化以及其他文化类型的各种元素的集合体。而这也既是大众文化自身驳杂性的体现,也是大众文化赖以生存发展的动力所在。所以与其纠缠在王菲究竟是"商业的"还是"反商业的"这样的论战中,不如说,这些本就是大众文化发展链条上的一环。因为大众文化本来就不是传统意义上的审美文化,但也不是消费时代纯粹的商业文化。它的发生发展,几乎一刻也离不开对传统文化、精英文化、主流文化或者对古典、先锋艺术的挪用和借鉴改造。没有利益的商业元素,大众文化不可能流行,而没有充分的艺术要素,大众文化不可能成功,意识形态的意义传达也缺乏合适的载体。只要看一下,继王菲之后,在流行乐坛又有可能创造持续流行的周杰伦,便可得知。虽然周杰伦的成功和成名,很大程度也是文化工业制造的结果,文化工业可以制造流行,但流行的持续靠的却是周杰伦的原创性,及其歌曲里传达的古典的、传统的、美好的审美文化意蕴。因为在流行过后,人们寻求的依旧是一种真善美的价值需求和意义追寻。所以它总是介于两种不同倾向的张力之中,它既承受封闭意义的压力(审美的意识形态局限和价值设定),同时又提供意义开放的可能(不同的消费者各取所需)。当然与其说这是文化工业必然面对的内在矛盾:作为追逐利润的工业生产,它必然是类型化的,否则就不可能批量化、集约化,不可能获得利润;但另一方面,如果文化产品只是类型化、模式化的,又必然丧失其再生产的可能性。不如说这两方面并不互为排斥,而是相互支撑,相互借力,比如王菲的成功,就是指它既是

----

　　①　陶东风:《大众消费文化研究的三种范式及其西方资源——兼答鲁枢元先生》,《文艺争鸣》2004 年第 5 期。

类型化的,又是充满个性的。大众在解码王菲的过程中,生产出了不媚俗的王菲和反商业的王菲,而此又成为文化工业下一次包装和营销的热点。而对王菲来说,商业包装的成功,又为其继续另类,继续寻求艺术突破,提供了良好的物质和人脉基础。所以从这个意义上讲,王菲的"传奇"和"神话",也是大众文化的良好发展的一个征兆。

中编：社会历史转型的文化症候

第四章：无厘头——作为一种喜剧文化的可能性阐释

作为当下文化审美风格变迁，社会文化症候显示的一种特殊的表征形式，"无厘头"电影以及各种大话文体的出现，已然形成了一个庞大的"无厘头文化家族"，日渐成为后革命时代影视文化、文艺理论研究的热点。

尤其是 2013 年，随着周星驰五年磨一剑的力作《西游降魔篇》的放映，当时其持续飙高的票房表现和爆棚的观影口碑，再一次将周星驰以及其开创的"无厘头"文化（或曰"大话"喜剧风格）推上了影视文学论坛的高峰。应该说，自从 1995 年，《大话西游》尴尬地降临中国大陆，到后来被青年大众时尚文化狂热追捧，以及随之引发的从影像到新闻、从网络到大众媒体等相关"大话"娱乐及文化形式的持续关注，再到学界对其不屑一顾乃至褒贬不一的研究和认知，都在清晰地表明一个基本事实：强调娱乐功能与形式创新的"无厘头"影像仍然让人惊魂不定。秉承精英意识的诸多学者一般会在这类作品的后面缀上一系列"缺乏深度""恶搞""犬儒主义"等贬义名词。或者如南帆等认为"大话"就是"一种新型的话语，夸张、调侃、癫狂、乖谬、插科打诨、胡搅蛮缠、故作幼稚——就是不要严肃和正经"①的后现代游戏文化。认为典型的现代主义"无厘头"已经被"拼凑"所代替，后现代大话文化不过是一种失去个人风格和历史意识的"拼凑"，是"空心的戏仿"，是对深度模式和崇高理想的决绝和否定。它作为一种缺乏艺术水准和思想深度、批判力度的影像似乎不值得深入讨论。因此，这种文化形式极少能获得主流评论家的青睐。更多时候它遭遇的是各种不同观念的贬低和轻视。与上述批判相反的是那些试图引用后现代的诸多理论，来为无厘头文化"正名"的观点，但在他们苦心孤诣地遵循着后现代"解构主义"、

---

① 南帆：《无厘头：喜剧美学与后现代》，《上海文学》2007 年第 1 期。

狂欢理论等资源来搜索和挖掘无厘头文化具有的强大的反叛、颠覆、解构等功能时，一顶"后现代"的大帽子似乎遮蔽了无厘头叙事文本研究的全部视野。而在后现代资源被挖掘殆尽时，如果反抗颠覆传统权威是这些无厘头文化的目标，但显然在这样的目标基本达成后，他们也无法继续解释或者给出无厘头文化得以继续存在的理由。

但是，无论人们对这种略显"浅俗"的影像文化持何种批评态度，无厘头文艺都以前所未有的汹涌之势，迅速弥漫。倘若我们承认任何一种文化的突然兴盛都绝非偶然，无厘头文化显然在某时某刻某种语境中遭遇了相宜的气候湿度。这种独特的喜剧美学，不仅显示了对大众文化强大的浸染力，也显示了对精英文学的巨大影响力——例如余华小说《兄弟》的创作，情不自禁地就兑入了无厘头的喜剧修辞。无可否认，"无厘头"影像文本里，现代惯常的认知思维方式和美学观念，都曾遭到了无厘头式颠覆性解构的尝试，诸多悲喜交加的普通小人物及其生活勇气和生存哲学，都得到无厘头文艺民间情怀的特殊烛照，还有那些平俗反智而又甜酸苦涩的搞笑演绎，对历史幻想浅明故意的暴露和凸显，等等，都已成为一种持久的大众文化存在。它们都在证明"无厘头"文艺得以流行传播的不灭价值。正如黛布雷所言："一种文化（或媒体）没有必要取代另一种文化（或媒体），它所做的也只不过是对另一种文化加以补充。"① 所以任何一种文艺形式的出现，都自有其特定的价值和意义，摒弃情绪性的批判和反对，理性地阐明其出现的背景、价值和意义，或许才是面对无厘头文艺的正确方式。

一、无厘头文艺的当下遭遇与研究方法

无厘头文艺在世纪之交的"野蛮式生长"以及其带来的文化地震提醒我们，对一种文学或者文化现象的研究，应首先基于对其本身价值的有效甄别，继而再关联其特定的文化生长语境、审美嬗变意识以及受众接受心态等的复杂互动，去考察其对于文化机制的正面或者负面影响，否则就有可能陷入一种带有先入为主的价值观和道德上的简单判断。例如简单的

---

① 阿莱斯·艾尔雅维茨：《图像时代》，胡菊兰、张云鹏译，吉林人民出版社，2003，第 7 页。

热烈拥抱无厘头,认为其是一种创新的、叛逆的文化新类型;或者愤激的否定,其就是释放力比多激情的无意义的嘲弄和解构;再或者简单的套用后现代的各项"理论"指标,其实都不能很有效地发现和理解无厘头叙事文本出现、绵延乃至迅速蔓延的真正原因、意义和价值。

尤其是当下艺术和文化本身还处在不断的发展与更替之中,艺术形式和观念的创新尤为重要,正是基于这种认识,试图从文艺形态的本身层面,进入对无厘头的考察:第一,旨在继续推进无厘头文艺的正常研究,对无厘头在文艺发展史上的作用做出客观评价;第二,也将肯定无厘头作为一种艺术创新的推动力量,如何将其再次引入艺术体制变革的过程中,阐述无厘头文艺在本体意义上,可能具有的诗意维度、精神内蕴和人性关怀;第三,也通过对无厘头恶搞现象出现的深度解析,探讨规避其庸俗化、恶搞化、低劣化的解决途径。进而,在引发我们体察无厘头文艺带来的审美创造和观念突破,也即"感性"的存在方式的同时,也要求我们追问它存在方式背后蕴藉的本体意义,即它的意义、价值、缺陷和谬误。

从此一视角进入对无厘头的研究,还基于对当下无厘头研究过度使用后现代解构理论的警惕。不可否认,无厘头这种艺术形式,其本身包含强烈的后现代理论色彩,因此对其进行后现代的解读无可厚非,况且这种艺术的确表现了一种巨大的颠覆权威、经典和偶像的叛逆姿态,也以其独特的艺术表现方式,创造了一种新型的喜剧文化和审美品格,对艺术观念创新和发展机制起了重要的推动作用。但是需要注意的是一种文化艺术的真正价值不仅在于其解构了什么,更重要的在于其能否建构什么,倘若其在解构之时,并不能提供有效的建构价值和机制,那么这种解构就会如陶东风所担心的,"一味的游戏、戏说态度也是一把双刃剑:它一方面消解了人为树立偶像、权威之类的现代迷信、现代愚民的可能性;另一方面,这种叛逆精神或怀疑精神由于采取了后现代式的自我解构方式,由于没有正面的价值与理想的支撑,因而很容易转向批判与颠覆的反面,一种虚无主义与犬儒主义式的人生态度。"①而这也是无厘头遭遇严重质疑和否定的根

---

① 陶东风:《大话文学与消费文化语境中经典的命运》,《天津社会科学》2005年第3期。

本原因。

无厘头的这种尴尬处境的出现,是有两个方面造成的:

第一,是学界在研究无厘头时,频繁或者过度地使用后现代理论。这不仅有可能夸大无厘头本身有限的颠覆和反叛色彩,更有可能在舆论上,形成一种无厘头过度解构的误导,同时也在误导一种更激进的无厘头解构创作,这也是目前网络上出现的众多颠覆色彩过度、甚至不忍卒读的无厘头作品的原因。

第二,是无厘头的盛行和尴尬遭遇,也来源于更深的文化和社会机制之间的裂痕。因为这种社会机制一方面鼓励民主和言论自由,另一方面又规定了这种民主和自由的限度和禁区。这就导致各种文化都多少出现了应付性、虚假性和表演性。而这种机制很有可能会虚张声势地夸大和利用无厘头效果的颠覆与反叛。一种多元、开放的文化格局和民主自由的社会机制,自然是健康发展无厘头文艺的最好途径。

事实上,从无厘头文艺的本身出发,也就是要回到无厘头艺术发生的现场,选择从"如何发生"、"如何存在"到"存在方式"、"存在本质"的提问路径,借助发生学、现象学的理论探索其存在方式,借助社会学、后现代的理论触摸其存在本质,从现象("显性存在")探询价值("隐性存在"),进而回答无厘头的存在形态和意义生成问题,以图从理论逻辑的"形态"与"价值"层面,将无厘头文艺的分析,延伸至艺术和文化的可能性层面,思考其本身的审美建构、艺术导向以及文化内涵。

不仅对无厘头文艺的发生以及存在方式进行描述,阐明其发生的逻辑性和流行的必然性,并从其平民本位与夸张叙事、审美表意符号以及独特的行为诗学等几个层面,探讨无厘头本身存在方式的显性结构,而且也对其存在意义和价值进行关照,探询无厘头精神和传播制作无厘头影像文本的技术中隐含的人文关怀,因为瞩目于人文意义的情怀和人的精神家园的营造,是任何文化艺术形式合理建构的永恒命题。

同时也从文化层面来阐释无厘头影像、写作、文本作为文化新意识的表征,主要描述和分析它们对认识现实、历史的新关系的建构阐释,也辨析和清理它们隐含的犬儒主义与虚无主义的巨大弊端,进而挖掘产生此种现象的社会根源。

第四章:无厘头——作为一种喜剧文化的可能性阐释

最后也旨在探索开明的与自由的文化更新的路径。应该说,无厘头作为一种文化艺术类型,它的出现,既是艺术创新和文化发展的合逻辑结果,为艺术生产机制和文化更新提供了一种新的可能和方向,在审美文化的发展上自有其合理性和合法性,并且也有继续倡导的可能性,也是社会机构深层裂痕和机制不健全的现象表征,作为一种机制危机的预警,自有其价值。

但是这种对非健康社会机制的犬儒主义的妥协,也是它致命的弊端,特别是这种机制的不健全与无厘头的负面效应相苟合,对探索和建立理性、诚实的公共舆论空间和开放民主的社会机制并不能产生有效的推动,甚至会剥夺人们,尤其是青少年对真理机制的信任和重建信心。这或许也是无厘头文化大肆泛滥的背后,真正令知识精英们恐慌的根源。正因为此,合理的倡导和传播无厘头文化,对无厘头文化做有效的价值和意义分析,尽量避免因舆论媒体和研究的误导加剧无厘头的负面影响和传播,就成了谈论和研究无厘头文化的重要前提。

当然,在进入正式研究论述之前,有必要就关于"无厘头"的内涵与外延界定作一说明。

在当下的文化语境中,无厘头作为一个经常出现在当代文化批评与文化研究中的"高频词",表现出了强大的概括力和批判力,似乎一切具有超越常识性、传统型认知方式的言语、行为、表演风格和无意义的搞怪、无聊的游戏乃至一些恶俗的玩笑、段子,都可以被冠之为无厘头。但无厘头的高传播率直接带来的,就是此概念内涵和外延的模糊不清乃至无限放大,所以有人干脆认为无厘头就是个来历不明、出身不详的玩意儿,就是古今中外、饮食男女、油盐酱醋,被随意拈来做一锅烩了,然后——上酸菜。[①]加之无厘头本身意义的无逻辑性和无意义性,所以也有人觉得,对无厘头进行定义是徒劳的:如果试图给"无厘头"一个科学的定义,那么任何罗织材料借以表达自己的态度或证明自己先入为主结论的做法都是一种"无厘头"——它能证明无厘头只属于自己,而且只应该属于自己。[②] 可问题是,

---

① 参见《广州日报》2002 年 1 月 26 日。
② 同上。

当无厘头已经成为一种独特的艺术表达方式和美学风格,乃至一种文化的指称,成为当下大众文化研究和批评一个绕不过的"关键词"和理论术语时,对其作出相应的阐释和界定,就又是不可或缺的前提。同时也因为其对艺术文化发展具有的独特的推动作用,对其进行文化或者艺术范畴的界定,给出一个相对稳定的内涵指涉,不仅有利于凸显其正能量的效果,规避其负面效应,也有利于据此对大众文化的生态环境进行清肃和整理,避免因内涵指涉的模糊而加剧当下无厘头文化泥沙俱下、鱼龙混杂的混乱局面,同时也为继续提倡和发展无厘头文化打下基础。

据现有的资料显示①,多数说法都认为无厘头本是产生在广东佛山地区的一种粤方言。较早对无厘头进行语源考证和含义诠释的是朱广祁编写的、1994年1月由上海辞书出版社出版的《当代港台用语辞典》,其对该词条的解释是:"[港]言语荒诞不经,无分寸:近一段时间以来,坊间流行所谓无厘头文化,为求搞笑而随心所欲地不顾逻辑,包括了一些言行作为。"②随后的各个书馆出版的词典均收录了该词条,例如商务印书馆2003年出版的《新华新词语词典》对该词条的解释是"粤方言,本应写作'无来头',因粤方言'来'字与'厘'字读音相近,故写作'无厘头'"。指"故意将一些毫无关联的事物现象等进行莫名其妙地组合串联或歪曲,以达到搞笑或讽刺目的的方式。"③商务印书馆2012年第6版的《现代汉语词典》对此的解释则是:"[方],指言语、行为等没有来由或没有意义,让人莫名其妙。"④除却词典的词源解析,还有很多学者从文化视角来解释无厘头,如谭亚明认为:"无厘头原是广东佛山等地的一句俗话,意思是一个人做事、说话都令人难以理解,无中心,其语言和行为没有明确的目的,粗俗随意,乱发牢

---

① 尹康庄曾经对无厘头做过专门的词义考辨,参见尹康庄:《无厘头词义考略》,《广州大学学报(社会科学版)》2011年第9期。
② 朱广祁:《当代港台用语辞典》,上海辞书出版社出版,1994,第332—333页。
③ 商务印书馆辞书研究中心:《新华新词语词典》,商务印书馆2003,第344页。
④ 中国社会科学院语言研究所词典编辑室:《现代汉语词典》第7版,商务印书馆,2012,第1383页。

骚,但并非没有道理。'无厘头'的语言或行为实质上有着深刻的社会内涵,透过其嬉戏、调侃、玩世不恭的表象,直接触及事物的本质。"①持类似看法的还有:窦欣平的《周星驰外传》(新华出版社2004年12月出版),张立宪、刘春主编的《大话西游宝典》(现代出版社2000年6月出版),朱家昆的《香港类型电影漫谈》(长江文艺出版社2008年1月出版),另外稍显不同的还有文化评论家南方朔的《周星驰——没水平的水平》认为:"'无厘头'(nonsense)乃是一种任意的联想、拼凑、东拉西扯。想到哪里就扯到哪里",但却"经常具有'无意义之意义'"②笔者认为,无厘头,是以上述论述为基点,形成的一种独特的艺术形式或者审美风格,其要点大致如下:1. 语言、行为表达上的随意性、嬉戏性、跳跃性、陌生化、反逻辑性。2. 审美风格上的自由性、混搭性、戏谑性、创造性。3. 文化内涵上的消解性、颠覆性、相对性、反叛性、夸张性、讽刺性和自嘲性。而具体到本论题中,无厘头③文艺是指运用随意性、嬉戏性、陌生化乃至反逻辑的语言以及行为表意方式,形成的一种呈现自由创造、拼贴混搭、戏谑愉悦的审美风格,并通过此达到对既定的美学秩序、道德秩序、文化秩序乃至社会结构的嘲讽和颠覆的艺术形式。有鉴于此,这里的研究对象就主要厘定为无厘头影像和无厘头叙事文本,不包括无厘头娱乐现象。

二、无厘头艺术观念更新的合理性

对无厘头文艺作发生学的本体阐释,首要的问题不是将研究对象"悬搁"或"加括号"(现象学的还原做法),而是身份"在场"的合理性追问和合法性确证,也即追问无厘头如何发生、如何存在以及存在的必要性问题。这不仅关涉无厘头文艺能否在艺术审美的表意链中,以自己的独特形式留

---

① 谭亚明:《周星驰现象研究》,《当代电影》1999年第2期。
② 南方朔:《周星驰——没水平的水平》,载周星星的粉丝《就爱周星驰》第九章,汕头大学出版社,2005,第126页。
③ 在本文中的使用范围内,无厘头主要指涉的是无厘头的文化和艺术层面内涵,当然由于无厘头本身意指的丰富,本文在使用的过程中,为了论述的方便和流畅,无厘头艺术和无厘头文化会有部分的重叠,在此特做一说明。

下一个历史的节点,也是关涉无厘头文艺究竟是可有可无、是否应该或者值得继续发展的艺术样式的关键。解释无厘头出现的合理性,必须回到具体的历史和社会、文化中。目前学界对此问题较为一致的看法,基本都认为无厘头文艺的滥觞与后现代主义的登陆具有高度的契合性。虽然学界在中国是否进入后现代或者是否可能进入后现代问题上,纠缠不休,但是不可否认的是,在当下的社会文化语境中,从大话文学到无厘头电影、从戏说历史到各种文化拼贴等,哲学领域里解构主义、相对主义、反逻各斯主义的盛行,文学领域里各种文学袪魅现象、泛审美的出现和非典型性文本的流行,社会文化领域中"娱乐"本体地位的凸显,等等,都不可避免地浸染了后现代的些许精魂。如果我们承认任何事物都是不断变化和发展的,那文化自然也不例外,所以后现代主义与其说是对现代性的一种反叛和断裂,不如说是现代主义自身自反自我超越的蜕变表征,如詹明信就把后现代的出现看作是"晚期资本主义的文化逻辑",是对现代主义的合逻辑继承,所以他认为:"两个时期之间的截然断裂一般并不关系到内容的完全改变,而只是某些元素的重组。"①也就是说,后现代主义的出现不仅是对现代性的反叛颠覆解构,更是对现代性的继承连续和发展,同时在笔者看来,如果人们提倡一种文艺思潮或者文化诉求的最终目的都是在探究和寻找人与人、人与社会现实、历史文化以及自然的和谐相处的关系纽带的话,那么后现代主义某种程度上正是人们为了实现或者完成对现代主义无理性、审美缺陷的克服、修正和互补,从某种程度上说"后现代主义是对现代主义的清算,它要消除现代主义的二元对立、霸权主义、中心主义而将一种傲慢的知识态度还原为一种平等的知识对话,将一种中心主义的自大迷恋还原为平等对话中的新意义产生,将一种过分精英主义的态度还原为普世性的大众文化。"②

从这个意义上来说,无厘头式的后现代艺术,在中国的发展和流行就

---

① 詹明信:《晚期资本主义的文化逻辑:詹明信批评理论文选》,张旭东编、陈清侨等译,生活·读书·新知三联书店,1997,第416页。

② 王岳川:《网络文化的价值定位与未来导向》,《四川师范大学学报》2004年第5期。

有了强烈的本土根基和必然性。也可以说,无厘头文艺对语言与表意形式的创新和开拓,对叙事自由开放精神的追求,对不羁的想象力和娱乐本体地位的重视,对意义和深度的有意消解等,不仅是自觉的和有意为之的,更是人们为了寻找更贴切地表达自己理解现实的艺术精神所需要的另一种"有意味的形式"。具体地说就是,当这种创作者感到现代主义的创作思维和话语模式,已经不能满足他们日益体会的不断离散去分化的现实,和逐渐失去中心意义扩散的世界的需要时,对传统艺术羁绊的突破,对经典文本的戏仿,对新的审美形式的探索就不可避免。换言之,无厘头创作与后现代主义的亲密接触,绝非简单的搭后现代的便车,也绝非故作玄虚、玩弄语言游戏,从根源上说应该是出于无厘头文艺精神,对自我精神以及对社会精神发展的同步性的需要,这种需要既是艺术创作者自身的审美思维、精神发现,与现代主义的文化秩序和表达方式不协调的反抗,也是出于他们对更适合、更理想的审美艺术的追求、确认和践行。

所以无厘头文艺的核心和本质不是简单的后现代式的解构、随意、拼贴等艺术手法,而是创作者精神内核中存在着的,与现代主义社会价值和既定的审美、文化秩序的对抗和实践姿态,以及他们在审美发现中的创新性和批判性,还有他们的艺术观念对于社会、历史、生命和自然的另一种认知,和对人性存在境域的深度和限度的别一种开拓。而从文化艺术精神和审美风格不断变迁的意义上说,无厘头文艺的非连续性、非逻辑性和不确定的发展性,又恰恰暗合了后现代文化艺术本身要求的不断的惊奇性和创新性。而其文化特质里固有的反传统、自反自我颠覆的创造性,对艺术更新始终具有较强的方法论指导意义。它的出现使逐渐模式化的现代主义艺术,不可能被严格地封闭在任何传统的美学疆域之中,是现代主义既定的文化秩序、美学秩序和社会秩序逐渐显露出病灶的现象表征。而其"无厘头"的主要特性正是艺术向新型范式革命转化过程中的"生成性/获得性"文化呈现。所以,即便有太多的知识精英对无厘头带来的反崇高、泛审美、反深度、碎片化等的解构主义进行道德上的谴责,但并不能因此消解或者否认无厘头文艺在审美文化创新和突破上所做的革命性贡献。这也正如詹明信所言:"如果说后现代主义是一个历史现象,那么从道德判断或者教化判断这一意义上来理解它,则最终要归于范畴错误。"① 所以摈弃道义上的指责,对无厘头文艺做艺术的还原存在分析,不仅是必要的而且是首先的。

三、无厘头作为喜剧的本体论存在

应该说,自 20 世纪以来,中国艺术发展的最主要特征就是,艺术不断地摇摆在内容与形式、价值与审美、教化与游戏、艺术与商业、自律与他律等功利与非功利的两难观念之间。当然喜剧的发展也不例外,在传统喜剧观念向现代的转换过程中,也不可避免地出现了"客体论"②和"主体论"③的分野和辩难。但是自 20 世纪起,在不断是血与火、苦与累、痛与愤的冲突与压抑中辗转反侧的中国审美文化,不仅悲剧和正剧的典范之作远远超出喜剧,即使是喜剧,也尽染悲音,似乎不诉诸"客观论"式的讽喻暴露和劝勉怜悯,就无法获得历史的认可。就如柏格森所认为的,一个"笑"不是无意义的动作,而是一种情绪的矫正,是"通过羞辱来威慑人们",让人从偏离的状态恢复。因此,犹如马戏团或者卓别林的幽默,以及一个小丑看似僵硬、笨拙甚至是故意搞怪引起的笑声,都不单纯为了娱乐和消遣,而是要刺痛麻木的心灵,将人们驱赶到健全的性格之中,以引起"疗救的注意"。黑格尔也认为"真正的喜剧性"比"可笑性"深刻,因为这种笑声有可能包含了自我潜在的反省和调整。同时由于这种"客观论"的喜剧观念高度契合了

---

① 杰姆逊:《快感:文化与政治》,王逢振等译,中国社会科学出版社,1998,第 203 页。

② 所谓的客体论字句主要是指关于喜剧的对象意识和功能的理论,这种理论认为笑与喜剧发生的根本原因不在主体,而在作为客体的对象,因此喜剧的本体在于主体对客体或对象世界的模仿、反映。诸如鲁迅的"艺术讽刺论"和"喜剧撕破说",张天翼的讽刺剧、小说以及陈白尘有关政治讽刺和社会批判的喜剧实践等等。

③ 所谓的主体论喜剧,主要采取一种内敛式的审视原则,首先关心的问题是"喜剧是什么",至于"喜剧有什么用"则是第二位的问题。这种观念更注重主体内在的因素,并且被他们视为笑与喜剧最本质、最深层、最基本的终极原因。这种观念的最重要的代表人物是林语堂、朱光潜和李健吾。

第四章:无厘头——作为一种喜剧文化的可能性阐释

现代中国对喜剧社会批判功能和战斗性的要求,在随后的几十年内一直占据着不可撼动的主流位置。但这种喜剧观念对创作主体的能动性、艺术情感和创造灵感的忽视,不可避免地拘囿了喜剧创作朝着多元方向自由发展。同时由于"讽刺喜剧切近社会现实的选择,是在机智喜剧和幽默喜剧等类型还没有来得及充分发展的前提下就匆促完成的。这种历史情状使现代讽刺喜剧在历史过程中很难获得来自机智喜剧或幽默喜剧等相邻领域的艺术给养。"①所以此种"营养不良"和"过度偏废"的喜剧观念,往往简单片面地强调喜剧中的理性因素和启蒙意识,在忽视其他喜剧精神拒绝其他喜剧观念的同时,也给日后的喜剧创作带来艺术方面的窘迫,即创作者社会责任感和艺术审美情感的巨大"身份分裂"。

而随着现代性的发展,从1980年代突然风靡的"垮掉的一代"的艺术表现里,人们开始学会了一种黑色幽默,一种玩世不恭甚至是冷嘲热讽的话语腔调。到1990年代,王朔、王小波,一个以文学痞子自居,一个以文学的叛逆者自居,他们言辞如利刃、态度如游戏一般讲述着现实发生的故事的悖谬,和人性存在的某种荒诞。虽然喜剧整体的结构性逆反仍未出现,但反讽喜剧的批判能量已经来自主体的智力高度,主体论式的喜剧文本已初露矛头。然而在这时的"笑与被笑者"和"反讽与被反讽者"之间,引发笑的主体和客体之间在精神高度上并非对等,前者显然包含着对受众客体的轻微蔑视以及打击。直到电影《大话西游》的出现,人们才发现,经典没有必要时时埋藏意义深刻的隐蔽符号,抛弃理论后缀的笑声会更让人放松。讲故事的人、故事中的人物和观众完全可能笑倒在话语的游戏狂欢之中。席勒的游戏、自由与美的审美自律观念在不刻意追求深刻(何谓深刻呢?)社会内涵的后现代获得了重生。马克斯·韦伯说:"艺术演变成为一个越来越有意识地把握独立价值的世界,它以自身的权利而存在。不管怎样来解释,艺术都承担了这种世俗拯救工程。它为人们提供了一种从日常生活刻板状态中解脱出来的途径,特别是从理论的和实践的合理化的压力中解

---

① 李江:《中国现代讽刺喜剧的历史回顾与反思》,《社会科学辑刊》2002年第2期。

脱出来。"①而毫无疑问的是,无厘头喜剧艺术正担当和显示了此种拯救和解脱的责任。

(一) 对喜剧"游戏说"本体地位的彰显

朱光潜曾把游戏视为区分喜剧性和非喜剧性艺术的界标,认为"游戏的态度"是人们面对现实生活的缺失、有限和不自由,与人们潜在的追求圆满、无限和自由之间进行调试的必要手段。即它可以"拿臆造世界来弥补现实世界的缺陷"②,所以当人们把笑的实用目的丢开,进行心灵的自由游戏时,人们面对现实的缺失、限制才能做到"一笑置之"。而当人们真正能够体谅和宽容人事和物态的粗鄙、丑陋,把他们当作一种人生的自然状态去欣赏,"在丑中见出美,在失意中见出安慰,在哀怨中见出欢欣"③时,"嬉笑和诙谐的情感就成为一种真正的美感"④,正是这种游戏感才能帮助我们解决丑中见美,悲内生喜过程中主体心灵和情感的转换问题。可以说朱光潜初步显示了"游戏"在喜剧中的本体地位。但由于中国文以载道精神的影响,此种"游戏说"一直未受到学界和创作者的重视。直到无厘头电影的出现,断续的非逻辑性的表达方式和对喜剧元素的随意自由组合,以及对传统深度模式的颠覆,再一次将"游戏说"演变成为喜剧精神的重点。从《大话西游》到《东成西就》,从《花田喜事》到《天下无双》,从《唐伯虎点秋香》到《疯狂的石头》,多不胜数的无厘头影片,已经让游戏不再仅仅是承载艺术表现的手段和工具,而是逐渐成为艺术创作的目的(也因此,"无厘头"式的喜剧片,还有一个另类而传神的称谓——"搞笑片")。而当"游戏"不再仅仅是日常语言的一种情绪或者叙事的方式,而成为文学或者电影的一种美学风格时,"游戏"就具有了超出寻常的美感和使人获得自由的形而上

---

① Gerth, H. & Mills, C. W. (eds), *From Max Weber: Essays on Socialolgy*, New York: Oxford University, 1946, p.342.转引自欧阳友权:《网络文学本体论》,中国文联出版社,2004,第 27 页。

② 朱光潜:《笑与喜剧》,载《文艺心理学》第十七章,漓江出版社,2011,第 177 页。

③ 朱光潜:《朱光潜美学文集》第二卷,上海文艺出版社,第 30 页。

④ 同上,第 277 页。

力量。也正是这种力量可以解释我们之所以会对经典的无厘头影片一直念念不忘的原因。比如在周星驰的《西游降魔篇》上映时,我们可以发现在豆瓣的相关影评中,几乎每一位影评人都在不自觉地怀念《大话西游》①,而大众这种普遍缅怀心态的出现,至少在提醒我们,经典的无厘头电影不是无意义的快餐,更不是粗制滥造的简单娱乐,否则就无法解释这些重复不断的观影现象和影评者不无真诚的评说心态。事实上,我们在无厘头的游戏中,获得的力量恰如席勒的"游戏"自由说,在他看来,人生而具有感性冲动和形式冲动,"游戏"正是这两种冲动的调和和相互作用。而这种"游戏"的最大特点就是,对象在主体和客体上既不是偶然的,又不受内外强力的限制和约束,正像人在"笑"的愉悦中,心灵处于规律和需求的临街点,因此游戏排除了需要的强制,而不受外在的约束,所以游戏的根本特点就指向了自由。而人正是在这种游戏中,体会到了美感和自由,并成为完整的人。正如席勒所言:"人对美只应是游戏,而且只应对美游戏。……惟有当他是充分意义的人的时候,他才能游戏;惟有当人游戏的时候,他才是完整的人。"②席勒的这段关于人、游戏和自由的论述,为我们理解无厘头文艺"游戏"的本体性提供了恰当的解释,而无数的无厘头影迷们,也正是在肆无忌惮和淋漓尽致的笑声中,体会到了主体自我的自由和愉悦。游戏的冲动能产生审美,而"只有审美的心境才产生自由"。③ 经典的无厘头文艺正是秉承这个理念并沿着这一方向,竭力以纯粹的"游戏"景观引发人们笑的

---

① 在笔者对豆瓣上关于《西游降魔篇》3865 条的评论逐一观看后,发现至少 95% 的观影者都在评论这部电影的时候,带上了对《大话西游》的缅怀和评论。比如有人就说的:"怀念那时的周星驰、朱茵,他们更加真诚的演出总是让我总觉得那不是一部戏,那就是一种人生,生活就该是这样,不仅仅用泪水洗刷,还因为它无与伦比的精彩而让人前赴后继的沉醉。经典来源于不复重现和不可复制。18年了,怀念那一年的夏季掀起的忍俊不禁的笑,怀念他们的灿烂目光和爽朗的眼眸,怀念纯真的爱情和值得我们铭记一生的这部戏。"

② 弗里德里希·席勒:《审美教育书简》,冯至、范大灿译,北京大学出版社,1985,第 90 页。

③ 弗里德里希·席勒:《审美教育书简》,冯至、范大灿译,北京大学出版社,1985,第 133 页。

本能,并在笑声中体会轻松和自由。

(二) 对喜剧"制笑机制"的突破

无厘头文艺除了推动主体论喜剧中"游戏"本体地位的凸显之外,对喜剧艺术的另一大贡献乃是在"制笑机制"(即生成"喜剧笑"的过程、原理和方式)的生产方式上,打破现代主义模式。传统"笑"的生成有一个基本的制笑原理,也就是通过违背主体、客体之间固有的常识性"逻辑"关系制造出种种不协调、扭曲、错位、荒谬等喜剧元素,以生产出人意料的效果,这种制笑机制被称为"多马罗斯原则"。① 也就是说,传统的喜剧创作者往往凭借其超常的逆向思维特点,有意颠倒常识逻辑或者善用各种逻辑悖论技巧,制造出客体对象的种种荒诞和不协调。诸如,用"自相矛盾"、"偷换概念"、"循环论证、正话反说"等"类比法"、"归谬法"颠倒日常逻辑,同时通过运用比喻、反语、夸张、双关等修辞手法制造误会、巧合和错位。当然无论哪一种方法,主要的都是在语言、行动的逻辑上下功夫。而逻辑又是一种用定义、概念、推理来感知世界和描述现实的思维方式。它的主要特点就是重视"结构"关系,虽说不同的创作主体通过不同的逻辑组合和拆拼方式来制造笑点,但都局限在逻辑的结构内部。而无厘头喜剧最显著的特点就是非逻辑和无逻辑。与其说创作主体根本不在乎严密的逻辑思维,不如说他们从根本上摒弃和解构了"逻辑方法",而解构的精义又是随心所欲的自由联想。这就从根本上打破了传统的"多马罗斯原则"的结构,而开启了关于非逻辑性"笑"的新源头。如让"唐僧"说出"你妈贵姓",让"白雪公主"穿上高衩游泳衣去打猎;让头带紧箍的孙悟空演绎"爱的告白",让"孔乙己"偷窃光盘以获得"资源共享";让"卖火柴的小女孩"摇身变成促销女郎,还有划拳划来的丐帮帮主;三个"我爱你"飞升的神仙,还有眉来眼去剑、情意绵绵刀;等等,种种溢出常人想象的非逻辑表现足以让人爆笑。同样是通过制造心理"落差"而制发的"笑点",但与传统的制笑机制已有了根本性的不同,这种不同除了表现在创作者对传统的"多马罗斯原则"的非逻辑突破,还表现在对客体(也即创作出来的文本或者影片)"笑点"呈现的扭转。

---

① 赵俊英:《从"多马罗斯原则"谈当代喜剧小品》,《新闻出版交流》1996年第4期。

（三）对客体呈现"笑点"的突破

对"喜剧来说,客体只有呈现出'不协调'状态才能引人发笑,因此说,喜剧客体的审美特征就是'不协调'。"①在传统喜剧中,这种"不协调"往往产生于逻辑的反常应用,所谓的"不协调"也就是不合常理或者"怪诞"、"怪异"。诸如《三毛从军记》、陈佩斯的喜剧表演等,都存在着这种对普通逻辑的超越或"怪诞"性思维中。因为"怪诞"产生于不合常规处,没有常规就没有"怪诞",而"怪诞"又总是依托常规,所以"怪诞"和"常规"就成了一个相对封闭和循环的论证圈。所以"笑点"的制造正只存在于两者之间各种常规性和非常规性的冲撞和错位。因此,无论传统喜剧中的客体呈现多么"怪诞",也总是可以找到它的理性轨迹和来龙去脉,其"笑点"总是承载在一个既充满矛盾却又相对自足的完整结构内。它可以是一段情节,一个人物,一个情境,一个动作乃至一个眼神,但无论如何,"怪诞"总是要以理性"常规"为前提,从而形成因果相连、头尾相接、关系明朗的内在结构,从而"怪"的有理。但无厘头文艺则不然,因为摒弃了逻辑和理性,以随意自由和联想拼贴凝结而成的"笑点",不可避免的呈现为"荒诞"。"荒诞"不是对理性和逻辑的超越,而是根本的背离。无厘头与现代主义在非逻辑与逻辑上、碎片化与整体性的区别也正是"荒诞"与"怪诞"的根本区别。对应着无厘头文本"荒诞"性的存在,无厘头引发读者"笑点"的阅读机制也发生了变迁,如果说传统的喜剧,读者笑点的引发是基于对文本本体呈现的"笑点"的深刻理解上,是一种连贯性的对文本结构逻辑的心领神会。而无厘头笑点的引爆因为其拼贴化、戏仿化与碎片化的"荒诞"呈现,各种"笑点"往往超越了一个文本的范畴,而进行了超文本的链接。所以也要求读者的解读进行超文本的"互文"式解读。比如《西游降魔篇》中各个"笑点"几乎都可以找到其致敬和戏仿的经典或者桥段。面对熟知无厘头的影迷们,这些不断串场的"笑点"一下就能击中观众的软肋,释放汹涌的群体记忆。这也是无厘头影片能自成一家,轻易被人们辨别的显著标志。

---

① 成慧芳:《论"后现代喜剧"的制笑机制》,《学术界》2006 年第 1 期。

四、无厘头文艺的行为诗学

自 1990 年代香港"无厘头"影片艺术传入大陆至今,嬉笑怒骂之间已经逐步形成了独树一帜的艺术风格,并且已呈现出种种富有开创性的艺术观念和复杂性的文化精神特色。诸如种种滑稽搞笑但又善良真诚的世俗人物,幽默夸张的表意符号,反逻辑的影像互文本链接,时时突破常规的创新观念,打破枷锁的消解嘲弄方式,看来荒谬可笑不合理但却又极为合理的另类呈现,清晰而又模糊的叙事背景,真假难辨但却极其动人的情感基调,看来平实普通却又无比天马行空的情节,于荒诞中寄予嘲讽和解构的艺术风格等。可以说,"这个混合着黑色(灰色)幽默、后现代主义、言情与武侠文学、好莱坞电影以及下层市民趣味的大杂烩,以百科辞典的方式全面呈现了'大话美学'的各种要素:幻想、反讽、荒谬、夸张、顽童化、时空错位和经典戏拟,其中包含了文化颠覆、低俗的市井趣味和感伤主义等各种混乱矛盾的要素。所有这些都为愤青提供了犀利的话语工具,并塑造着大话时代的嚣张面貌。这是一种包含了数码词根和颠覆性语法的新话语,尽管许多人指责它的'恶俗',但它仍然不可阻遏地生长起来,成为中国文化进行自我更新的民间源泉。"① 从这个意义上说,"无厘头"艺术似乎已经孕育或者正在孕育一种新的认识世界、解读现实、诠释时代变迁的新的认知图式和理解模式。

(一)民间本位:大时代小人物的世俗理想

美国民俗学家道森曾说,"民间"主要指"非官方的民间大众","这种非官方文化可以在民间宗教、民间医术、民间文学、民间艺术和大众哲学中找到自身的表达方式"。② 艺术的根基在民间,远古时期"劳者歌其事,饥者歌其食"的原始民诉求,正是文艺起源的人类学基点。而艺术远离民间,是

---

① 朱大可:《零年代的大话美学》,《流氓的盛宴——当代中国的流氓叙事》,新星出版社,2006,第 344 页。

② Richard Dorson, "Folklore in the Modem World", in Folklore in Folklore in the Modern World, ed. Richard Dorron, Mouton Publishers, 1978, p10.12－13.转引自欧阳友权:《网络文学本体论》,中国文联出版社,2004,第 197－198 页。

第四章:无厘头——作为一种喜剧文化的可能性阐释

社会分工和阶层分化的结果,随后"社会主流文学离民间、民众和民俗的母体越来越远。民间话语由主体走向边缘并终于被排挤出局,热闹的文场由众声喧哗变成了'你写我读'的布道与聆听。文学一旦从自由表达走向一种精神奢侈,一种话语垄断,它之由'曲高和寡'走向'曲终人散'就是在所难免的了。"①无厘头的出现迅速改变了精英对艺术领域的全方位把持。无厘头作为一种生长自民间的文艺类型,其叙事的基点大多采用民间本位。这种民间本位表现在主题上,就是"无厘头"作品的故事情节大多癫狂夸张,语言表达荒诞不经,但表达的却是那些其貌不扬但又无比鲜活执着、真诚正义的平民小人物们的所念所想、所感所思,以及他们在灯红酒绿的大时代中卑微复杂的悲欢离合和单纯质朴的生活期望。尤其是周星驰的"无厘头"电影如《破坏之王》《喜剧之王》《食神》《功夫》《长江七号》《西游降魔篇》等大都旨在传达普通小人物对平等、自由精神的强烈诉求。这些主题不仅体现了世间真情不断,纵然现世欲望繁盛,但是底层之下,"爱"依然流转不息的世俗伦理情怀,同时也表达了人们对传统美德的深切向往,尤其是当"爱"已经渐成往事时,对"爱"的绵延传承的隐秘希望。

所以,"无厘头"文艺中的大部分主人公,缺少惯常的英雄形象,大多是一些有着各种各样的人性缺点的底层小人物。而在他们身上,又存在着"世俗的人性化性格"、"指代性的文化符号"的双重缠绕。比如,在世俗人性方面,他们平凡善良、执着乐观但又脱不掉自私好色、贪生怕死的人性弱点,虽不时误入歧途,但凭借正直乐观,最后总能获取现实生活层面的成功翻身或者精神救赎的良机。在作为指代性文化符号方面,这些小人物的凡言俗语,又可被当作是对传统英雄"高大全"形象的消解和对经典文化严肃崇高的解构,唐僧变身碎碎念,齐天大圣变身情癫大圣,白毛女喜欢打麻将,白雪公主爱跳迪斯科,贾宝玉变身网络迷,少年闰土变身古惑仔,等等,曾经璀璨闪耀的英雄和传奇人物,不仅遭遇了形象的巨大颠覆,更是被降格成为让人啼笑皆非的难堪形象。应该说正是无厘头文艺中这些小人物身上真实人性和文化指称的双重形象内涵,使得无厘头表达的平凡小人物的"性格喜剧"能够推演出人类普遍的"人性残陋"和"个体生命残陋"。贾

---

① 欧阳友权:《网络文学论纲》,人民文学出版社,2003,第165页。

樟柯也说:"无厘头电影关注和表现的常常是一些小人物,他们在现实生活中面对的是艰难与困境,而无厘头喜剧就是一种自嘲和自我安慰的感觉。要生活下去,不能伤感下去,这是他们的挣扎和自我拯救,这也是他们在无奈感与无力感里唯一能做的事情。无厘头文化从来就是大众文化,市民文化的一部分,它在大陆也有很深的渊源,其实早在三四十年代,赵丹他们拍的一些影片就有这种文化精神。"①同时,无厘头对小人物的关注,也打破了现代主义严肃艺术或曰高雅艺术与日常生活的疏离和界限,实现了与日常生活的交融,王一川也说:"当前中国内地现代性研究的一个根本性缺失,就是仅仅关注精英言论而忽略民众生活,更重要的是,为着思想而遗忘体验。说到底,是遗忘了人的生存体验层面。"②而无厘头文艺对日常生活以及小人物的关注恰恰成了对抗此种遗忘的极好途径。所以在无厘头文艺里"日常生活是一个对抗概念,它表达了对某一种特定生活的反对,尤其是那些英雄式的、雄心勃勃的、以表演为中心的存在方式。通过与英雄生活的对照,并由于英雄生活自身充满着危机,日常生活建构了它自己的真实。"③因此,在人们的记忆深处才会时时存有挥之不去的至尊宝和他荡气回肠的情爱悲剧,尹天仇和他磕磕绊绊的跌撞人生,何金银和他至性至情的"懦夫成长录",以及包龙星和他独树一帜的"以奸锄奸计",在普罗大众看来,这些貌不惊人、身无长物但固执地追求美丽、怀抱梦想的小人物,仿佛是面镜子,照出了蝇营狗苟的浮世绘中一面匆忙、一面游戏、一面怯弱又一面坚强的自己。而这种"个体想象,也是个体欲图在现代性'短暂、瞬间即逝而偶然'的生命过程里'抽取出永恒'"。④ 而这也是大众在观看无厘头文艺时,能够真正引起共鸣的原因。

---

① 中新社:《众声"大话"无厘头》,网易娱乐频道,http://edit/000802/000802_59215.html。

② 王一川:《中国现代性体验的发生:清末民初文化转型与文学》,北京师范大学出版社,2001,第2页。

③ 迈克·费瑟斯通:《消解文化——全球化、后现代主义与认同》,杨渝东译,北京大学出版社,2009,第81页。

④ 马歇尔·伯曼:《一切坚固的东西都烟消云散了——现代性体验》,商务印书馆,2003,总序第1页。

（二）夸张叙事：古典文化与现代生活的怪诞重构

无厘头文艺的取材主要来自两个方面：一是对经典文本或者古典文学、戏剧题材的戏仿：影片类有《大话西游》《鹿鼎记》《审死官》《东成西就》《武状元苏乞儿》《鹿鼎记》《唐伯虎点秋香》《西游降魔篇》《武林外传》等。文本类有《水煮三国》《沙僧日记》《张飞日记》《麻辣水浒》《悟空传》《Q版语文》《卞梁记》等。二是对现代小人物生活及其幻想的描绘，影片类如《国产零零漆》《食神》《家有喜事》《花田喜事》《喜剧之王》《少林足球》等，文本类如：沙子的《轻功是怎样炼成的》，御我的《二分之一王子1、2、3》、猫逻的《无限学园祭1、2》、易拉罐的《OK，主人阁下1、2》等。从戏仿的效果来看，无论是对经典文本的颠覆还是对现代题材的烛照，这些电影和文本都呈现了典型的"无厘头"喜剧效果：故事创意自由随意，叙事颠覆传统的历史文化意识，语言表现跨越时空界限，拼贴互文无所不能，立意媚俗夸张但又不失市井生活的另类"真实"。

比如《审死官》《九品芝麻官》中清宫与贪官形象已很少差异，其价值立场和行动逻辑的改变，不是取决于他们合理的道德伦理和世俗的价值典范，而是跟从于他们生活境遇与现实状态的变化而变化，极大地颠覆了中国人千百年对正统的"清官"形象和规范的伦理价值的心理想象。还有《唐伯虎点秋香》中以狂浪不羁、粗俗不堪的才子佳人戏说，颠覆和终结了传统风花雪月式的浪漫童话。而《大话西游》，更是将经典的家喻户晓的"取经"故事，敷衍为一场夹杂帮匪江湖、天庭恩怨、宿命轮回、爱情故事等虚拟莫名而又变化无常的无厘头喜剧。典型的还有《沙僧日记》，取经故事的套盒中承载的是对当下丑陋现实的无情嘲讽，比如天庭税务不开发票私吞税银，白龙马要贿赂西天交警只为上牌照，唐僧四人要帮农民讨要工钱，二郎神竞选要下界拉选票，妖怪四人组要召开"三下乡"活动。而在对当下社会题材的处理上，各种文本也对日常生活中大家彼此心照不宣的种种细节、潜规则、丑恶现象的细节，给予了夸张的调侃甚至是不留情面的讽刺。《食神》中，通过演员戏剧性的夸张和表演，不仅搞笑式的复现了各种知名的广式小吃的冠名过程和制作工艺，也对所谓的造神运动进行了解构和嘲讽。除却叙事构思上的怪诞重构，令人匪夷所思的还有情节、道具上的种种离奇"出位"表达,比如《大内密探零零发》中零零发跳出故事框架,对妻子摔"瓷马"进行"浓厚的后现代色彩"指证。还有《百变金刚》中游走的手、百变的物件、神秘的眼睛,和《整蛊专家》中肌肉硬化针、谎言豆沙包、遥控电流蕉、红粉排击炮、惭愧波板糖,等等。这些独特的"出位"方式与"荒诞"化的制笑机制,让无厘头形成了一种独特的"戏说"加"模式化"的叙事结构形式,不仅映照了人们在荒诞年代中感受到的独特的历史虚无感和价值错动的复杂情绪,同时也是当下中国现代性文化与后现代文化杂陈相间的一种反映症候。

所以,如果仅仅把无厘头叙事笼统的当作"消费型文化",不仅是片面的也是不准确的,事实上,众多的无厘头文本离奇怪异,甚至荒诞的书写或者夸张表演,不过是无厘头用以表达自己的叙事策略和外在形态,种种荒诞的叙事之下,传达的是别一种隐含其下的能让人与之共鸣的真实、诚恳和感动,就如网上曾经流传甚广、引起无数人共鸣的一篇关于《大话西游》的影评,说:"你在看大话西游的时候,如果笑得腹背抽筋,龇牙咧嘴,那么你很有幽默感。如果你看完了大话西游,你还笑得满地打滚,那么你其实什么都没看懂。如果你看完了大话,你忽然发现脸上不知什么时候已经有泪水,你总算看懂了大话的第一层了。如果你看完大话,笑也笑过了,泪也流过了,忽然怔在那里,忽然觉得不知是该哭还是该笑,那么你看懂第二层了。如果你看完了大话,默默地坐在那里,你感到无处可去,你感到一种深入骨髓的悲哀和无奈。你看懂第三层了。"①而"这种复调式的内涵结构,才是'无厘头'影视的价值和真正的艺术魅力所在。也是其与时行的'戏说'史叙事的分野所在。"②

(三) 表意符号的滑动:偏离化的语言形式

倘若从语言的表现方式上来看,无厘头的语言风格并非没有历史前涉的横空出世,鲁迅的《故事新编》、巴赫金论述过的"梅尼普体"语言结构,都潜藏着无厘头语言的某些要素。巴赫全在他著名的《陀思妥耶夫斯基诗学问题》中曾探讨古希腊罗马文学"梅尼普体"的特点:比如"狂欢式本质"在

---

① 参见百度贴吧,http://tieba.baidu.com/p/5970168281。
② 尹康庄、王文捷:《"无厘头"叙事论》,《广东社会科学》2009年第5期。

第四章：无厘头——作为一种喜剧文化的可能性阐释

"情节上和哲学上有进行虚构的极大自由"，文本表现上善于"呈现丑闻、怪诞举止、不合时宜的一言行的场面"，足以使"最大胆奔放的幻想、冒险、象征，同极端的粗野的贫民自然主义有机结合，"并善于"吸收社会乌托邦成分……大量使用插入体裁……跟现实紧密结合的政论性隐喻"①等。应该说，在"无厘头"语言构成的诸要素中，自由随意灵动活泼的拼贴和想象，夸张戏谑、亦庄亦谐的嘲弄讽刺，颠倒常规、韵味无穷的日常哲理，癫狂出位的精神心理和内心情感剖析等，都能在"梅尼普体"中找到源头，而这些家族溯源式的关联也恰恰表明，"无厘头"话语的表达方式并非是某种特殊群体的特定小圈子话语，而是在通约历史心理积淀的基础上，有着某种普世的广泛性和坚实的群众性。

当然具体到无厘头开创的新型语言风格上，即便是常见的调侃、癫狂、夸张、插科打诨、逻辑颠倒等因素，在一系列反常规的陌生化和偏离化手法的使用下，也往往呈现了后现代解构式的粗俗、随意、嬉戏、滑稽、暧昧、混乱等色彩。这里的"陌生化"也即俄国形式主义提出，布莱希特进一步倡导的尽量运用新鲜、特异的语言，打破习以为常的自动化语言壁垒，进而消除"刻板反应"的一种更新的阅读体验。具体地说，无厘头的语言偏离方式有语音、语法和语义等。语音的偏离主要有谐音、押韵、飞白等，这在无厘头的幽默语言中是最基础的也是最常用的，诸如《九品芝麻官》中包龙星说："不行，我是一个好官，混你的帐，天子犯法，与'蔗'民同罪。"《鹿鼎记之神龙教》中小宝在皇帝受惊吓之后问："皇上龙体无恙吧？"《大话西游》中春十三娘为了找出脚下有三颗痣的孙悟空，命众人双脚朝天逐一查看，春十三娘说："怎么会有块疤？"一帮山贼赶紧说："这不是疤，这只是泥巴！"语法的偏离主要有"汉英共现""词语或者语境改装"等。如《大话西游》中，至尊宝逃走，发现刚才已死的瞎子也跟着逃走，说："喂，瞎子，你不是死了吗？"瞎子说："我刚刚是装死的。"至尊宝连忙表示佩服："我 KAO！I 服了 YOU！"还有《鹿鼎记之神龙教》中"到了现在这个地步，我没办法不表达我真正的身份，其实我就是射雕英雄的传人，东方不败的师傅——西方失败。"还有

---

① 米哈伊尔·巴赫金：《陀思妥耶夫斯基诗学问题》，刘虎译，中央编译出版社，2010，第126页。

韦小宝见到海公公戴墨镜,忍不住调侃加讽刺地说:"不过以公公你如此英俊挺拔,气宇不凡,还做太监做到长胡子这么有突破性,不必用眼镜也够酷的了。"

　　除了词语上这些常用的手法,无厘头语言风格的另一突出特点在句式上,倒装、语境变换、拼贴等方式也用的得心应手,如《食神》中"他高傲,但是宅心仁厚,他低调,但是受万人景仰,他可以把神赐给人类的火,运用的出神入化,烧出堪称火之艺术的超级菜式,他究竟是神仙的化身?还是地狱的使者?没人知道,但是可以肯定,每个人都给他一个称号——食……神!"《国产凌凌漆》中:"古时有关云长全神贯注下象棋刮骨疗毒,今日有我凌凌漆聚精会神看A片挖骨取弹头。"《唐伯虎点秋香》中:"一乡二里共三夫子不识四书五经六艺竟敢教七八九子十分大胆,十室九贫凑得八两七钱六分五毫四厘尚且三心二意一等下流。"《鹿鼎记》中:"善有善因,恶有恶报,天理循环,天公地道,我曾误抓龙鸡,今日皇上抓我,实在抓得有教育意义,我对皇上的景仰之心,有如滔滔江水绵绵不绝,又有如黄河泛滥,一发不可收拾。"这些句子中,整句、散句、长句短句间隔出现,不仅内容上广告语、现代话、文艺腔、痞子风矫揉杂错,形式上更是错落有致,一气呵成,陈述中夹杂疑问,吹捧中极尽嘲讽。

　　同时"无厘头"语言风格还呈现出对传统典故、固有事物含义的大胆颠覆。比如对人物名字的改造上:如《大话西游》中,白骨精换名可爱的"白晶晶",《七品芝麻官》包拯后人包龙星。对日常事物的重新命名和代码的称呼上。如《唐伯虎点秋香》中,狗被叫作"旺财",蟑螂变身为"小强",唐伯虎成了代号"9527"。又因为在粤语中"9527"谐音为"恶搞",所以在香港一些有影响的电影中如《监狱风云》中主人公囚犯的编号,《逃学威龙》系列片中周警员的编号都使用了"9527"。这些不羁戏谑的"大话"语言在无厘头的作品中比比皆是,并且跟随"无厘头"的广泛传播进入了文化与日常现实,并深受追捧。而作为无厘头语言文化代言人的"周星驰被北京当代汉语研究会授予'当代汉语贡献奖'",[①]进一步肯定了无厘头语言在当代汉语探索中所具有的独特价值和文化意义。

---

① 张柠:《2001大众文化消费品》,《羊城晚报》2001年12月27日。

第五章：无厘头文艺的美学价值再阐释

如果我们承认，任何文化形式的出现都不是空穴来风和无意义的，而是都有其自身特殊的文化溯源和其存在的意义和价值。那么对待无厘头，下面的论述将同样适用："文化艺术上的任何主义，既建构在一种世界本体论和文化、艺术哲学观之上，也表现为一种表达方式和创作美学，而作为一种表达方式、创作美学则有其相当的独立性。"①这实际上提醒我们，无厘头文艺不是无本之木，它的生发和滥觞实际上隐含着当下美学秩序、文化秩序、道德秩序甚至社会结构，与大众文化之间诸多深刻的裂缝和不平衡矛盾，无厘头正是这些矛盾冲突迂回曲折的显露和修复。它不会因为学界的不认可而销声匿迹，作为一种文艺样态，同样拥有其自身前进、发展、转折的逻辑性、必然性和独立性，也就是文艺形态拥有的本身意义。而也正是这种本身的意义和价值，才是一种文化形式之所以成为它本身和可供研究的意义和价值所在。那么，无厘头文艺的美学价值究竟要如何进行再阐释？

一、解构与建构：无厘头文艺的美学悖论

解构作为后现代主义的一个关键词，自德里达将其术语化之后，在文化哲学领域发挥着非比寻常的作用。从德里达定义的抽象的对恒定意义的分离，对"结构"（主义）在场、秩序和中心整体性的反击，延伸到文化、哲学领域一波波解构主义艺术高潮，其身影之忙碌，令人目不暇接。无厘头作为典型的后现代衣钵传承者，无疑深得解构精髓。

首先，解构提倡的打破文本的能指与所指之间的必然联系，突显的能

---

① 尹康庄：《无厘头文化探论》，《暨南学报》2010年第1期。

指与所指搭配的任意性、差异性,阻断、扰乱的所指与能指固化的结构思想,都在无厘头的艺术生成中得到极致的发挥,使得无厘头文艺敢于打破现代主义符号学对意义的深层指涉,消除受众的刻板反应,开创一种自由随意的创作风气和空间。

其次,解构还强调个体对结构中心的反叛,针对现代哲学的同一性、中心性与整体性,提出了一系列的去中心、非连续、非逻辑性等思维方式,非线性剪辑和叙事也开始得到广泛应用,文本零散的局部意义得到重视,开放式的结构突破了传统文本中心结构的自我封闭和先验结构,较好地促成了各文本结构的差异性交流与参照,生成的互文性和超文本性创作和解读渐入人心。这些对打破结构主义的整体性、同一性,和培养文化艺术的不确定精神与多元心态都有着巨大的促进作用。而也正是建立了这种多元开放、自由随意的想象世界和符号空间,创作者的创新意识和积极性才可能进一步释放和重新建构。这也是无厘头或者说周星驰电影总能带给我们惊奇的根本原因。

然而,伴随着解构带来的创新机制的,是其几乎宿命的缺陷。也即是说,解构曾带来了多大的解放快感,其致命的缺陷就有多大。特别是当无厘头所解构的对象从文学经典,扩大至教育、新闻、体育等话语制度最坚硬与腐败的区域,以及所有的流行文本(如电影《泰坦尼克号》、金庸武侠小说)。对话语制度的颠覆甚至还波及新闻语体、行政公文语体和试卷语体时,写起来有多过瘾,读起来也会有多恶俗,过把瘾就死"的"大话"现象频频皆是。

除却上文提到的诸多无厘头的文本,网络上的无厘头,恶搞更甚,已经演变成为一场轰动的全民网络行动。撇去经常被人谈论的芙蓉姐姐和《一个馒头引发的血案》,较典型的莫过于2009年7月天涯社区的"贾君鹏帖"生动事件,一句近乎无聊的调侃"贾君鹏,你妈妈喊你回家吃饭",竟然也可以最终引发点击率数十万的火爆关注。并迅速蹿红成为2009年网络流行语之一。而在此事件中,"恶搞"、"盖楼"、"队形"、"抢楼"、"PS"、"人肉搜索"……诸多网络文化特色陆续登场。而在这一帖子的蹿红原因"寂寞说"爆料之后,网民更是不断以此衍生出更多的流行语,诸如"我们盖的不是楼,我们盖的是寂寞","我们谈的不是恋爱,我们谈的是寂寞","我们看的不是电视,我们看的是寂寞",等等。种种令人惊异的传播现象,就像朱大可所言,如一场盛大的流行感冒,迅速泛滥,此潜在隐含的正是网络这一"中心广场"上,恶搞性文化狂欢具有的摧毁各种壁垒的全民性力量。而也正是这种具有摧毁传统经典和美学秩序的可能性力量,和赤裸裸敞开并强调解构的特别意义,让诸多学界人士开始惴惴不安,深表担忧,特别是那些秉持正统观念的人们感到义愤填膺。他们认为正是"现行的匿名注册制度保护了思想和言论自由,庇护了必要的正义批评和真相陈述,阻止了小资的无聊主义的泛滥,但同时也为网络流氓的发育提供摇篮。"①从而使得这些次等文本所引发的无聊和动荡绵延不绝,也使得病入膏肓的艺术拯救显得遥不可及。譬如朱大可认为,"大话者用'小鸡(过马路式的)程式'过滤权威和偶像,将其改造成鸡零狗碎和毫无价值的废物,其功能完全等同于那些溶解和销蚀文本文件的'病毒'"②;张闳则认为,他们"并无与主流文化争夺话语权力的雄心,而只是满足于在网络丛林里打文化游击战,啸聚而至,转眼间又一哄而散"。并且"由于大话的游击作风,导致大话的文化价值创造功能严重不足";③而王晓渔、王雨之干脆把"大话时代"等同于全民狂欢的"盗版时代"。

  必须承认的是,这些学者的担忧不无道理,的确在众多几近泛滥的"大话"逼迫下,传统文学正在大踏步退行为一种"小话文学"。这也逼迫无厘头创作者回答,当经典被普遍性的消解和颠覆以后,具有高度能指的嬉戏色彩的无厘头文本要靠什么来"安身立命"? 如果无厘头式的喜剧仅仅是一种想象力和语言能力的爆破,仅仅在传统的美学规范之外"大行其道",无法形成有效的"抵抗"和"建构",那么这样的写作会不会仅仅是一种单纯

---

① 朱大可:《零年代的大话美学》,载《流氓的盛宴——当代中国的流氓叙事》第十二章,新星出版社,2006,第 354 页。
② 同上,第 348 页。
③ 张闳:《"大话"与文化游击主义》,载《文化街垒》,湖南文艺出版社,2006,第 54 页。

的美学风格炫技？正如每一种文艺都是特定时代的文艺一样，每一种文艺也必须在特定的文化坐标中进行自我校正。换言之，如果无厘头文艺的美学建构没有进入特定的历史与文化现场，无法在"关系主义"（南帆提出的理论）的理论视域中处理"自我"与"他者"的复杂关系，将极有可能从一种反"本质主义"进入另一种"本质主义"的怪圈。这时，"过把瘾就死"就极有可能成为无厘头文艺最形象的注脚。而在网络上存在的诸多解构之策略，的确背离了无厘头的民间本位和人文色彩，这实际意味着不要章法和创造，这种随心所欲的宣泄结果极易导致艺术上的简单化和粗制滥造，亦即最为人诟病的"硬滑稽"和粗俗"恶搞"。

从这个意义上来说，无可否认，无厘头尤其是在其影响下日益泛滥的网络"恶搞"，加上网民们有时盲目推崇甚至加盐调醋地任意夸张，于是诸多散发奇谈怪论、胡乱拼凑的"胡闹"式影像文本层出不穷的现象亦非偶然。它们不仅仅表现在对许多优秀传统经典不假思索的对抗和解构，也在不时影响并损害到人们对美学体系的清晰认识，乃至社会文化精神的稳定性与延续性，并且常常会引发社会文化的某种心理波动与文化精神的部分迷乱。但是在笔者看来，倘若将文学大厦的坍塌和传统价值体系解构的原因都归咎于无厘头（这从以上众多批评者颇具义愤的言辞，诸如"破坏""争夺""游击"……可以看出，他们很显然把"大话"的流行不假思索地当作了又一场文化争夺战争），则不仅是不负责任的批评态度，也欠缺宽容多元的批评风度。

事实上，正如前文提到，无厘头的出现是当下美学秩序、文化秩序乃至社会秩序病灶的现象表征，或者是社会文化肌体缺乏健康状态的一种暗示，而这种病灶正随着商品经济的大肆入侵，显得势不可挡。其开放又不稳定的游戏文化力量加上网民们复杂狂乱的情绪刺激，同时通过电影、电视、文本、网络等各种媒介的互动传播，必然形成对固有传统的主导文化意识的强烈震荡与冲击。但是在这里，同样不能逃脱责任的，也有传统文化、精英文化乃至高雅文化自身创造力、传播力、影响力在大众日常生活中渐次退场的原因。这里，无法就如何创新传统文化、高雅文化的传播方式和影响渠道进行详细分析。但是需要警惕的是任何问题的出现都是一体两面的结果，学界在严肃的批判无厘头的同时，更应该注意的或许是，如何更好地建立起良性文化的价值体系。当然对在此研究的无厘头来说,也就是如果无厘头仅仅止于娱乐至死的发泄和消费意义,而不能以自身的精神魅力扩展人们的审美情怀,用娱乐基质承载人文价值,那么人们对它的艺术期待将会无从依凭,无厘头的戏谑将会真正演变成为一种犬儒主义甚至激发人们潜在的暴民倾向。尤其是当休闲娱乐正在逐渐消解文化审美意义的时候,它将不再得到人们的尊重,而会导致无厘头文艺本体价值的缺失和历史合理性的悬置。于是,给这一快速发展的文艺样态以学理性关注和建设性引导就显得重要而急迫。所以解决好无厘头的传播和发挥它应有的价值,还应该归根于社会体制的健全和宽容多元的文化氛围(关于此在下章还有详述,在此不再赘述),并且在媒介传播和批评态势上加以疏导、理解、缓解乃至正确的引导,而此也是笔者作此论题的一个关键原因。

二、"无厘头"艺术的价值指向:"解构"承载的人文底色

考辨无厘头文艺的人文蕴含,仍然需要回到价值本体的维度,廓清无厘头究竟是如那些严肃的学者批判的,是艺术大厦的"千年蛀虫",还是也在嬉笑怒骂中保持艺术审美的意义承载问题。在这里,不是要对上述问题做截然对立的是非对错回答,也即对无厘头到底是"提倡"还是"剿灭"的回答。这里需要提醒说一句的是,事实上,主流知识精英对无厘头的义愤,与其说是担心无厘头文艺破坏了经典的生产流程和传统的审美评价体系,不如说他们仍习惯将文化看作一个非此即彼的战场。例如1990年代对大众文化来临时的惊慌,对人文精神是否失落的愤慨,对纯文学日渐边缘化的焦虑等,不能否认他们的这种忧心姿态代表了一种对文明失落的担忧,对美好崇高理想失落的担忧,是人类文明进化过程中必不可少的理性批判。但亦不可否认的是,大众文化发展了这么多年,人文精神也讨论了这么多年,纯文学并非如学界担忧的那样,跌入深渊,阎连科、莫言、苏童、方方、贾平凹,还有一批70后和80后的新锐作家,都显示了精英文学强劲的发展势头。而自莫言获得诺贝尔文学奖后,更是掀起了一股阅读纯文学的热潮,纯文学人口的扩大,批评人群的普遍关注,不但没有将其边缘化,而是

越来越呈现如布迪厄所言的"场"的自主性①。从这个意义上来讲,任何一种文化或者艺术的出现,都有其一定的合理性和合法性,这就要求我们,面对一种文化艺术,首要的不是道德的是非宣判,而是用宽容之心做合乎目的和发展的多元化分析。尤其是1990年代之后,市场经济的发展,已经从根本上破除了二元对立,审美的多元化和多样化已经成了显在的要求。在这样的认识前提下,进入对无厘头的考察,就不在仅仅争论无厘头是否有文化意蕴,而是要回答和寻访无厘头文艺承载了怎样的人文底色?是以何种方式承载的?这中间凸显了什么,又遮蔽了什么?在当下重建人文关怀的可能性路径又有哪些?

寻访某种新出现的文化艺术现象,是近年学界研究的一个主要趋势。但它要求的不仅是将某种流变描述成为一种拖痕事实,以重构文化形态的连续性本身,而且是要在这事实中显露出流变的意义何在。而意义的追寻,最终服务的仍是折射或者探究人类在文化活动中的本质存在。正如刘小枫所言:"人正是通过文化的建构活动来超越给定的现实,修正无目的的世界,从而确立人自身在历史中的价值意义。因而,这种层次的文化探究是更为根本、更为首要、更为文化性的。"②并且也正是由"人"所体现出来的对世界秩序的想象性建构意向和冲动,才赋予人们超越不透明的历史理性,和事实性所划定的绝对界限的权力和可能,并且也同时赋予人们允诺人类希望、使不可能的憧憬进入现实、进而改造现实的勇气和力量。而这种勇气和力量也正是优秀的无厘头叙事,藏在游戏解构背后的根本性意义所在。具体来说,无厘头叙事对人性存在的关照主要体现在对人性存在宿命感的荒诞揭示、对人性美好的执着坚守。

(一)对人性存在宿命感的荒诞揭示

正如上所言,对几乎所有的文化现象的最终追寻,都会落脚在对"人"

---

① 在布迪厄看来,每一种文学都有各自的"场","大众文学"与"精英文学"遵循各自的生产法则,两者的壁垒越深,各自的"场"的自主性越强。所以大众文学的兴起,并不意味着精英文学的跌落。事实上大众文学越成熟,其对精英文学越有利而不是相反。

② 刘小枫:《拯救与逍遥——中西方诗人对世界的不同态度》,上海人民出版社,1988,第11页。

的生存境遇的描写和关注上。无厘头对人的关注,从题材上来说是瞄准了卑微的小人物或者被颠覆的英雄,但从关注的焦点和深度来说,多凸显为对人性的复杂和对命运的不屈抗争。这其中值得一究的是对人性宿命感、荒诞感的揭示,这在无厘头早期的代表作《大话西游》系列中,就得到了较为深刻的阐发,显示了创作者刘镇伟、周星驰等人对人性境遇的关注和审视,到今何在的《悟空传》中则进一步扩大为"宿命与选择"的艰难博弈,而到了后来的《西游降魔篇》中则表达的更为蕴藉和深刻。由于这几部片子和文本一直是无厘头的经典代表作,所以就选此作以一斑窥全豹的解读。

如果撇开《大话西游》表面的嬉笑,透过篇末那句让人匪夷所思的对白:"那个人样子好怪。""我也看到了,他好像一条狗。"我们就不得不承认,这不是一个简单的无厘头搞笑片,而是一个寓言,一个躲在古老神话背壳里,看起来似乎很搞笑很世俗又很感伤地讲述的,一个因为时间的渺茫和个体的无力所构筑的巨大问题和尝试性回答的寓言。在《大话西游》里,隐藏着一个五百年前的故事,才华横溢却又无法无天的孙悟空,因为不喜欢如来摊派给他的西天取经事业,尤其无法忍受师父唐僧的唠叨,欲中途离去,但为了让他幡然悔悟,心甘情愿去取经,观音和唐僧达成密谋:让他五百年后重新做人,再去取经。这就是一个宿命的开始。所以在影片中,五百年后的孙悟空有了另一个名字——至尊宝,在五岳山做一个山贼的当家。但他注定要重新扮回孙悟空,于是命运的法则开启:蜘蛛精,菩提老祖,白骨精,牛魔王……这些命运安排好的棋子,不是像《西游记》一样明确地给了他八十一难,磨难后立地成佛,而是给了他一条早就安排好而让他自己一无所知的道路:1.一个人给他三颗痣,2.戴上紧箍咒,3.打败牛魔王,4.西天取经。影片一开始,至尊宝对即将发生的一切一无所知,认认真真做山贼,因爱上了白晶晶,所以在白晶晶危难之际,寻找月光宝盒救她,但同时命运的计谋也开始启动,打开月光宝盒就要变回孙悟空,变回孙悟空,就要走向另一种命运。至尊宝觉得自己最爱晶晶,因此拒绝紫霞。但是当他见到晶晶,才醒悟紫霞才是命运的安排。命运一直在同他开玩笑:至尊宝突然变成孙悟空,千辛万苦找晶晶却又爱上了紫霞。而最终的抉择仍是残酷的:要救紫霞就必须打败牛魔王,而要打败牛魔王就必须戴上紧箍咒,重新做回孙悟空;而戴上紧箍咒就不能再留恋感情,只能去取经。这似乎又是一个轮回的开始,正如网络上流传甚广的一句感慨:"世界是巨大的枷锁,你不得不重复自己或是别人的生活。"所以不管是至尊宝还是孙悟空,终究都没能逃出命运的刻意安排。五百年前五百年后的抗争奋斗,最终不过是让他自己心服口服,说这是自己的选择。这也是影片最终那句"他好像一条狗"的另一种含义。

而这种主人公对既定命运程序的质疑和抗争,在今何在的《悟空传》中,揭示的更为淋漓,如果说在《大话西游》中这个寓言还是被颇有些缠绵伤感的爱情故事遮蔽了,而在《悟空传》中,对"西游"事业的选择与抗争则成了最重要的主题,作品不仅强烈的质疑了"佛"的自私与虚伪,如同今何在所言:"整个西游就是一出悲剧,是一场阴谋,不论你怎么做,都是死路一条。"①也描写了众生在命运面前自由选择的艰难,"这个世界其实只是看起来很大,可实际上你哪儿也去不了,只能在这有限的几平米中不停地划圈。"②也探讨了众生在"成佛"与"情感"之间的矛盾选择,如果在佛字典里,所谓解脱不过是死亡,所谓正果,不过是情欲寂灭,所谓成佛,不过是放弃爱恨理想,变成一尊尊没有灵魂的塑像。那么成佛的目的何在?《悟空传》高于一般无厘头简单嬉笑的原因就在于,它不仅质疑了"西游"成佛的目的,质疑了佛拯救人世苦难的可能,也表达了众生对人性存在的美好,对爱情、对所努力、所坚持的一切的执着。诸如八戒看着五百年前,跟他一起建铸银河的月神,泪流满面:"我不去西天,就永远见不到你,可我到了西天,就再也不能记挂着你。"所以我"宁愿死在路上,这样我就可以永远想着你。"③玄奘也对着金殿的皇帝说:"干嘛要去西天?"皇帝说:"取回真经,好普度众生,让世人极乐。"玄奘若有所思:"可这世上,有极乐吗,我若自度,却弃不下尘世众生,我若度人,自己便永不能极乐,所以西天,我是永世到不了的。"④而孙悟空,相信了如来的哄骗,为了让花果山重新成为乐土,打

---

① 今何在:《悟空传:完美纪念版》,湖南文艺出版社,2011,《序·在路上》,第2页。

② 同上,第1页。

③ 今何在:《悟空传:完美纪念版》,湖南文艺出版社,2011,第171页。

④ 同上,第175页。

开了种子袋,打开的一瞬,金光闪过,悟空元神寂灭,观音说:"原来一切都还在你掌握之中。"如来说,"不,他已经跳出去了,因为,……他宁愿死,也不肯输。"①应该说,个体的渺小与命运的强大,界限与突破界限,成佛与执着感情,选择与放弃,短暂与永恒种种人性存在的际遇,应该说都在《悟空传》中得到传神的演绎和美好的表达。

如果说,《悟空传》是通过对上述的这些矛盾和挣扎,总体上表达了"这个天地,我来过,我奋战过,我深爱过,我不在乎结局"的现世价值观和人生观,而到了《西游降魔篇》中,曾经被放逐的佛的拯救又通过"大爱"得到更进一步的升华和净化。而对情感和爱的执着则被极端化为个人的心魔,诸如水妖因善被误会而报复,猪妖因爱不得而生恨,猴妖因祈愿自由而仇恨一切拘束,佛与情感之间的矛盾被辩证地看为:"不知情不足以渡世,烦恼即菩提,红尘即佛国。脱离了有情的世间,又将何处证心,爱既是成佛。"应该说,在无厘头的题材里,佛作为一种神圣,一直是被解构和嘲讽的对象,但这部《西游降魔篇》的横空出世却为佛的理论体系正了名。色空不二,大爱小爱自见本心。不拿起,谈何放下。而不放下,又谈何拿起。拿起、放下本流转互生,为一体两面。而拿起与放下之间,心便不再困于爱与不爱或者大爱与小爱,而成了可以承载一整个世界的器皿。不停地倒空自己,才有机会体验和承载整个大海。所以这个故事把玄奘当作修行者的本身,《儿歌三百首》当作自在之心,所谓的降魔,降的不是妖魔,而是妖魔皮相下人们难以解脱的求因果心魔。对不入情障,又怎知情空的阐释,做了颇具说服力的阐释。应该说,上述的几个文本,虽然相比纯文学或者艺术电影对人性存在深度的开掘,还颇显粗浅,但是至少它们以自己的成功实践(叫好又叫座),显示了无厘头中承载人性拷问问题的可能性和可行性。

(二)对人性美好和理想的执着坚守

2008年在南方都市报的一次访谈中,周星驰曾被问及:"假如让你自己来定义'周星驰作品',你觉得应该包括哪些精神或元素?"周回答说:"我想

---

① 今何在:《悟空传:完美纪念版》,湖南文艺出版社,2011,第118页。

应该是：人最重要的是要有梦想，通过努力才能达成自己的梦想。"①尽管无厘头表现的几乎都是小人物的悲欢离合，但是对人性美好和理想的执着坚守一直都是最重要的主题，甚至是这些小人物得到救赎的唯一资本和可能。《喜剧之王》中，尹天仇不过是个跑龙套的几乎一无所有的穷小子，但他与柳飘飘有了一夜情之后，倾尽所有只为付清嫖资的举动，和他那句真诚的"我养你啊！"的担当精神，曾经让无数观众为之动容，而柳飘飘坐上车之后，看着她唯一带走的《演员的自我修养》一书，也忍不住大放悲声，两个底层的小人物，因为一份瞬时感情的承诺，而唤起了心底最柔软的情感和对人性美好的重新信任。《功夫》中，密集的打斗场面中始终贯穿着慈悲的暖意。阿星心怀仇恨但没有被仇恨蒙蔽双眼，恶人最终没有死亡，而是得救，阿星的一句"你想学，我教你啊"，震得火云邪神心头大惊，这里与其说是如来神掌打败了火云，不如说是阿星的宽容与慈悲打败了他，所以他再抬头望阿星的脸庞，才发觉功夫真正的深邃和无穷。而棒糖女孩和童年的美好回忆的不断出现，也展示了影片对一个迷茫的社会混混的责任与能力成长的关注，为影片增加了一定的责任感和厚重感。同时，对现实主义手法的征调，也让影片有了更强的艺术感染力和精神层次。而棒糖女孩凭借一颗善良纯真的心，不仅唤醒了阿星彩色的梦想，让他们儿时的天真梦想从断掉的地方重新开始并得到圆满，而且也借此传递给所有怀有天真和希望的人们。而《长江7号》，则更为明显地彰显了对底层民众的爱、关怀和希望的赞美。无厘头喜剧性的效果已不再是影片的真正主题，而成了一种人文关怀的载体。父子俩捡回的剩菜剩饭，居住的破屋破瓦，只能在垃圾桶中捡来的运动鞋，修了一晚才工作的旧电扇……这些现实主义场景用无厘头的戏谑手法表达出来，在笑的背后已经隐藏着深深的悲剧意味，环境的恶劣与人物内心的乐观，已经突破了纯粹的嬉戏与戏谑的外壳，给了无厘头在某种情况下深入人类最本质的道德层面和情感深度的可能，也在搞笑的背后令人感到温暖和希望。之后的《西游降魔篇》更是如此，不仅将真善美作为一个明确的主题，而且通过手无缚鸡之力的陈玄奘，凭借一本《儿

---

① 周星驰：《希望穷人也能看到〈长江7号〉》，《南都周刊》2008年1月17日。

歌三百首》遭遇种种挫折,但始终坚信真善美能够除去心魔,唤回人性最美好的初衷愿望的表达,折射了无厘头影片对真善美拯救人性的信心,和对人性美好本性的最终肯定。

三、传统伦理的温情回归与传统模式的缺陷

对传统温情的重视,在周星驰的无厘头影片中,表现最为明显,就以此为代表,对其价值和缺陷作一简要分析。邹贤尧在谈论周星驰的电影时曾说:"周星驰的电影在搞笑的背后往往又蕴含着温情,具有很强的打动人的力量。在颠覆传统的同时其实又有着向传统的回归,在解构的同时有建构"也就是说,"在戏仿、拼贴、解构等后现代思维和后现代表现之外,周星驰电影的叙事模式和价值观念又往往是很传统的,或者回归了传统。"①的确,在"后现代文化氛围中孕育诞生的周星驰无厘头电影,不管创作上是如何以后现代核心观念的疏离拼凑、解构嘲讽来决定故事架构和表演方式,周星驰还是将最抓住观众、最感人肺腑的部分,着力在传统道义情理观念上,继承了中国文化儒家学说奠定下来的崇尚真善美、惩罚假恶丑的传统精神。"②其实,在颇具后现代的无厘头文艺中,找到传统伦理的温情,并不奇怪,因为一方面,这固然可以看作是对传统文化和价值观的坚守,是所谓的解构中的回归。另一方面,恰恰也正是这些传统伦理的凸显,无意中折射了无厘头文艺具有的批判和解构的有限性、狭隘性、保守性和犬儒性。

(一)无厘头影像对真善美传统伦理的坚守

周星驰说:"在我的每一部电影里,都有情感,而且这些情比较纯粹和单纯,是因为我觉得情感对于每个人来说都是非常重要的,甚至是人生里最重要的。"③应该说,周星驰的这个创作和表演理念被较好地贯彻在他的影片中。他的每一部影片几乎都可以找到一个感人的情感故事。

---

① 邹贤尧:《广场上的狂欢:当代流行文学艺术研究》,中国社会科学出版社,2008,第166页。
② 张燕:《代言人·无厘头·温情——阅读周星驰无厘头电影》,《北京电影学院学报》2000年第3期。
③ 师永刚、刘琼雄:《周星驰映画》,作家出版社,2006,第268页。

首先，在爱情方面，爱情一直是贯穿周星驰电影的一条鲜明主线。周星驰电影里的人物可以在其他方面不够完美甚至有较大缺陷，但是在爱情上，都被处理得忠贞诚恳，纯洁无比。应该说藏在周星驰心底的是一份太过纯洁的理想爱情，而周氏电影也因为爱情的纯洁为无厘头商业化的外表提供了一份温暖的救赎。诸如《喜剧之王》中，有敢于在自己一无所有时对一个妓女不顾一切地说"我养你"的尹天仇，也有为了心中所爱忍受屈辱和毒打，只为了以后的每天都可以坐在海边，等那个说了会养她的男人回家吃饭的柳飘飘。《破坏之王》中有为了赢得爱情而奋不顾身，以爱之名，卑微的小人物最终战胜了高富帅的善良小子阿银。《唐伯虎点秋香》中有为了秋香，不惜隐名埋姓到华府为奴，受人诬陷仍不改痴心的唐伯虎。《整蛊专家》中有受人离间，面对被整的失魂落魄的男友，也一直信任有加，不改初衷的程乐儿。《大内密探零零发》里，有面对无理取闹的丈夫，假装生气躲起来，还害怕丈夫找不到的妻子。《少林足球》里，有一直暗恋阿星，在关键时刻不惜牺牲自己来挽救阿星的阿梅。还有因那段经典的"一万年"爱情表白而成为缠绵爱情代表的《大话西游》，以及《西游降魔篇》里段小姐对陈玄奘煞费苦心的爱情追求。可以说，影片里主人公对待爱情的态度都是真诚的，坚贞的，并且执着的。这种真诚的反世俗的颇有些理想主义的爱情，不仅成了周氏无厘头电影的卖座标签，也为当下商业化爱情沙漠中，渴望真情的人们留下了无穷的遐想可能和期待空间。值得一提的还有在他的爱情观里，除了花好月圆的结局外，还有一个丑小鸭变成白天鹅的故事，也即爱情使女性成长的故事，例如《济公》中千方百计地激起张曼玉扮演的妓女，让她懂得自尊自爱。《国产007》鼓励被国家遗弃做间谍的孤儿李香琴，发掘她内心的善和智慧，不再被人利用。《少林足球》里帮助每天只会做馒头被人肆意欺负的阿梅，让她有信心做回真正的自己。《喜剧之王》里鼓励被男人欺骗沦落为妓女的柳飘飘，让她再次相信爱情，回复初恋时的那个单纯女生。《功夫》里则一直关注小时就被男生欺负的哑女阿芳，让她一直深信爱情的纯真，人性的甜美等等。

其次，在亲情方面，对家庭成员之间亲情的渲染，是周星驰电影里的另一闪亮之处，《审死官》中，宋夫人尽管总是嘲笑丈夫宋世杰，但是在危难关头，最体贴入微照顾丈夫的依然是身边的妻子。《整蛊专家》中，以整蛊为业的古晶,虽然把阿杰一家整的吃尽苦头,受尽嘲笑,但阿杰父子依然以最宽宏之心善待古晶,并最终原谅古晶,而古晶在被他们的亲情打动之后,也愿意倾尽一切为阿杰挽回局面。《武状元苏乞儿》中,父亲和儿子在遭受种种打击后,依然可以相依为命,深情之至,催人泪下。《长江七号》,亲情、师生情、爱情中夹杂着生活感悟和世态众生。贫穷逼仄而破旧的房子流淌着父子之间血浓于水的亲情画面。既有周铁教育儿子:"我们虽然穷,但是不说脏话、不去偷、不去抢、不吹牛、不打架,努力读书,将来做一个对社会有用的人。"也有懂事的周小狄说,"老爸我的鞋子破了,再给补一补吧,最好是捡一双好一点的"。还有《家有喜事》、《百变星君》中浓郁的父子情、兄弟和叔嫂情都让我们在嬉笑之后感动不已。

应该说,这些"无厘头"影像中的主人公,大多因为远离了某种"英雄"化人物的矫饰,嘲弄和讽刺着某些"高贵"人格的伪善,从而偏离了人们习以为常的"正常"人生活行为逻辑和轨道,并因此出现了诸多不合乎逻辑的相当搞笑的喜剧效果。但是需要注意的是,这些小人物个性上的"无厘头"式偏离,并没有成为他们人性或者行为堕落的根源和因由。相反,在对与生俱来的美好人性和传统道德的眷恋和缅怀中,偶尔失足的主人公,最终都会浪子回头式地重回传统文化精神意识的温柔乡,而此时,其边缘人的姿态反而较日常伪善的人们,更袒露了人性的真诚和生活的本意。这一点,恐怕也是人们之所以接受和狂热喜欢周星驰式"无厘头"电影的内在原因。

(二) 无厘头影像传统模式的缺陷

因为无厘头叙事追求的民间本位立场,对世俗理想的渴望,以及作品在解构戏谑中不时闪回的传统伦理,使得多数无厘头影像都呈现了一定的传统模式。比如叙述模式的善恶因果报应,爱情模式上的痴情男女,剧情上的时空错乱和自由穿梭,人物设置上的小人物终有所成的成长故事等。就像善恶因果报应模式,总是小人物受尽磨难,困顿不堪,然而励精图治,终于扬眉吐气,最后惩恶扬善。这种模式大致有三种类型:

一是清官断案类型,主要有《审死官》《九品芝麻官》《算死草》。诸如《九品芝麻官》,包龙星审案时发现面对恶人把持公堂,是非不分、善恶颠倒而自己却只能袖手旁观、无力回天。发誓要主持公道后,到妓院锻炼口才,最后用世人难及的尖口利齿,在公堂上找出破绽,辩得对方哑口无言,只得招供认罪。后来更是凭借其三寸不烂之舌,骂遍当时趋炎附势的贪官,其酣畅淋漓之势不禁大快人心,叫人拍手称快。此时的包龙星已经不是一个芝麻官,而成了民间声音的代言,影片的场景也似乎成了民众公开法庭的缩影了。

二是借助高科技或神奇力量。在周星驰电影另一个赏善罚恶的模式是主人公拥有很强个人超能力,或是通过发明的一些古灵精怪的武器,以铲除恶人。颇有些类似传统的"英雄豪杰"剧,只是这里的"英雄"变成了用"小聪明"取胜的小人物。这更加符合现代生活普通百姓的凡俗愿望。这类影片主要有《赌侠》、《赌圣》、《赌侠2》、《逃学威龙》系列、《整蛊专家》、《百变星君》、《千王之王2000》、《大内密探零零发》等。

三是出现超级英雄,或者是小人物陡然拥有惊人力量,最后英雄制服恶人、拯救弱小、伸张正义。诸如《大话西游》系列、《唐伯虎点秋香》、《破坏之王》、《少林足球》、《功夫》、《西游降魔篇》等。这里的超级英雄更是典型的民间世俗理想主义的体现。再比如爱情模式,在周星驰的电影中,男性要么忠厚善良老实诚恳,要么软弱狡猾自私胆怯,但对爱情却都忠贞不贰,是女性理想中的男性伴侣,通常为爱情无所不能。而女性,要么具有姣好的外貌让男主人公一见钟情(如《破坏之王》中的阿丽,《唐伯虎点秋香》中的秋香);要么一开始是个丑女(《百变星君》中的虫虫,《食神》中的火鸡,《功夫》中的哑女,《少林足球》中的阿梅),但一定会有某种优秀品格,温柔善良而不失侠义骨气,愿意或已经为男主人公赴汤蹈火,并且最后也一定能换得美貌,使他们的爱情修成正果。其他的还有,对女性忠贞的要求,恶人形象的类型化、脸谱化等。应该说,这些模式典型地体现了无厘头在解构同时,可能蕴含的保守性、大众性和犬儒性甚至封建性。这也是很多无厘头文本呈现出平庸、无聊甚至恶俗的内在根源。

从这个层面上来看,不难发现,在周星驰天马行空的想象力和颠覆传统的创新勇气的外壳里,包裹起来的依然是相当保守的叙述模式,而作为大众娱乐文化的一种,其传达的价值取向和思想也相当传统保守。这可以说与周星驰电影的票房保证和大众定位有相当关系,因此影片从选材和立意以及价值观的传达上都不可能截然背对大众,他必须收敛解构和讽刺的力度。同时这也是无厘头叙事采取民间本位和定位大众文化的文类属性之必然的逻辑呈现。但无厘头的文本毕竟是先锋性的,而也正是无厘头这种游走在大众文化的保守性和后现代解构之先锋性之间的杂糅和拼贴式呈现,给了当下的先锋文化和大众文化以相当的启示。比如以颠覆和反抗为己任的先锋叙事,如何在保持其引领和超越的同时,适度保持对人伦情感的重视和亲和。而以娱乐大众为立足点的大众文化如何在守护人类传统伦理的同时,透出犀利和批判的锋芒,以解除意识形态虚假或者保守落后的价值观的欺骗和蒙蔽。

四、后现代语境中无厘头诗性返魅的可能和途径

作为对后现代主义有过深入研究的伊格尔顿,曾经对关涉后现代主义的种种问题发出过一连串著名的疑问:"后现代主义是一种完全西方的甚至是美国的思潮?还是具有更多的全球意义?它代表了一种与现代主义和西方'现代性'时期的彻底决裂呢?还是仅为这些思潮的一个最新阶段?它在政治上是最激进的、保守的,还是又激进又保守?后现代主义中的多少东西已经被现代主义所预料?如果后现代主义拒绝一切哲学基础,那么它如何能够给予自己合法地位?它是像美国批评家弗雷德里克·詹姆逊指出的那样,是'晚期资本主义的文化逻辑',还是像其他人主张的那样,是一种更具破坏性的不稳定力量,它预示了一种与历史和道德的犬儒主义背离,还是它对快感、碎片、身体、无意识和大众化的关注指出了一种新的政治前途?"①

这一连串发问,尖锐地触到了当下有关后现代主义的诸多理论难题,而具体到本文,这些疑问事实上也是对无厘头究竟是徒有解构的姿态、娱乐的意义,还是另有发展和建构的可能?也即在后现代语境中,无厘头的这种破碎、娱乐、随意、拼贴的文本究竟是如詹姆逊所言的是缺乏深度的"拼盘杂烩",还是可能在消解现代主义中心论、整体论以及美学规范中凸

---

① 特里·伊格尔顿:《后现代主义的幻象》,华明译,商务印书馆,2000,第2页。

显其批判性与建构性？对此,后现代理论家另一理论家琳达·哈琴对无厘头式的戏仿艺术做出了一种回答,他认为"后现代主义戏仿的矛盾在于它并非像伊格尔顿和詹姆逊认定的那样根本没有深度,是轻浮、格调低下的劣作,而是确能并且已经使人洞察到事物的内在关联性：在阐明自己的同时,艺术作品也清楚展示了审美概念化的形成过程以及艺术的社会学状况……即使自觉意识最强、戏仿色彩最浓的当代艺术作品也没有试图摆脱它们过去、现在和未来赖以生存的历史、社会、意识形态语境,反倒是凸显了上述因素。"①

事实上,相对于现代主义的精英文学,披上后现代外衣的无厘头文艺,某种程度上的确消解了真实与虚拟、话语能指与言语所指的两级分立,部分地抹平了艺术的审美边界,甚至正在逐步更换人们对文本诗性的认知与体验范式,力图重铸人与世界的审美关系,用符号仿真的图文影像和戏仿手法不断刷新这个时代对文学经典性的命意。但同时,作为一种叙事可能,无厘头在对传统文学性的解构中又在不断开拓其漫长的"返魅"路径,试图借助无穷的想象力和开放自由的艺术张力设定自己的文学性向度,以解构与建构的统一重铸新的审美境界,书写后现代语境的行为诗学,并最终以呈现传统又敞亮新生的超越性,打造出无厘头文艺自由书写的诗性与思想性。也就是说,无厘头文艺性的生成是一个解构与建构相统一的辩证过程,也即"祛魅"与"返魅"相统一的过程。正如德里达所言："解构是一种永久自我解构的运动,延异栖居其中。没有任何文本是完完全全解构性的或彻底被解构了的。"②解构的过程也必然隐含着适度的建构。

美国艺术史家阿瑟·丹托在《艺术的终结》一书中曾追问"人类进入后历史时期,'艺术是否还有未来'?"他说："如果艺术未来的紧迫性并不以某种方式出自艺术界本身的话,那就很难认真看待它了。在今日,可以认为艺术界本身已丧失了历史方向,我们不得不问这是暂时的吗？艺术是否会

---

① 琳达·哈琴：《后现代主义诗学：历史·理论·小说》,李杨、李锋译,南京大学出版社,2009,第33、34页。

② Jacques Derrida, *of Grammatology*, The Johns Hopkins University Press, Baltimore and London, 1976, p.Lxxvi.

重新踏上历史之路,或者这种破坏的状态就是它的未来:一种文化之墒。……一种生存方式已经衰者了,结果又会怎样呢?"①丹托认为,虽然现在对艺术不断的自我革命的需求已消退,但"后历史的艺术氛围会让艺术转向人性的目的。……我们正在进入一个更稳定更幸福的艺术努力的时期,在这个时期,艺术永远对之回应的那些基本需要或许会再次相聚。""它所需要的,似乎可以说只是一个唤醒它的吻而已。"②也就是说,处在不断适应人类或者自我基本需要而生长变化中的艺术,其某时的某种困境或者瓶颈,不会是消亡或者隐退的征兆,而是在蛰伏中,期待一种唤醒或者说突破的力量和机遇。而这应该说就是一切先锋艺术的使命。无厘头作为一种保持了先锋探索的艺术类型,尽管仍有太多先天缺陷,但是相较其他严肃艰深的先锋艺术,其惊人的传播速度和广泛的影响力已不容小觑,尤其是其对青少年的价值观和艺术审美影响日深,那么借助无厘头,传播艺术的先锋性和开拓性,培养一种崇尚自由、打破、怀疑、多元乃至重新找回想象力的艺术审美观,就不是不可能的。

所以我们需要做的就是尽可能的发扬和传播无厘头在艺术上的正面价值,并尽量以宽容姿态规避和引导其负面价值传播。海德格尔曾提出过要使一种艺术达到"无遮蔽性真理的一种呈现方式",也即建设一种能使人类"诗意栖居大地"的有效艺术言说方式和接受路径,要取决于它对于诗、思、言三种敞开方式的实践和领悟深度;所谓"诗"的层面就是一种文艺方式可能拥有的本体意义,也即这种方式是否可能表征传承或者延续人类亘古衍承的审美观念和认知方式;所谓"思"的层面,是看其能否利用自身重塑文艺的精神深度,光大人类之于文艺的文化命意;而在"言"的层面上则要看它能否以独特的言说符号,既扩展语言所能抵达的深度和限度,也扩展人性所能抵达的深度和限度。

(一)"诗"的可能——无厘头文艺对审美相对认知方式的建构尝试

后现代主义艺术大师查尔斯·詹克斯曾经说过,很多后现代主义的艺

---

① 阿瑟·丹托:《艺术的终结》,欧阳英译,江苏人民出版社,2001,第78页。
② 同上,前言,第6—7页。

术工作者，正在进行的艺术改革，不是旨在改变社会或追求革命性变革，而是要承认现代主义前辈们所不重视的艺术的娱情功能，致力于肯定这种娱情功能的力量，正在"以既具有破坏性同时又具有建设性的方式不屈不挠地改变着这个世界"。① 也即是说，"后现代变革所指称的那些娱乐性价值，也同样拥有许多肯定性和建设性的特征和功能"②。从这个意义上说，"无厘头"艺术也就具有了它特别的隶属于自己的审美指称和文化建构意义——无厘头在娱乐搞笑的外表之下，实际是通过对底层小人物各种善良、真诚、无聊乃至卑琐的精神状态的善意嘲讽和刻意夸张，对身处多元文化时代的大众精神欲望，和社会肌理中的复杂难题作出了相对性的诉求和表达。正如前述，《大话西游》《功夫》《沙僧日记》《悟空传》《一个馒头引起的血案》等作品，都是通过对历史文化内容的翻新和娱乐化的再现，实现的是对现实生活与文化历史的独特性认知与建构性理解。这就提醒我们，本身看似只有娱乐价值的某些事物在特定语境、情境中也具有某种文化的深长意味，这也可能就是无厘头文艺在当下的本体价值。也即是说，无厘头文本看似是零碎的、平面的、无意义的，拒绝文化、历史和思考的"深度"，抛弃整体性叙事的，但是由于大多无厘头文本都源自对传统文化经典的戏仿，因此其由于庞大的互文本系统的互涉，使得无厘头又不可能全然摆脱传统人文意识的潜影响和历史话语的暗中嵌入。

因此，在这里，与其说无厘头是在消解崇高、回避"深度"、大话历史，不如说它正在以诸如反抗、解构等特殊的方式，同时进入另一个历史文化的链条循环中。它的荒诞的甚至是恶搞的文化呈现方式，事实上潜藏着社会文化秩序和创造方式的某种偶然或普遍，这既是它揭示的社会文化肌理的病灶，也是它在病灶处试图显示其独特的疗救方案的可能性实践，甚或可能是生活某种特定乃至普遍的社会性现象催生的一种新的文化建构尝试。某种意义上，无厘头这种荒诞性的影像文本表达，相较其他的文化形式，其

---

① 阿莱斯·艾尔雅维茨：《图像时代》，胡菊兰、张云鹏译，吉林人民出版社，2003，第194页。

② 同上。

实更能表现出那些传统艰涩语言无法表达和呈现的东西。艾略特曾在论述现代诗歌复杂性起源时说:"我们的文明涵容着如此巨大的多样性和复杂性","就我们文明目前的状况而言,诗人很可能不得不变得艰涩。"①艾略特实际上提醒我们,某种程度上,人们使用的艺术样式与文明的样式会形成同构。美国艺术批评家杰夫·戴奇也说,"每一次社会环境的变迁,伟大的艺术家们都会及时地反映并帮助定义那些政治、科技与社会进程中的变化,促成新的性格模式,而新一代的出现,必然给当时的社会注入活力,并形成当时的文化"。② 从这个意义上来讲,无厘头的碎片化、非连续性艺术风格的出现正是对当下文化中心离散、相对主义弥漫的景况熨帖至深的表达。同时,又因为每一个个体的生活经验、现实境遇与具体的生活方式都相差千里,每一个个体的自我意识也必然会指向不同的精神感受与价值取向。因而可以说,任何时代、地域文化和审美观念都不可能实现统一,相对主义的审美范式和开放的审美空间是契合于时代和艺术的发展规律的。而"无厘头"的呈现,一方面,更为明显地凸显了人们对相对主义的感知能力,"一种并非反映人类共相,而是映射生活独异空间与意识的特殊方式"。③ 无厘头常常为人们提供不同的认知世界的多元视角,并试图说明"对社会文化的认知,可能并非是去确认一个早已存在的世界惯常真理,而是去追求一个认知'自由'的无止境的过程"。④ 另一方面,无厘头也提供着人们对审美趣味多元化的认同,比如"无厘头"的开放式写作,民间化姿态,自由化叙事等,都正在促使形成一种更为开放自由的相对主义的审美认知范式。

(二)"思"的可能——无厘头"喻形文化构成"的构成尝试

如果说现代主义所描写的虚无、荒诞、整体意义的缺失是就人类的普

---

① T.S.艾略特:《艾略特诗学文集》,王恩衷编译,国际文化出版公司,1989,第32页。
② 杰夫·戴奇:《后人类:文艺在未来面临的挑战》,叶永青译,《美术界》1997年第1期。
③ E.盖尔纳:《相对主义与共相》,杨富斌译,《哲学译丛》2000年第1期。
④ 理查德·罗蒂:《偶然、反讽与团结》,商务印书馆,2003,第8页。

遍性状况而言,那么无厘头式的后现代的价值观则更注重碎片自身的意义,不仅可以证实"游戏是在没有对象的情况下进行,戏剧也由于中心的缺乏而活了起来",更可以"直接地展示这一对象,并使这一对象把自身所特有的、无关紧要的和任意的特性彰显出来"。① 只是由于后现代文化、艺术对象的故意缺乏或模糊,能指与所指之间可以任意滑动,所以更多的是在形象的相似性中得到展示。从这个理解出发,也可以说如果现代主义艺术更多的是强调象征和表现,其与现实是一种"话语的文化构成",那么后现代艺术则更强调解构,其与现实之间更多则是一种"喻形的文化构成"。也可以说,无厘头式的后现代大众文化和消费文化的图像传播,是以"喻形"的方式,与生活、现实、历史乃至文化本身可能具有的相对性多样性与多元化形成同构。当然也就这个意义上说,我们可以称无厘头文艺为一种先锋艺术,如伯格所言:"先锋艺术从来都是以未来激进的观念和现象来表现与历史的彻底断裂",目的是"试图在艺术的基础上组织起一种新的生活实践"。② 当艺术越来越被看作是人类想象力与主观创作力的结晶时,现实生活的瞬息万变、历史文化的潮动脉息,理想世界的期待想象等,文化层面的些微变动都可能成为艺术表征的对象,而任何一种具有生成性的艺术文本也无一不是现实世界的喻像和显露。正是在这个意义上,我们说,"艺术作为'真理'本身某种高级形式提供了一条让我们进入现实生活的通途。"③

而无厘头也正是通过这样的方式,通过夸张、变形、想象、扭曲、解构乃至丑化的叙事手法,将日常生活中人性中可笑的、异常的、焦虑的、甚至犬儒的等文化意识形态作了投射性想象。所以无厘头叙事不仅扩宽了传统叙事的形式表现,除却令人目不暇接的语言拼贴炫技展览,更重要的是实现了对反崇高、反精英的现代表达,也即通过寻找"无厘头"元素与当下审美、社会、经济、文化、传媒、日常生活之间不可预知的和意想不到相似、关

---

① 阿莱斯·艾尔雅维茨:《图像时代》,胡菊兰、张云鹏译,吉林人民出版社,2003,第256页。
② 同上,第192页。
③ 同上,第241页。

联,实现无厘头文本的"喻形文化构成"介入当下进而参与表达当下人类鲜活的生命体验的样本。而这些,都将成为无厘头叙事在当下语境中所蕴含的文化价值和社会价值。所以无论是《大话西游》《Q版语文》系列的激进解构,还是《喜剧之王》《少林足球》的温和呈现,抑或是《悟空传》的深度隐喻,另类想象中的解构到达无厘头的叙事里,其文化基点既有望承接传统的真善美精神脉络,又可能实现对艺术新观念的开拓性尝试,其诡异离奇的影像话语表象,正可能暗藏着当下始终复杂不居的现代人的多元价值观和相对主义存在论,以及由此开拓出来的种种胶着的、排斥的、破碎的以及不完整的存在方式与意义空间表现。另外,由于后现代无厘头通常以"互文性"为基础,这客观上反而有可能建构起一个开放的、复调的文本,进而建构起一个开放自由、互文的社会历史文化环境,使创作和思维不仅成为突破时间和空间的对话与游戏,更成为不同历史、文化构成的深层结构对话。

(三)"言"的深度与限度——无厘头表现手段、叙事空间的改变

通过上面的论述,可知无厘头文艺仅凭单纯的解构策略和民间本位并不必然会为它赢得真正的艺术尊重,况且无厘头所代言的大众话语,也未必能真正表达大众的审美意识和价值需求。倘若缺乏了艺术诗性气质的融入和价值的渗透,无厘头在嬉笑怒骂过后,或许就真的只有审美焦虑与庸俗狂欢了。从概念上理解,"后现代"不仅仅是一种具有无限延展性的时间和空间容器,更应该是一个具有创生性的文化空间和审美领域,无厘头文艺在这样的语境中,在拥有随意性多元性创造自由的同时,更应该在建构审美性和生发独创性方面大有所为。因之,无厘头的"俚语俗话"、"插科打诨",才不会沦为在场境遇的随意"大话"和无聊"口水",而是提供了一种能够让影视、文学回到生命的当下状态,去创造价值并艺术地把握人性的可能和路径。

对无厘头影视表达来说,应尽可能地凸显后现代图像文化的表意优势和文类表现优势。因为相较文本,图像不仅直观易感,且因为图像的特殊的呈现方式有可能使文本意义的对象,获得一种新的原发性的意义描述和

阐发。在戴锦华看来,电影不仅"是一个特殊的消费对象、一份重要的社会症候、一种特定文化编码方式、电影也是一个在不断更生的、内在的与外在形式显现了巨大文化潜能的媒介。"[1]比如它可以对连续时间的无数非连续瞬间进行夸张性捕捉,也可以对某种让人惊心动魄的场景和幻想,进行逼真的描摹和准确严密的凝固。它还可以随意变换时空,延伸人类的想象力,且通过不同的色彩对比,空间调度,不同的机位和景深的变换来展示或者变形同一个事物,以体现人类深层的意识流动和幻觉造型,服务于人性深度表达的需要。可以说,后现代的先进的影像技术和丰富的媒介手段,既能有力地凸显无厘头叙事的解构性功能和先锋实验性优势,又可以避免因文本表达可能形成的远离大众的叙事迷宫和精英化倾向,既能有效形成对主体感觉的全方位表达和复调阐释,也可以将无厘头的种种荒诞性深度体验转换为虚拟式沉浸,为无厘头的解构性、先锋探索性和大众化商业化的民间性较好融合,提供了强有力的呈现可能。周星驰的无厘头电影应该说是这方面尝试的代表,只是,周星驰影片过重的传统模式因袭和商业化倾向,部分地损坏了影片该有的艺术品格。因此,如何实现高科技与高人文的统一,让影视传播媒介等科技手段成为承载当下艺术创新和价值探索的实现手段,仍是当下艺术工作者的难题。

而在表现技巧方面,无厘头叙事常用短句、拼接、戏仿、跟帖、错位、反讽、角色扮演、时空穿梭、戏谑调侃等,作为自己的创作武器来打造陌生化、个性化的文本。但仅有这些仍未凸显当下无厘头叙事的特殊优势,特别是当网络、大众传媒不仅作为一种媒体存在,更已成为写作和经验的一部分,无厘头还需"从网络叙事、电子语言、链接修辞"[2]等方面探寻艺术创新方式和表达手法,以延伸艺术感官和开拓新的叙事表达空间。比如网络叙事对作者而言是编织"曲径交叉的花园",而对读者而言"一个叙事就像一个

---

[1] 戴锦华:《电影批评的意义和功能》,载《光影之隙:电影工坊2010》,北京大学出版社,2011,第33页。

[2] 这几种叙事手段在欧阳友权的《网络本体论》中有较为详细的描述。

等待演出的乐谱。"①而据美国后现代主义叙事学家玛丽-劳勒·莱恩的研究,电脑叙事除了要"运用转换语法、传统语法、几何学、视觉艺术、电影叙事、地形学、数学、精神分析、语言哲学、博弈理论、后现代社会学理论、女性主义叙事外,尤其要重视如何创造性地运用'虚拟、递归、窗口和变形'等'隐喻叙事'",②从而使无厘头叙事富含更强的表现力。而这些,无疑也是当下的无厘头叙事在言说手法上努力的方向。

---

① 戴卫·赫尔曼主编《新叙事学》,马海良译,北京大学出版社,2002,第64—65页。

② 参见玛丽-劳勒·莱恩:《电脑时代的叙事学:计算机、隐喻和叙事》,载戴卫·赫尔曼主编《新叙事学》,马海良译,北京大学出版社,2002,第61—86页。

第六章:反抗与妥协的暧昧
——无厘头作为社会文化变迁的症候

无厘头作为一种具有广泛流行性的文化,其具有的鲜活动人的生命力,不仅使其成为自 1990 年代后期以来最为炙手可热的文化样态之一,更是广泛地波及同时代的其他影像、文学、文化领域,引领了一场深刻的文化地震。而且由此形成的队伍庞大的无厘头奇观,也深深地楔入当下的文化地图,不但形象地体现了无厘头在现代、后现代语境变迁过程中可能具有的艺术创新机制,同时,这种倾向也生动地体现了文化转型时期,后现代语境下艺术的先锋性和大众性、商业性之间的意义孪生关系,为我们解读当下文化发展趋势、历史景观和社会文化深层变动都提供了一个重要的文化标本。更为重要的是,这种倾向也成了当下文化疾病,或者是社会文化肌体营养不良、功能失调、缺乏健康状态的一种暗示,甚或诸如某些精英批评所言的,是人的存在意义可能趋向失落的一番预演。而可能更紧要的是,一旦这些泛滥的无厘头文本,与各种商业经济能指的统治力量紧密结合,被后者操纵,就可能会如"病毒"一样,释放其开放又不确定的游戏文化力量,并同时通过电视、电影、网络、报纸、手机等各种媒介的交互传播,在不同时期不同内容不同人群之间实现能量碰撞,使得坚固的主导文化意识必然会受到某种强烈的冲击。那么此时的无厘头是否还有被提倡的可能?主导文化又该如何面对这些来自文化以及日常生活层面的冲击?媒介、传播、批评又何为呢?

一、"大话影像"与"世说新语":无厘头的普泛化影响与多重面孔

(一)香港无厘头影像的发展状况与趋势

事实上,自"无厘头"电影成功地产生影响之后,尽管无厘头一直处在

第六章：反抗与妥协的暧昧——无厘头作为社会文化变迁的症候

不断的编制和生产之中，且数量巨大，但有分量和开拓意义的作品仍凤毛麟角。周星驰之后，香港喜剧影坛尽管一直有王晶、刘镇伟、李力持、彭浩翔、张卫健等一批热衷无厘头的导演和演员的持续推波助澜①，但新世纪香港泛滥的喜剧电影已处于不思进取的溃败状态，②多数影片的桥段、台词以及人物造型、幽默风格等都相互套用和模仿，缺乏创新。其中值得一提的是袁建滔的《麦兜的故事》、《菠萝油王子》和赵良骏的《春田花花同学会》，在香港和内地都产生了较大的影响。《麦兜的故事》主要围绕资质平平的麦兜的成长，讲述了一个望子成龙的故事。搞笑的动作和幽默的语言，不仅展现了不断地在希望、失望、希望、失望的轮回中奔跑的麦兜的单纯乐观，也展示了麦兜如何凭正直善良的"死蠢"创造了属于他自己的美丽世界，卡通化的表演里却有着真诚动人的感动。而《菠萝油王子》则是在卡通的外衣下，有着更深和更大的追求，外叙述层可以看作是一次关于人类寻父历程的动漫表现。儿时想象中父亲的伟大和勇猛，其实也只是普通人中的最为平凡的一个。主叙述层通过一个关于麦兜父母的故事，展现了一个属于上一代草根阶级的成人世界，那个在 1950、1960 年代出生，经历了社会的动荡和改革，被猝不及防的变动剥夺了或者从没有过的世袭和荣耀，是怎样开始从社会最低层奋斗起的故事。《春田花花同学会》则混合了动画和真人表演，相较单纯的动画笔法与影像手法，影片通过不断的虚拟和真实的想象交融，铺展开的画面和所建构的社会文化空间都更为宽广和宏大。电影描述了一个名叫"春田花花幼稚园"的一班小朋友们，在毕业长大后各自在复杂社会中经历的酸甜苦辣，为我们展示了一幅颇为真实的社会图景。影片的动画部分，是小朋友期待的未来职业，做一个律师、一个医生乃至仅仅是一个咖啡店店员，或者就是那个烧味店的斩鸡员——一个个

---

① 这一时期的无厘头影片主要有：《逃学外传》、《韦小宝之奉旨勾女》、《群星会》、《伦文叙老点柳先开》、《恋爱百分百英雄》、《雀圣》系列、《心想事成》、《双子神偷》、《大内密探零零狗》、《美丽密令》、《天下无双》、《机器侠》、《我家有个河东狮》、《买凶拍人》等。

② 家钥：《新世纪香港喜剧电影——兼谈香港喜剧电影发展史》，百度贴吧/香港电影吧，2009 年 10 月 26 日，https://tieba.baidu.com/p/660247305?red_tag=0240038904。

让人感觉温暖简单而快乐的工作。而真人部分,则充分呈现昔日天真烂漫的"麦兜"们在成年以后的各种琐碎和平庸。影片虽然让人笑声不止,但当这种无奈经由"无厘头"的方式传达出来之后,却让人在笑声中感觉无比的残酷,也许现实中,每一个看似平庸的人,都或许曾是春田花花幼稚园那些充满纯洁梦想的天真孩子。影片中动漫与真人相得益彰的表演,童年的单纯向往与成年后的平庸现实,一虚一实,仿佛组成了人生某种对立性悲剧的终极意义阐发,某种意义上,影片让"一个幼稚园充当了一个'无厘头'现实的隐喻碎片。它以独特的方式,呈现了草根社会多元'浮世绘'的面貌。"①

(二) 大陆无厘头影像的发展状况与代表作

在国产电影方面,冯小刚无疑是无厘头喜剧的又一推动者和发展者②,从 1997 年的《甲方乙方》、1998 年的《不见不散》、1999 年的《没完没了》到 2001 年的《大腕》、2003 年的《手机》、2004 年的《天下无贼》、2008 年的《非诚勿扰》,冯小刚接过来的一方面是自"京派"开创出来的带着独特"京味儿"的喜剧呈现方式,另一方面是自王朔、王小波等的小说被人们开始熟悉的嘲笑、游戏、戏谑、没有一点正经的艺术表现方法,所以冯小刚的喜剧更多地呈现的是他京式调侃+"无厘头"的风格。这种风格善于将日常生活中个人的爱情、工作、生活、婚姻等方面的调侃话语,延伸扩大到整个市民和社会群体的娱乐文化中,将对人生的戏谑甚至对主流文化的揶揄推向了高潮。由于港产"无厘头"喜剧在内地的火爆,内地也一度疯狂的复制。诸如王岳伦的《十全九美》、《熊猫大侠》、刘仪伟《火星没事》、庄宇新《隋朝来客》、阿甘的《大电影之数百亿》、白秋林《天下第二》、郭德纲《三笑之才子佳人》、冯超的《皇家刺青》等电影剧本,但这些影片在对现实、历史有些微折射和不满的同时,却普遍地呈现了影视界让人忧虑的"无聊乏味、无耻下贱、无限复制"的"三无"姿态。因为此,"粗制滥造、千篇一律、口水

---

① 风尘剑:《〈春田花花〉是一个城市寓言》,网易/文化频道,2006 年 2 月 27 日。

② 余韶文:《冯小刚与周星驰联手拍片 京味调侃+无厘头=?》,《江南时报》2001 年 11 月 5 日。

第六章：反抗与妥协的暧昧——无厘头作为社会文化变迁的症候

片、无创新、恶搞"等口碑成了人们开始厌倦"无厘头"剧目的原因。这其中除了产生过较大影响的几部较好的喜剧电影，如张建亚《爱情呼叫转移》、宁浩《疯狂的石头》、《疯狂的赛车》、张艺谋《三枪拍案惊奇》和叶伟民《人在囧途》、徐铮《泰囧》之外。随着电影市场的更加成熟，剧目类型的多样化，观众审美趣味的更新和提升，"粗制滥造的'无厘头'喜剧'烂片'已经难获普遍青睐。"①

大陆在无厘头电影的制作上没有取得港台片那样的成绩，就其影响来说，在评论界，除了贡献了较高的票房和较有人气的演员之外，收获的更多的是来自评论界批评的声音，即便如《泰囧》。但是相较无厘头电影，大陆值得一提的是各种情景喜剧的热播和广受欢迎，比如1992年，英达、王朔及梁左共同策划的情景剧开山之作《我爱我家》，家长里短之间折射改革大潮中的社会生活，烦琐忙乱之间也蕴藏着"无厘头"式的开怀笑声。诸如：

（傅老接电话）："找谁？和小姐？这里没有和小姐。你是谁？你不告诉我你是谁，我就不告诉你我是谁，你先告诉我你是谁，我就告诉你我是谁……什么？你是他的哥？我是他爸爸！！我是谁啊，能文能武，又红又专，亦工亦农，亦兵亦官，生旦净末丑，神仙老虎狗。怎么着？向困难低头嘛？不！我们是用特殊材料制成的人，就能抽用特殊材料制成的烟，这么讲吧，凡是点着了能冒烟儿的，除了导火索我都抽过……

另一部值得一提的是尚敬导演的《武林外传》（包括其后的同名电影），曾红极一时，被认定为是这一时期最为风靡的"大型室内社会讽刺喜剧"，堪称中国式的《老友记》。② 虽然取材武侠文化，但显然秉承了《大话西游》无厘头的解构风格。在一个叫"七侠镇"的同福客栈里，有贪财怕死虚荣抠门的老板娘，有传说中武艺高强但胆小如鼠的"盗圣"白展堂，有好吃懒做、幻想当大侠的李大嘴，有百无一用的书生却外号"关中大侠"的吕轻侯，还

---

① 艾星星、艾辉等：《无厘头喜剧还能忽悠多久》，《南都娱乐周刊》2010年第30期。
② 刘璐璐、高仁渊：《解读〈武林外传〉与〈老友记〉映射的中美文化差异》，《消费学刊》2009年第18期。

有江湖传言大魔头但则又逃学又调皮的莫小贝,还有升迁无望、蹭吃蹭喝混日子的邢捕快,等等。他们的凡俗庸常,不仅消解了武林高手的严肃崇高,而且通过人物外号与言行的截然相悖对其进行了尖锐的嘲笑和讽刺。在表现形式和处理手段上,《武林外传》淋漓尽致地发挥了无厘头拼贴、戏仿、颠覆、戏谑等策略,既有传统戏剧的叙事高潮,又有相声和其他戏曲的串烧特色;既有黑色幽默的尖利讽刺,也有通俗闹剧的纯粹搞笑;既有无厘头的点缀,也有陌生化的喜剧效果;同时网络语言、广告段落、时尚资讯、通俗歌曲、电脑游戏、综艺模拟等文体样式,以及嬉笑怒骂、夸张搞笑、深情赞美、歌功颂德等喜剧风格也不拘一格手到擒来,让整个剧目既延续经典、又离经叛道,既追求无厘头、又不乏温情诚恳,成为将传统现实主义的写实、教诲和后现代主义的解构、嘲讽较好结合的混搭之作。同时,这个剧目在荒诞的同时,折射反映的却是当下诸多社会现实与流行文化的硬伤顽疾,比如暴力/反暴力问题、纳税与漏税问题、对未成年人的教育问题、学校教育和考学压力问题、传销/反传销问题、环保问题、关注和平问题、商业的恶性竞争问题,等等。而剧目中不断引用主导文化的一些经典桥段、台词及"无厘头"情节编排不断的"致敬"方式,也显示了"这种'用玩笑方式'向流行文化,甚至向某些传统文化'致意'的开放性与颠覆性方式。"①比如剧中人员会在参与比赛时,突然放声齐喊《英雄》(张艺谋)台词"大风!大风!";李大嘴临终诀别时会模拟《大话西游》:"如果上天允许我说三个字,那一定是——少放盐";再比如莫小贝会突然模仿流行歌后王菲,还会时不时来一段央视《开心辞典》的智力对决;等等。还有剧中对历史文化的拆解和戏弄:

  "您大人不记小人过,宰相肚里能撑船,月落乌啼霜满天,夫妻双双把家还。"

  "(广告)人在江湖漂,谁能不挨刀?白驼山壮骨粉,内用外服均有奇效。挨了刀涂一包,还想再挨第二刀,闪了腰吃一包,活到二百不显老。白驼山壮骨粉,青春的粉,友谊的粉,华山论剑指定营养品,本镇各大药铺医馆均有销售,购买时,请认准黑蛤蟆防伪标志,呱!呱!"

---

① 孟静:《用流行的瓶装主旋律的酒》,《三联生活周刊》2006年第17期。

第六章：反抗与妥协的暧昧——无厘头作为社会文化变迁的症候

"你真是扶不起来的阿斗。""阿斗是谁？""水浒里的，109将。""胡说，水浒里只有108将，你说《三国演义》说不定我还信。""还就是《三国演义》。阿斗是刘备的儿子。""你这不是牡呢嘛！刘备姓刘，他姓阿，怎么会是他儿子？"

除《武林外传》之外，影响较大的还有，《炊事班的故事》、《闲人马大姐》、《家有儿女》以及广东的《外来媳妇本地郎》、《乘龙怪婿》，重庆的"傻儿"系列剧，广州的《开心二十四味》等。其实从上面简单的描述看来，不难发现，"无厘头"文本在港台、内地影视文化中已经是多不胜数。不过纵观其搞笑风格，其所采用的主要方式与惯常路数，不外乎，"一是荒诞的情节处理，二是调侃的语言形式，三是夸张的外部动作。"① 诸如有意设计和腾挪各种荒诞离奇的故事线索，自由混搭起不同时空场景、不同朝代人物、不同类型风格，将癫狂的外部动作、滑稽的肢体动作和面部表情相结合，等等。无厘头最初的想象力和原创力在这些后来的拼贴中，逐渐形成了某种生拉硬扯、近乎荒诞不经的情节大杂烩，而这种反常规的戏仿，也逐渐形成了一种近乎刻板的搞笑套路，这些影片或者剧目往往因搞笑而搞笑，因娱乐而娱乐，在拼凑中大多都丧失了无厘头应该有的精髓。

（三）网络无厘头的别一种面孔："胡淑芬"和她的"无厘头以人为本"

相较于无厘头在影视方面影响的渐趋式微（准确地说，影视已不满足于简单地追求纯粹搞笑的无厘头，无厘头在影视剧方面更多地开始被作为一种精神、风格和表现手法出现），在网络文化的推波助澜下，无厘头在网络上凸显了别一种的生命力和影响力。诸如网络动漫（《大话三国》等），网络"大话"原创写作（胡淑芬开创的"西祠胡同"："无厘头以人为本"网站等），还有一系列的"恶搞"视频（《一个馒头引发的血案》）等，使"无厘头"文化意识得以更深入更持久地传播和存在。如果说，无厘头的影像是借助高科技的影像手段如剪辑、镜头、机位、蒙太奇手法等发挥无厘头表现复杂、

---

① 常庆：《"无厘头"：一种流行的大众文化现象》，《山东师范大学学报》2008年第3期。

断续、偶然、碎片化等生活感悟、体会和深度隐喻,那么网络无厘头则主要从语言的发展角度扩展无厘头的表现空间,诸如通过改造和运用,推动了各种诸如陌生化、偏离化、差异化等话语表达方式的出现,并正在逐步形成具有一定"独创性"的无厘头语言风格。

维特根斯坦在他的《哲学研究》中曾说过:"想像一种语言就意味着想象一种生命形式。"①《三联生活周刊》在采访"胡淑芬"(原名胡亮,编剧、自由撰稿人,被称为网络"无厘头的领军人物",或是"中国憨豆",2000年,他在网站"西祠胡同"创办"无厘头以人为本"版块,随后又创"无厘头时报")时,用了这句话做标题,的确对胡淑芬们(追随胡淑芬的人群)来说,无厘头书写带来的不仅是其生活方式的改变,作为当代汉语语言最具代表性的发展个案,无厘头网络原创和"无厘头时报"传达的是,更多个体无限丰富的喜怒哀乐与丰富多彩的成长经验,和他们在当下这个文化裂变时期的所将经受的独特的感受与处世法则。他们宣称,当下严肃的社会批评式的写作心态和趣味已经发生改变,正如胡淑芬所言:"就是对话语的批判标准发生了变化,从是否正确,变成了是否有趣。而有趣,我觉得是无厘头精神的核心所在,它会颠覆一切伪崇高和伪庄严。"②同时他还认为专家们的深奥"显然不符合无厘头'乐为民所寻'的宗旨,也不符合无厘头一贯的从群众中来到群众中去的优良作风,我们应该适当地帮助和教育他们。我们玩自己的无厘头,让专家们说去吧。"③胡淑芬认为要真正理解无厘头的精神:"首先要继承王朔前辈的'千万别把自己当人','我是流氓我怕谁'的'指导性精神',其次,还必须练就'无聊者无畏'的英雄气概,提醒大家'千万不要把无聊当有趣。如果实在做不了一个高尚的人,一个纯粹的人,也要争取做一个有幽默感的人,一个脱离了低级趣味的人。"④同时要谨遵改版后的

---

① 维特根斯坦:《哲学研究》,楼巍译,商务印书馆,1996,第12页。
② 朱步冲:《无厘头:从娱乐行为到颠覆冲动》,《三联生活周刊》2005年第47期。
③ 胡淑芬:《无厘头:从以人为本,到与时俱进》,新浪网/论坛/文化艺术:《无厘头:从以人为本到与时俱进》,2004年10月18日,http://forum.book.sina.com.cn/thread-961176-1-1.html。
④ 同上。

第六章：反抗与妥协的暧昧——无厘头作为社会文化变迁的症候

大肚弥勒佛座右铭："涮你涮我,涮天下可涮之人"。① 最后胡淑芬还郑重地宣布："乱搞,是我们无厘头的原则,对于这个原则,是坚决不允许乱搞的。"②并倡导广大无厘头文字爱好者一起来西祠胡同网站这个特立独行的 BBS 上,将"乱搞"发扬光大。客观地说,胡淑芬倡导的这种无厘头"乱搞"原则,初衷的确是继承了无厘头精神的一些原初意义,致力于将无厘头推行为一种网络表达的新方式。并且也坚持了一定的创作原则,比如要求原创性、辛辣性、"一本正经的乱搞"等。同时他们还不定期编辑《无厘头时报》,对国际时事、社会政治、生活文化以及各种娱乐、新闻等事件进行"乱搞"与"嘲笑"。诸如：

"江西九江地震震出大量豆腐渣工程,也把在现场指挥救援工作的领导给震怒了,该领导做出重要指示：一定要严惩豆腐渣工程。当天晚上,城管、公安及地震监测部门联合行动,连夜捣毁了数十个地下豆腐加工黑作坊,缴获豆腐渣 200 多担,并当场销毁。"

"随着 2005 年第一场雪的到来,由青少年道德建设委员会发起的名为'雪中送炭'的救助贫困者活动在北方一些城市正式启动。据了解,这一活动在南方城市的启动时间将会晚一些,主要视该地区第一场雪到来的时间而定。如果这些地区整个冬天都不下雪的话,这一活动将被取消。有些心急的小朋友提出可不可以人工降雪,但遭到了组织者的否定,'虽然是做好事,但也一定要有原则,不可以弄虚作假。'"

"最近一年富士康公司发生员工九连跳,公司发言人称,此举是为了给中国跳水队培养后备人才,试想一个连水泥都不怕的国家队,还怕游泳池吗?"

"北京市出租车行业黑车治理工作初见成效。全市 7 万多辆黑车已经被分别涂成红白蓝等颜色。"

"国家将重拳整治农民看医生难的问题。卫生部等有关部门日前

---

① 胡淑芬：《无厘头：从以人为本,到与时俱进》,新浪网/论坛/文坛艺术：《无厘头：从以人为本到与时俱进》,2004 年 10 月 18 日,http://forum.book.sina.com.cn/thread−961176−1−1.html。

② 同上。

强调:医生不能只一味坐在诊所里,必须要经常下到农村,亲自让广大的农民瞧瞧。"

(以上都摘自:胡淑芬等《无厘头时报》无厘头以人为本:http://wulitou.xici.net。)

虽然胡淑芬们宣称他们"玩转无厘头"的目的,只是"娱己娱人,一切娱乐处之"①,甚至还常常肆无忌惮地喊"思想有多远,你就给我滚多远",貌似无厘头对他们仅仅是一种娱乐、发泄,是以"无厘头"来消解和颠覆所谓的思想性和意义性。但是,通过对上述文本碎片的检视,很容易发现它们在传递娱乐、幽默、无厘头的同时,某种程度上仍然对社会世象、人生百态做了触及本质的另类观照与揭露思考,以及通过搞笑方式对当前某些丑恶、虚假相关新闻作出调侃与间接批评。

随着无厘头在网络上风头渐健,大批网络无厘头论坛和出版物也层出不穷,其中新浪旗下的"金庸客栈"论坛成绩斐然。2004年4月,新浪网授权中国友谊出版公司将论坛精华文章结集出版《新浪无厘头丛书》(四本:《冒牌金庸》、《世说新语》、《搞笑天地》和《非正常男女》)。该丛书的编者指出"无厘头"写作的兴起与网络有密切的关系,比如说"'无厘头'乍看起来似是而非、前言不搭后语,实际上却是充满了生活的思考与智慧,至少是令缺乏幽默感的语言平添了一分精彩。互联网是无厘头的舞场,而无厘头是互联网的魅力指数。"②可以说,"无厘头"能在纷杂的网络文化中,大行其道,独占鳌头,正是因为"它是一种态度,它让我们在纷繁错杂的网络中,听到另一种声音,看见另一种表情;它是一种自嘲的勇气;不是一个挤眉弄眼的表情,而是一种坚持的姿态;不是莫名其妙的调侃,而是真实的本色。"③因此,在倡导者看来,无厘头不是故作姿态的小丑,而"是对真实的另一种态度,是帮助了解真实的另一种方法,其本身就是另一种形式的真实。人

---

① 哦～哦～我要要!!!:《特别声明》,西陆网/社区/娱乐/无厘头·后现代,2005年7月28日,http://club.xilu.com/wlt/msgview—10454—60858.html。

② 杨学梅:《世上方一年,网间已数代:〈新浪无厘头丛书〉见证》,天涯论坛/闲闲书话,http://bbs.tianya.cn/post—books—43691—1.shtml。

③ 同上。

只有通过真实才能有态度,所以无厘头不是在天上,而是在地下;面对真实,人不得不有一种态度,所以无厘头虽然在地下,但它面向天空。"①至此,我们可以说,在网络大众对无厘头身体力行的传播和弘扬中,"无厘头"文字言说的种种常规与非常规的探索,制造出的种种让人忍俊不禁甚至是笑中带泪的噱头和笑点,让人在轻松幽默、荒诞离奇的言说中既感受到了无厘头的戏剧感,也显示了无厘头带来的"在捧腹大笑中潸然泪下,在筋疲力尽时笑看风云"②的巨大美学张力。

二、"网络恶搞"与"暴民心态":无厘头的社会学病灶

应该说,作为一种应需而生的文化传播现象,和对社会病症显示的一种表意形式,"无厘头"受到大众的热烈追捧和制作商的青睐应该说是情理之中。从上面简单的描述中不难发现其在各种影视剧目、综艺栏目乃至传统曲艺节目等形式中都可谓影响至深。但随着上述影视无厘头制作的逐渐粗俗和模式化,纯粹的无厘头影视已越过其高潮期,渐趋平缓。而网络上虽然现在仍有致力于将无厘头进行到底的倡导者,但是人气指数和火爆程度也大不如前,加上多数无厘头文本并不以营利为目的,很多优秀的写手都因为职业的缘故退出了无厘头的创作,使得当下很多无厘头文本落入单纯的庸俗发泄,损害了无厘头本该蕴藏的自由、开放、创新等进取精神。而网络恶搞,显然是无厘头表达中较为极端的一种。它虽然也承接了无厘头的解构性、自由性和民间性,但无厘头的恶搞性也遭到了前所未有的凸显。从 2004 年胡文亮的世界上第一篇"无字小说"——"《。》"到乐此不疲的

---

① 新浪网金庸客栈:《无厘头之冒牌金庸》,中国友谊出版社,2004,导读,第3页。
② 杨学梅:《世上方一年,网间已数代:〈新浪无厘头丛书〉见证》,天涯论坛/闲闲书话,http://bbs.tianya.cn/post-books-43691-1.shtml。

名家戏言《小鸡过马路》①,从被恶搞的"红色经典"、名人名著到央视媒体、中外历史文化,从天涯社区发起的"恶搞《知音》杂志标题",导致的"知音体"事件到"不信'雷'不死你"标题党,从"故弄玄虚卖关子"的"走近科学体"、到"超强悍"的"琼瑶奶奶体",从"嗜死人不偿命"的"蜜糖体"到模仿莎士比亚文风的"纺纱体",从"人人都是诗人"的"梨花体"蔓延到"火星文"另类术语的"脑残体",从无数人都"伤不起"的"咆哮体"到"山寨《红楼梦》文风"的"红楼体"。② 如果说这些恶搞文字的制作者,还是通过不断寻找这类新民间话语和语文碎片,不停地转述着表达着他们对热闹纷繁的世俗生活片段的体会和认识。那么到了胡戈的"馒头事件"之后,网络恶搞则掀起了一波又一波的高潮,可谓想象有多远,恶搞就能走多远。而频频发生的事件,已经让恶搞从最初隐含着"另类的嘲讽",到包裹着"才思敏捷"外衣的"低级趣味",逐渐下降甚至达到恶俗不堪入目的地步。甚至诸多"恶搞"已变成"恶俗"表达着人性的某种庸俗、无聊、空虚、冷漠、粗鄙,甚至不言自明地指称性感、肉体、欲望、丑陋等意义。从"芙蓉姐姐"到"木子美",从"《猪肉王子'撩'拐》《谁偷了我的内裤》《铁血摇滚》《唐伯虎会秋香》《论坛故事之灌水危机Ⅰ》《九尾狐外传》"等这类只通过配音的纯粹'胡闹'的'恶搞'视频,到'裸体诗歌朗诵'事件,从频被爆出的大学生'裸体照'事件到恶搞'艳照门'事件等,则无不夹带有无聊时代弄臣的卑琐气息,以致即使是

---

① 这部作品的内容是:小鸡要过马路,为什么? 贺知章:小鸡相见不相识,笑问鸡从何处来。鲁迅:鸡本无所谓过,无所谓不过的。过的鸡多了,也就成了马路。莎士比亚:过马路,还是不过马路,那是一个问题。比尔盖茨:这只鸡肯定有颗奔腾的心。克林顿:在美国这个民主的国家,鸡也有过马路的自由。……参见淮南柳:《〈小鸡过马路〉搞笑名人》,西祠胡同/西祠博客/淮南柳的角落,2002 年 1 月 26 日,https://www.douban.com/group/topic/5784003/。

② 许健楠:《这些网络新文体,你能看懂吗?》,《金华日报》2009 年 6 月 5 日。

第六章:反抗与妥协的暧昧——无厘头作为社会文化变迁的症候

某些提倡恶搞的媒体也在网络上不断地呼吁:'恶搞但不能恶俗。'"①事实上,相较优秀的无厘头创作,恶搞在某种程度上,一方面成了"寻找开心,并且带有恶作剧性质的游戏。"一方面,尤其是恶搞与网络、无聊情绪、快速出名、商业利益以及网络暴民情结的联姻,使得部分"恶搞往往超出艺术审美的限度,在狂欢之后却是极度的价值虚无。"②

虽然我们必须承认"恶搞"的原因,相当一部分出自人们对当时影视、艺术、文化状况的诸多不满,不过更重要的因素,还是基于当时人们一种玩乐、叛逆甚至无聊、麻痹自我,或者以"整人"为快乐的暴民心态的推动。坦诚地说,无论"恶搞"还是"善搞"③作为一种群体症候性的情感、思想与反抗行为,本无所谓道义上的高低是非之分,一旦表现出来,就自有其存在的合理性,倘若其再通过某些暗示、夸张、渲染、极端化的情绪表达,那么它们传染网络并产生不可思议的快速传播也无可厚非。但是值得注意的是,某些"恶搞"方式因缺少较强有力的引导,导致理性与责任严重缺失,而其部分走向人们诟病的浅薄粗鄙,最终甚至走向迷失也很有可能。严重的是,这种浅薄粗鄙加上人们幸灾乐祸的暴民意识,还可能导致更为严重的社会和文化危机。如诸多恶俗的"恶搞"文化泛滥即是一个明显的例子。不夸张地说,这些"恶搞"文化的强大影响以及波及之处掀起的强烈跟风模仿,

---

① 比如中国文化传媒网:《"恶搞"不能染上反文化的恶俗》,2006年12月20日,中国广播网:《巨人公司副总裁谈'恶俗营销':恶搞但不恶心》,新浪网转载羊城晚报:《"艳照门"里看门道之四:恶搞可以,恶俗不行》。中国经济网:《恶搞"网络恶搞"的背后 花样百出只求速红?》都抛出了"可以恶搞,但不可以恶俗"的观点。

② 罗慧林:《从戏仿到恶搞:娱乐泛滥时代文学的价值危机》,《当代文坛》2007年第4期。

③ 新浪网因为恶搞可能引起文化失重,遭有关部门取缔,因而发明"善搞"一词,何谓"善搞"?"顾名思义就是心怀善意的去搞。什么是善意?暂且定义为只要不是恶意即为善意。那什么是恶意呢,请参考上面一段的"四点危害"。就好比相声小品、情景喜剧,如电视剧《武林外传》,用生动幽默诙谐的方式去反映严肃的问题,去讲述人生的道理,去反讽不良的社会现象……我们相信互联网的明天会更美好,我们网友在不受思想'危害'的同时也能体会到'善搞'给我们生活带来的乐趣。"参见新浪网,http://tech.163.com/special/000915RB/egao.html。

让我们现在依然心存余悸。而更严重的是,倘若这些恶搞现象大肆流行并已不断冲击社会主流文化,而现有的社会文化秩序结构却没有拿出有针对性的力量和方式来均衡中和这种冲击,那么引起社会乃至文化的某些暂时性混乱和失衡的状态以及人们某种不确定的惊恐和忧虑等文化情绪就似乎不可避免。而进一步恶性循环的可能是,这种情绪又可能进一步被催促而肆无忌惮地泛滥,精英文化精神由此可能更为疲软,而主导文化功能和社会调节机制,也可能愈来愈苍白乏力。也就是说,如果网络恶搞最初的积极意义旨在颠覆、拼贴、解构主导文化的一元统治,恶搞这种"弱者的武器"固然可能象征性地破坏权威,但是倘若恶搞沦为恶俗的嘲笑和低级的趣味,其不仅容易沉浸在一种粗俗的暂时的想象性权力获得的满足中,乐不思蜀的姿态也会瞬间消解了其可能具有的批判和抵抗现实的能力。倘若这种恶搞的虚假"抵抗"被商业社会的消费逻辑"收编",那么恶搞的结果便极有可能转向一种卑琐的"犬儒主义"姿态,而这种"现代犬儒主义是一种幻灭的处境,可能带着唯美主义和虚无主义的气质而重现江湖。"①

同时这种恶性循环也有可能进一步激发广大网民们的"暴民"心态,和"唯恐天下不乱"而幸灾乐祸的看客心理(鲁迅先生早就分析过的看客)。比如木子美、竹影青瞳这些"网络红人"无一不是在网络暴民既"义愤填膺"骂其不知廉耻,又对其成名羡慕不已的叫骂吹捧中推出的。面对恶俗的恶搞,一边唾沫横飞地谩骂,一边痛快淋漓地喝彩,是诸多网络看客的真实写照。而他们也正是在看与被看的热闹喧嚣中,获得了视觉的快感和情感的宣泄。同样,在某些网络暴力事件中,这些网民也喜欢一面扮演正义的卫道士,一面却又充当麻木的暴力看客。他们的热情一方面推波助澜了恶搞的恶俗程度,一方面也加剧了看客自身的冷漠和旁观心理。如此充满矛盾与悖论的网民性格,很大程度上正是社会文化秩序失调,缺乏正面积极且有吸引力的价值观和文化秩序的引导,进而社会状态又陷入后全权时代的真实表征。

---

① 提摩太·贝维斯:《犬儒主义与后现代性》,胡继华译,上海人民出版社,2008,第 8 页。

三、重建价值观与文化多元：无厘头的文化变迁启示

正如前述，恶俗的"恶搞"这种颇为极端的无厘头表达方式的出现不是一种偶然。可以说，即使"馒头事件"只是网络上一种个别、偶然现象，它也仍具有映射当下文明景象和现实存在的样本价值和意义，也是意图勘察当下中国社会、文化生产与体制运转情状乃至变迁可能的一个症候。面对诸多恶俗的网络恶搞现象，不仅许多文化精英"义愤填膺"，国家广电总局、信息产业部乃至文化部等管理部门都相继颁布了相关法规，如国家广电总局的《互联网等信息网络传播视听节目管理办法》、信息产业部的《电信条例》《互联网信息服务管理办法》，还有文化部的《互联网文化管理暂行规定》等。不过，有意思的是，社会出现的这些质疑与批评声音，并没有阻止恶搞的继续泛滥，尤其是过火的恶俗恶搞的变脸出现，甚至引起了一些网民们和激进批评家的强烈反对。例如针对网络视频的这种"要求个人传播视频内容需要领取许可证"的新规，就有批评家指出，"这种设立视频许可证的'懒政思维'，必定伤害中国正在成长的开放社会与公共空间。"①而积极支持网络恶搞的韩寒也不无尖锐地指出："禁止'恶搞'才是当下这个社会最大的'恶搞'"②。而更多的网民，在近几年的恶搞媒体事件中，也表现出积极支持的一边倒姿态。虽然很多人对这种过火的恶搞心存忧虑，但相较国家这种不恰当的禁止姿态，更让人忧心的是，如果禁止"恶搞"，是否会在道义上甚至法律上形成对言论自由的粗暴践踏。特别是当我们承认，一个社会的道德宽容程度和文化多元度正在成为衡量一个社会是否文明的重要标尺，那么以种种理由扼杀公民的言论和娱乐自由，就显然不是当下社会应具有的开明观念与作为。当然这也并不是说国家对此种现象就应该听之任之，在此列出此问题的目的只是想借此提醒，这种对恶搞进行管制的国家行为，一方面显示了网络大众文化与主导文化之间的彼此矛盾和隔

---

① 婴雄：《网络视频许可证"恶搞"了谁？》，《南风窗》2006 年第 17 期。
② 韩寒：《广电总局禁止恶搞才是今年最恶搞事件》，《南方日报》2006 年 8 月 23 日。

膜，以及恶搞群体对主流意识形态建构的不完全信任。另一方面，也由于这种网络开放性与大众参与性所引发的新状态文化，其狂热的发展趋势，显示了其在终结既成文化的信息垄断和话语霸权方面的惊人力量。而此力量已明显地让主导精英们感受到了一种无法控制的焦虑和惶惑。有鉴于此，在即将结束本节讨论的最后，试着对缓解和正确面对此问题提出粗浅的想法。

（一）建立文化宽容与开明沟通的社会机制的必要

陶东风曾认为："后全权社会正是大话文化与犬儒主义产生的最重要的社会根源。"①陶东风的此种见解为我们深刻理解当下文化犬儒主义、特别是一些恶俗的无厘头、选秀、真人秀现象盛行的现实景况提供了途径。应该说当下的中国正处在一个从全权社会向后全权社会过渡的进程中。一方面，较全权社会，后全权社会有了较多的言说空间和权利自由，而恶搞、无厘头、大众文化的出现，正是这种言说自由开放的产物，从这个意义上来说，这种社会体制为许多亚文化的传播和流行提供了体制的可能和相当的自由。但另一方面，后全权社会对言说的限度和深度却又制定了无数的潜规则。而这些潜规则在一些重要的区域依然发挥着实质性的作用。在这种情况下，人们被鼓励起来的对言说自由的信心又可能因为这种潜规则的受制性，而丧失了对真正的严肃、重大甚至敏感问题的参与和讨论，于是悖论就出现了，一方面言说自由的适度开放使人们敢于怀疑官话、套话、空话，极力地想通过自己的方式抒发对其的解构和反抗。而另一方面，他们又无法真正表示自己的不满和抗议，所以社会的这种虚假宽容就促成了一种明刀暗枪的嘲笑和不动声色的讽刺的流行，也即陶东风认为的这种社会最重要的病症就是："表演性，人人都在正儿八经的表演，都在假装相信并重复自己根本不相信的大话、假话、空话。"②而恶搞式的戏谑颠覆，在本质上恰是一种虚假的仪式反抗，那么其与这种社会体制的契合就不足为怪

---

① 陶东风：《犬儒式生存与抵抗——"大话文化"现象考察》，载《当代中国文艺思潮与文化热点》，北京大学出版社，2008，第316页。

② 陶东风：《文学的祛魅》，载《当代中国文艺思潮与文化热点》，北京大学出版社，2008，第316页。

第六章：反抗与妥协的暧昧——无厘头作为社会文化变迁的症候

了。久而久之，那些只能沉浸在形式上恶搞和娱乐的人们，最后自己也不得不变得无聊和庸俗。所以，要治疗整个社会的无聊和庸俗，还需从增加社会文化的宽容度上努力，因为，"真正的宽容度的增加应该使人们活得充实，感到生活充满意义，因为当一个人能够按照自己的意愿选择生活理想和生活方式，全面自由地表达自己对于社会、人生各种问题的看法的时候，他应该感到生活的充实和自身价值的实现，怎么会反而无聊呢？"[①]因此，从根源上来说，尽快地创造一种宽松、透明的社会环境，让大众能够拥有及时了解社会文化焦点问题真实情况与意义的权力和可能，并通过主导文化的正规渠道建立起平等交流的文化生态和良好的公共空间，应该是最为任重道远的事业。

（二）主导文化的正面引导与重塑主流文化价值的意义

当然从现实可行的意义上来说，一种理想的公共空间和真正多元的文化环境，并不可能在短时间内一蹴而就。但显然无厘头的积极意义以及无厘头恶搞的负面影响，都正在昭示着大众心理观念正在试图开始进入一个后物质文明的时代，而这些文化症候的出现和影响的深度广度也正体现着人们寻找与建构不同的更理想的文化样态更新的速度和期望程度，因此，在社会体制还未有根本的变革之前，主导文化与大众都必须随时转变看待对方的思路，甚至需要另寻文化对策来对待不断发展变化中的各种新兴文化行为。事实上，在大众媒介极其发达的时代，一旦这样的文本盛行，倘若主导文化管理部门只是一再地期望以限制取缔得以缓解，那么这种限制导致的结果正如上所述，很可能非但不能难让已经获得意识初步自由的大众心悦诚服，更可能适得其反，甚至还可能进一步刺激大众的暴民心态，让大众在自发性叛逆情绪中，继续为某些恶俗恶搞煽风点火并乐此不疲。当然还有可能会出现这样针锋相对的反问：既然人们认为恶搞可能会误导青少年，影响他们对价值观的认识，不能帮助其形成崇高的道德感和人生观，甚至有可能导致他们对使命感、责任感的推卸和淡漠，但是，谁能保证取消了"恶搞"，人们的使命感、责任感、良知就不会淡薄缺失了吗？答案显然不

[①] 陶东风：《文学的祛魅》，载《当代中国文艺思潮与文化热点》，北京大学出版社，2008，第 26 页。

是，所以这里对主导文化来说更为重要的问题，不是要不要彻底消除"恶搞"，而是要如何激发和重建人们最根本的文化良知和健康的价值观。这种文化良知不是高高在上的道德感，而是人类对人性中最基本的真/善/美、假/恶/丑的起码辨识。它不仅是人类社会赖以存在和发展的基本道德原则，也是人区别于其他动物的一种内在依据。但重要的是这种文化良知该通过何种途径和如何重新获取大众的青睐？笔者认为，单纯地强调精英文化对价值观的建构作用已不太可能，因为事实证明，大众文化、特别是无厘头式文艺的兴起正是人们对精英文化霸权和一元文化意识的质疑和反抗的结果。因此，相对精英文化，流行的无厘头文化可能更契合于大众的心理特点和期求。所以，发现和倡导这种文化的正面价值和其对价值意义的特殊阐发方式，并通过对其积极文化意义的肯定和传播，进而影响和重塑大众的文化良知，应是更为可行和有效的途径。当然这中间也必然要牵扯如何甄别文化的积极价值和负面价值，而此则需要更多的研究者投入对此种文化的深入研究。

四、无厘头作为审视文化艺术更新的一种路径

如上所述，无论是无厘头还是恶搞文化，概括来说，既渗透着人们对艺术体制和文化观念期待已久的大胆尝试与创新，也在其娱情功能与形式颠覆的彰显中夹带着某种"恶作剧"色彩，既明晰地表现出对传统文化体制的"反叛"、"解构"，又相当有意味的凸显了"娱乐"、"消费"、"无聊"、"犬儒主义"的种种社会文化肌体失调症候。而也正是无厘头文本对这些社会文化体制深刻的矛盾和病灶的赤裸裸敞开，在人们不无肯定地强调无厘头凸显了一定的积极意义的同时，又让很多人，特别是那些秉持主导文化的人们和相关部门感到惴惴不安：这种"无厘头"形式本身究竟是一种纯粹的商业性语言消费行为？还是一种颇具创新的批评和解构策略？究竟是对文化成规的反叛，对精英意识的挑战姿态，还是会成为商业社会的消费同谋？同样也引起学界的相当争议。尤其是，还有一些颇显恶俗的恶搞式文本并不把质疑、反抗传统当作首要的考虑，而是把游戏、欲望、感性、肉体等当作一种心理需求的核心时，该如何正确看待这些文本的审美意义、文化蕴涵和价值缺陷，以及这些文本背后彰显的社会文化病症，进而如何对这些文

第六章：反抗与妥协的暧昧——无厘头作为社会文化变迁的症候

化形式进行正确的引导,就成了颇为棘手和复杂的问题。

从艺术本体论的角度来说,如上文分析,无厘头文艺中,诸如大话影像的模式重现,文本的戏仿拼贴,互文手法的运用,网络无厘头现象的出现,并不如有些批评家的苛责,是一种徒有消解姿态,而无真实意义的表现手法,或者说就是胡乱拼贴、七零八落、放逐历史的"一锅乱炖"。也并非如人所预见的,已经或者即将被晚期资本主义的文化逻辑收编,被商品经济强大的消费能力所吞噬,从而丧失了应有的抵抗或批判的力度。后现代主义的德里达和哈琴都曾指出,对后现代文艺的考察,并不能简单的将其与社会学的后现代性混淆,作为一种艺术形式,无厘头式的后现代文艺不仅是文本和历史深度间的相互解构,也是一种重构,这在前文中分析的诸多例子中都能发现,它们隐藏着一种艺术上的批判和创造的维度。从这个意义上说,无厘头文艺作为后现代文化的具象呈现,正在逐步修改既定的艺术观念和审美趣味,它通过对经典传统文本的戏仿、互文和深层链接,从形式和内容上达到对传统范式、经典文本、权威话语的挑战和反动,通过对新文本的生成和新的审美趣味的催生,相当隐蔽地呈现了独有的批判性和对抗性。因此,在后现代语境中的无厘头的历史感和深度感,与其说像很多理论家所宣称的那样被一概消解,毋宁说它消解的只是话语和表达方式上的权威。琳达·哈琴曾认为后现代"戏仿实践的全部意义在于对戏仿这一概念的重新界定,认为这是一种保持批评距离的重复行为,使得作品能以反讽语气显示寓于相似性正中心的差异。在历史元小说、电影、绘画、音乐、建筑中,这种戏仿自相矛盾地既表现了变化,又体现了文化的延续……将反讽和游戏包含在后现代艺术之内绝对不意味着必然将严肃性和目的性排除在这种艺术之外"。① 也就是说,"后现代主义试图反抗现在人们已经逐渐看清的现代主义的倾向,即将艺术与世界、文学与历史分离开来,建立封闭的、精英的孤立主义。然而,它却经常采用现代主义唯美技艺来反抗现代主义唯美技艺。艺术的自立性得到了悉心的维护:元小说的自我指涉性甚至还强化了这种自立性。但是,通过看似内向型的互文性,使用戏仿

---

① 琳达·哈琴:《后现代主义诗学:历史·理论·小说》,李杨、李锋译,南京大学出版社,2009,第36、37页。

的反讽式颠覆手法,又增加了另一个维度:艺术与话语'世界'——并且通过这一世界重建与社会和政治的批评关系。"①

从社会文化的发展变迁角度来说,无厘头文艺大多旨在反映社会文化的某种潜在意图,文本的内容不是对历史古人做今人今事戏仿,就是以某种真实文化事象为由头和基础。然后或以某种出人意料的手法拼贴出种种离奇情节,或者改变某种既定文化影像、现实事件的意义趋向,或者对其做看似"荒唐"实则具有某种意义的拓新言说,通过不时激起人们对文化更新情绪或精神意义变迁的敏感与认知,并试图达成更新或者修正一定的社会文化意义甚至某种秩序的目的。尽管人们对究竟该如何看待无厘头文化,还无法定论,但是不可否认的是,它们作为文化探险者曾建立起的一种文化发展路标,揭开的即成文化的复杂矛盾,在迫使当下文化向着一条更为多元化、成熟化的道路迈进的同时,至少可以让人们意识到当下文化的诸多病症,并逐渐消解和完结某种一元、固化,乃至保守落后的文化意识。而无厘头文化中的某些精神内核,比如反叛、解构、自由、随意、天马行空的想象力等,都始终隐含着多元的、开放的、对话的文化特质,如果可以健康有序的发展,它很可能能够较好地融合历史/当下、高雅/通俗、传统/现状、现代/后现代、消解/重构的多元和复杂,或者重构精英文化与大众文化相对自主,但又相互沟通和互动的良好文化网络。

总之,无厘头式的后现代文化的出现,正在深刻地影响和改变着人们的审美认知、精神生产和思维图式。特别是以网络传媒和高科技影像为主要技术支撑的符号与文本,既成为当下进行文化更新的主要动力和途径,也成为社会大众对文化进行"娱乐消费"的主要方式和诱因。应该说,作为社会文化再生产的重要组成部分,无厘头影像、文本以及恶搞的流行与传播,正喻示着社会关系可能潜在的分野、裂隙,和社会新秩序的实践、重塑等,它们既体现当下大众对自由、民主、平等的社会机制的崭新诉求,也同样是当下大众无聊空虚、浮躁情绪乃至迷惘心态的症候体现。它们的光怪陆离和流行泛滥无不清晰真切地表征着当下社会层叠纷繁的文化意识的消解和重构。

---

① 琳达·哈琴:《后现代主义诗学:历史·理论·小说》,李杨、李锋译,南京大学出版社,2009,第36、37页。

第六章：反抗与妥协的暧昧——无厘头作为社会文化变迁的症候

因此，对此种影像文本进行艺术本体和社会学的考察，就显得极为重要，首先，此种考察，不仅可以从审美艺术的角度，讨论无厘头文艺各式文本对艺术体制的更新模式，引领大众正确感知当下这种新兴的民间本位"艺术"的独特品质和特异的表达方式，也注意到此种审美体制对表征社会文化的特效与缺陷，为探寻当下文化与文学方式的思维更新提供新的探索努力。其次，这种考察对调整当前文化范式，尤其是理解和审视影视、图像这些高科技媒体的价值意义也颇为重要，不仅有利于帮助大众正确甄别此种影像文本的正面或者负面价值，使大众在轻松愉悦的消费中，也能自省和重构各种可能的社会人文担当与责任。而且同时通过对社会病灶的发现，也有助于督促社会文化做及时调整，对建立开明多元的社会文化环境和及时有效的互动沟通机制都有着不可忽视的意义。

下编:全球化场域中的族裔想象与文化经济

第七章：全球化背景下新世纪武侠电影的症候式解读

一、问题的缘起与武侠电影研究的方法

首先重提武侠电影研究的意义阐释，因为它不止是娱乐。

作为中国唯一可以与外来大片抗衡的较为成熟的类型片——古装武侠片，自 1928 年第一部武侠影片《火烧红莲寺》诞生以来，已经走过了 90 多年的风雨历程。期间无论是经历过偏离"武侠"本义，沉醉于神怪奇幻的剑术、机关、阵法之中的神怪小道，落下"荒诞不经、漏洞百出、白日做梦"的骂名；还是延续着封建迷信、恩怨报应、神怪恐怖为精英文化所不齿为"宣扬暴力，渲染血腥"的邪魔外道；甚至是在国难当头，被斥为"精神鸦片，阻碍革命"的靡靡之影像，几乎遭遇禁拍、禁演的灭顶之灾。但 90 多年来，贬损之间，武侠电影并没有因此绝迹，而是以其逐渐成熟的运作理念，弥足珍贵的侠义精神，顽强不屈的拯救意识，天人合一的创作视野，深邃悠远的古典情怀，创造了一个又一个的武侠神话，不仅深深地对应和召唤着国人源远流长的江湖、侠文化原型和集体意识。而且在 1980 年代之后，逐渐成为一种参与社会文化生态平衡的动态机制，或者说一种特定的文化编码方式。可以说，不同时代、不同背景，在不同的代际导演、不同的创作团队的锲而不舍的演绎和创新下，武侠片在不断创新——遭遇瓶颈——再突破——再成熟的过程中，通过文类自反的动力机制，对侠义、江湖的重新阐释，武侠与魔幻、科技日常生活的融合，现代意识的代入，意识形态权力的争夺，数字技术对武侠表意空间和叙事深度可能性的尝试和开拓等翻新升级的努力，在当下的海内外市场上始终保持着"一直被模仿，从未被超越"的优势地位，甚至武侠片本身也已然成为中国传统文化的巨大能指，在对外文化输出中占有着不可小觑的份额。

应该说,某种程度上,武侠文化之于中国人,就如超级英雄之于美国人,光影流转间,太多的侠骨柔肠、剑胆琴心都已经成为镌刻在时光荧幕上的不朽传奇。所谓千古文人侠客梦,谈及武侠情结、武侠精神,可以说,每个华人心中都会无法抑制的升腾起一个有关武侠的鬼魅诱惑。这不仅是因为阅读武侠或者观看武侠是一种肆意酣畅、自由狂放的娱乐行为,也不仅是因为武侠情结有效地纾解了现代人莫可名状的诸如弗洛伊德、阿多诺等人所言的心理和现实焦虑,为失意彷徨的现代人提供了一个安然诗意的精神驿站。当然如果我们就此认为武侠影片仅仅止步于一种"娱乐行为",那么我们就无法解释,一代代的创作者为何选择武侠题材来苦心孤诣地植入自己的思考、梦想或者痛苦、反抗。一代代观影者为何在哭了、笑了的观影体验中一遍遍地叙说着自我与社会、时代与创伤、家国与世界的多重镜像。理查·戴尔曾说:"娱乐的核心要旨,即乌托邦主义。"当然这种乌托邦主义不是通常意义上政治层面的一种制度理想,而是通过对观影者的感官和心理的暗示,"从而获得感觉层面的救赎与非直接的如愿以偿。"①宋伟杰在对这种乌托邦主义进行考察时,还进一步申明:"'娱乐行为'所构造的'乌托邦主义',乃是积极功能与消极功能的共生共存。在'逃避'和'满足'这两种想当然的描述之外,乌托邦还有对现实秩序'质疑'与'批判'的一面。诚然,就消极功能而言,'逃避'行为确实是'实践的缺失',是对'行动逻辑'的否定。"②但"乌托邦的积极层面在于,它是对现存社会的缺陷与不公提出了有力的'挑战'与'讽刺'。它通过打开可能性的领域,曲笔书写了作者、读者内心深处的怀疑和叛逆,从而为现存的模式和体制提供了'对抗性'或者'替代性'的维度。"③

陈清侨在谈到香港武侠电影中的希望喻象及江湖想象时也指出:某种程度上正是通过对"'江湖'在电影中的文化表征意义及其产生过程"以及

---

① 理查·戴尔:《娱乐与乌托邦》,宋伟杰译,载《当代电影》1998年第1期。
② 宋伟杰:《从娱乐行为到乌托邦冲动——金庸小说再解读》,江苏人民出版社,1999,第6页。
③ 同上。

"'武功'在作品中的寄意形象以及技术性再现",来"审视我们在文化想象中,依然留存的'乌托邦作用'的痕迹,"①进而重新唤起港人面对现实的希望和勇气。而根据布洛克关于"希望"的论述,所谓的"乌托邦作用"正是指人类对根本文化期盼的能力,是人的希望本质,是从颓废的现实中突围而出的信心和憧憬,也是介入现实进而改造现存制度和生存秩序的不可遏制的冲动。

所以通过阅读电影意义世界中想象的、幻灭的、挫败的、欲求的乃至犬儒的文化意识形态倾向,我们或许能够看到乌托邦希望在当下现实框限中所触及的现实底线和未来尺度:比如当下人类普遍的焦虑、绝望等重要的文化问题,如何通过影像喻象式的投射得到处理和解决?这些喻象又如何提供一种颇具社会历史潜能的诠释视野?透过寓言借喻的视野,我们又如何将一个形象,或是一整个论述,阅读成另一个形象或者另一套论述?从这个意义上可以说,武侠电影正是这样的一种文化勾连的中介,一种具象性的社会表征过程,也如戴锦华所言的是"一个特殊的消费对象,一份重要的社会文化症候、一种特定的文化编码方式。"②它同时给予创作者和观影者某种时间及空间,使之可将个体经验和感受适时的转化为集体无意识或者社会群体的想象。张颐武曾说:"电影就是一套文化机器及意识形态运作的结果,电影从来不是像一些人相信的那样只是一些艺术家的个人的创造性的展开。"③

事实上,作为大众文化的一种,武侠电影从来不会只简单地贩卖娱乐和笑点,新世纪之后,中国电影产业进行了一系列重大的体制变革和机制转型,在电影工业一路飘红的姿态中,古装武侠大片有目共睹地占据了一个突出的位置。自2002年张艺谋通过高投资、大制作、超强明星阵容打造

---

① 陈清侨:《当代香港武侠电影中的希望喻象及江湖想象》,《电影艺术》1997年第4期。
② 戴锦华:《电影批评的意义和功能》,载《光影之隙:电影工作坊2010》,北京大学出版社,2011,第33页。
③ 张颐武:《全球化与中国电影的转型》,中国人民大学出版社,2006,前言,第3—4页。

出《英雄》之后，中国武侠片以一种前所未有的涉入姿态和超高票房，贡献了中国电影行业的奇迹崛起景观。但有意味的是：一个完全以"古代中国"为背景、以"历史实事"为基点、以"神话传说"为框架、以凝结了浓重的传统中国伦理价值观的"故事"为蓝本的经典意义上的"中华民族"的电影类型，却基本绕过了本民族的审美趣味、并不以本土观影主体的接受心理为主要依据、也不再以其原生文化群体的价值体系为参照，也就是说这个影片从制作、宣传、上映到批评一系列的环节显然溢出了传统武侠电影美学、社会学、传播学、接受心理学等单一理论的范畴。其所形成的"超高票房"与"超差口碑"之间的必然关联与隐晦逻辑，至少有着一个明显的暗示：以《英雄》开启的中国古装大片，其目标（市场）一开始显然就略过了"国内"或曰"中国"视域，直接"走向世界"。这一方面是武侠电影制作人对当今世界格局变动的敏锐捕捉，为中国崛起论做出的自己诠释。另一方面也可以说，借助优秀的民族文化，武侠片成功地楔进了全球化的大命题中，成为中国电影对接进海外市场的一种策略。

因此，区别于1990年代之前，武侠电影仅仅是商业片或者娱乐片的次等地位，在面对2000年之后中国电影如何走向世界的问题、面对电影政策的调整、面对消费市场意识形态的急剧膨胀、面对新的观影群体（新中产）的出现、面对现实中政治、权力、意识形态的争斗、合谋问题、面对江湖侠义如何传承、重新阐释问题、面对如何抚慰个人在秩序面前的抗争问题、面对现代人如何进行逍遥与拯救问题等，新世纪的古装武侠片显然表示了持续的关注和努力。这表明武侠电影虽然在虚构叙事的层面上，显示的仍是脱离中国现代历史的想象，但另一方面却也是前所未有地和中国当下的社会、历史、电影产业进程紧密联系，划定出一个全新的学术领域及其面向。因此，作为一个典型的文化类型，其既显示了在全球化进程中对中国的社会、文化的深度发展的贡献力量，当然也自行袒露了其在这些互动关系中的偏离和迷失。

所以，在这里试图将新世纪武侠电影放在历史和文化的网络中，透视它的经济、社会和文化的意涵，揭示武侠电影、中国、中国武侠电影这几个关键词之间的复杂微妙的关系，同时，也展示这种关系中所昭示新的"全球化"时代的中国电影的新命运。从这个意义上说，武侠电影就不再是一件封闭在武、侠、江湖等虚构层面的孤立的传奇故事,而是已然成为历史、现实的一个坚实部分。它既参与了新世纪电影场域的建构,也被电影场域的发展历史和现实局限所建构;它既是我们集体想象的一部分,又同时在组织和构筑着关于民族文化的新想象和新未来。

其次,通过对全球化与当下武侠电影存在的多元语境厘析,发现武侠电影的存在与发展不止是机遇。

尽管当前学者们对何为全球化,全球化的本质特征何为,全球化到底应该是一种社会发展的过程还是结果本身,能否对全球进行类型划分,除了经济全球化,文化全球化或曰政治全球化是否也该存在,全球化到底是跨国的同质化统治问题,还是催促地域文化从狭隘的国家和民族形式下解放的源泉,全球化对中国社会、政治、经济、文化、生态到底会产生怎样的影响,全球化最终的形态是什么等问题还未达成相应的共识,但是全球化带来的资本的跨国流动,产业的跨国经营,政治文明的多元互动等却越来越促进着文化样式、社会形态乃至生活方式的趋同性,也即所谓的同质化现象,却已成为一个不争的事实,尤其是对于经济基础尚且不是很发达的中国而言,全球化带来的挑战与机遇将同样巨大。正如有研究者所言:"经济全球化带来了文化全球化,它使得西方的(主要是美国的)文化和价值观念渗透到其他国家,在文化上出现趋同现象,它模糊了原有的民族文化身份和特征。"[①]应该说,全球化作为一个新出现的充满张力和对抗的空间,诚如詹姆逊的预言,将是一个漫长的持续过程,它所袒露出来的事态的复杂性、关联性和由此折射打开的众多问题场域,将伴随我们长期存在。所以,参与全球化的实际关系与发明一种新的文化和新的政治,在本质上极可能蕴含同样的逻辑,这种理论将提示我们在阐述全球化时,必然要将社会和文化科学、理论和实践、西方和东方、地域性和全球性、后现代性和现代性等可能的选择密切关联,而在未来的若干年里,这些将构成多重理论的普遍视界。

将此折射到电影行业,当下全球化主要是指美国好莱坞电影成熟的运作模式、包打天下的普世价值观、全球性的强势增长所带来的多方影响。因为我们现在再谈好莱坞,"它所代表的不仅仅是一种占有世界 80% 以上

---

① 王宁:《全球化理论与中国当代文化批评》,《文艺研究》1999 年第 10 期。

电影市场的霸权形态的文化产业,更代表着一种导致全球文化单向性、趋同性危机的文化模式。"①让·米歇尔·傅冬也曾指出:"所谓'好莱坞'不仅仅指美国的电影工业,甚至包括美国的娱乐和传媒体系,更意味着一种'全球模式'。""好莱坞就是通过其成熟的复杂的市场技巧让全世界的大脑同步,它是一种商业化和专断化,最终将导致多样化的消失。面对这样的全球霸权,负责任的电影人和批评家应该让眼光超越好莱坞,建设多元的电影模式。"②那么随着全球化的不断深入,好莱坞电影模式将给尚处于弱势的中国电影产业带来怎样的文化冲击?面对好莱坞电影的超强攻势,国产电影如何寻求自我的生长空间,最近十多年的武侠电影创作实践又呈现出怎样的创作态势?如果说,资本的全球化势必会带来文化的全球化压力,那么最具民族传统的武侠片也势必因此生发复杂而微妙的嬗变。比如武侠尽管是以民族性、历史感为想象构建自己的江湖文化,但是跨国资本的文化普适性又必然会对其做出调整,因此,对武侠电影来说,跨国资本的注入,不仅改变了武侠电影的资本构成,为电影创作提供了新创作方向和新审美原则,同时也取消了武侠作为中国传统文化的某些类型性和民族性的特征。有人甚至认为:"国际影视传播必须立足于人类生活中的共同情感。任何具有民族个性的影视作品,必须首先立足于全人类共同的情感,才能找到转换代码。否则,就难以进行跨文化传播。"③从这个意义上看,新世纪武侠电影在制作观念、创作态势、文化传播、精神价值上发生的诸多新变与实践正是对此的回应。

事实上,中国电影市场接纳好莱坞从1920年代就开始了,1930至1940年代中国电影市场上75%以上都是好莱坞电影。1949年后,由于意识形态要求与中国对独立自主创作的追求,曾一度拒绝了美国电影的涌

---

① 饶曙光:《华语电影:新的美学策略和文化战略》,载陈旭光主编《华语电影:新媒介、新美学、新思维》,北京大学出版社,2012,第60页。
② 饶曙光:《中国〈华语〉电影发展与对外传播》,中国广播电视出版社,2013,第353页。
③ 徐群晖:《当下中国电影发展战略研究》,《浙江艺术职业学院学报》2005年第2期。

入。而美国电影再一次来袭,是从1994年"十部大片"的引进开始,一直到2002年,以分账式的配额制方式存在。但好莱坞电影的冲击力已经让很多学者惊呼为"狼来了"。随着2001年中国入世,中美双方就中国"入世"签署的双边协议开始正式生效:"入世第一年,允许外商在华设立合资录音和录像公司,外资股份占49%以下;三年后允许外资占50%以上股份的公司从事电影院的建设、整修和经营,中国进口电影的配额加倍为20部,三年后将配额增加到50部。"①基于此,"狼来了"已不再仅仅是个预言,而成了真真切切的现实。事实上,经过十多年的电影实践,我们还可以从下面的数据中,看到进口影片在票房上对国内市场的影响,据现有的统计数据,应该说在2002—2012年,虽然"狼来了",但是国家一直在通过各种政策的调整,平衡着国产和进口影片的票房,使得进口影片一直维持着不超过50%的较为平稳的趋势。但是到了2012年,进口影片却以88亿元的票房,首次战胜国产影片,成为电影行业进行各项调整和改革的一个更为危急的信号,也就是说2012年,中国电影的保护限期已尽,国产电影在票房上的败北,已然昭示了一个不容乐观的现实。

当然需要在此做出解释的是,2013年,全国电影票房高达217.69亿元,国产票房127.67亿元,进口票房90.02亿元。国产影片市场份额突飞猛进,首次达至58.65%,这似乎以一个强有力的数据宣告了"危机"不过是杞人忧天。的确,2013年的中国电影成为世界电影市场中一匹黑马,仅仅12年的时间,就从一个濒临生死存亡危机的边缘一跃成为世界范围内少有的,并且能够在本土市场上对抗好莱坞的国家。

但是如果深入分析这些高速增长的票房成绩,即票房=票均价×观影人次=票均价×银幕数×每银幕接待人次,其中,观影人次=银幕数×单厅人次,单厅人次=银幕周转率×上座率×单厅座位数。那么可以看出,票房的增长实际上取决于平均票价和观影人次的增加。结合最近几年院线荧幕量的数据,据艺恩咨询统计的最新数据显示,"2013年新开业影院970家,全国新增银幕5077块,新增座位48万个。2013年影院共放映场次

---

① 尹鸿:《WTO与中国电影:电影市场是最大的政治》,《南方周末》2001年11月26日。

2880万场,较2012年多出821万场。在观影人次这一指标上,2013年观影人次为6.1亿人次,较2012年的4.6亿人次净增1.5亿人次。"①但是通过对新增人次的地域来源作出分析,可以发现2013年国产电影票房成绩的大幅上升,更多的是来自于三、四线城市荧幕数量的增加(见图1,图2),因为"2013年上映的进口影片和国产新类型片在一二线城市的票房明显高于三、四线城市。""而在三、四线城市,不可预知的票房波动则更加突出,大明星、大场面、粉丝效应等对票房的拉动作用也更加明显,"②这也正如有人指出的:"支撑中国电影市场实现跨越式发展的背后是一批异常年轻的都市观影群体的形成,他们已经'用脚投票'的方式决定着中国电影的基本形态。"③因为他们对熟悉的本土题材的国产电影可能更有亲近感。业内的分析师高辉也曾坦言,未来国产电影票房占比会维持在50%强的比例,也就是说国产片最受益于新增观影人群。④

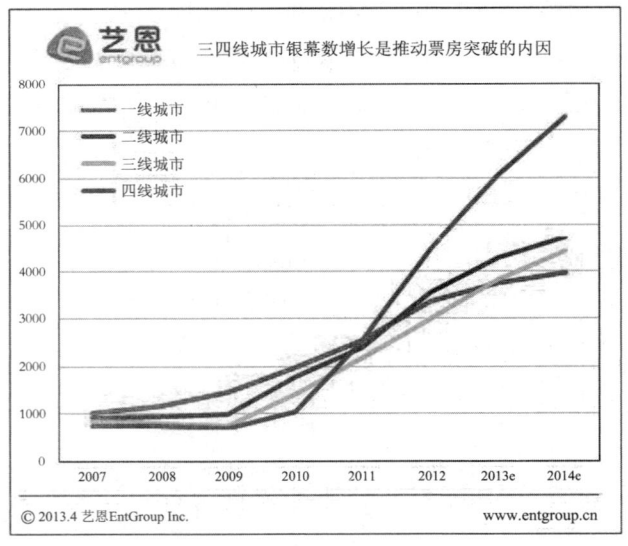

图 1

---

① 艺恩咨询:《2013年中国电影市场最终票房为217.69亿元》,2014年03月18日,艺恩网。

② 刘阳:《2013,国产电影全面进步势头强劲》,《人民日报》2014年1月9日。

③ 张慧瑜:《两种中国想象——由一张"中国电影地图"想到的》,《南风窗》2014年第21期。

④ 《国产电影票房前景看好》,《福建日报》2013年3月26日。

第七章：全球化背景下新世纪武侠电影的症候式解读

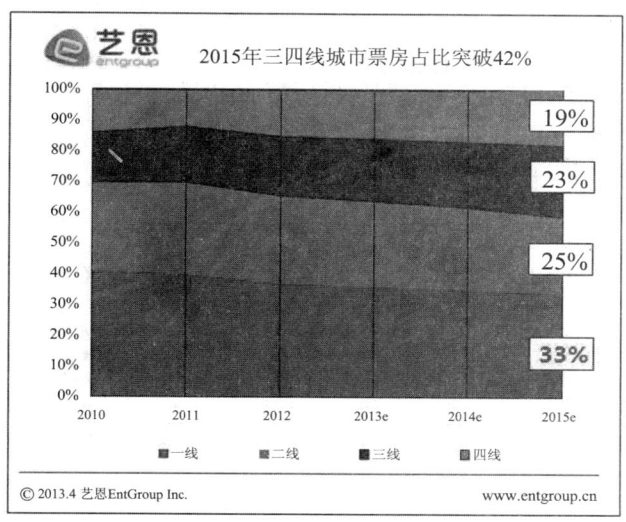

图 2

但是尽管数字可观，2013 年的票房口碑却逆向而生（见图 3）。《小时代》《富春山居图》，分别以 4.2 亿和 2.9 亿票房，位居排行榜第四位和第六位，但在质量上却成为公认的"烂片"。这些信息都在提示着"低质量、高票房影片的出现，根本原因在于电影市场的成熟度不高。"①而在一个成熟的电影市场上，观众的观影选择和票房投票是被大量而持续的观影行为所熏陶和培养出来的，这就使他们对电影的内容和质量都有较高的期待和要求，也能较为理性的选择和评判电影在题材和创新选择上的得失，也是在这样的市场上，影片质量才有可能首先成为被肯定和认可的指标，才能成为票房回报的首要条件，市场规律也才能更为有效和更为真实的发挥作用。但中国当下的电影市场却显然还相距甚远。

如果列上 2012 年出台的"中美电影新政"："1. 在原有 20 部配额的基础上再增加 14 部 3D 或者 IMAX 电影；2. 美方票房分账从原有的 13％升至 25％；3. 增加中国民营企业发布进口片的机会。"②可以看到，中国电影

---

① 刘阳：《2013，国产电影全面进步势头强劲》，《人民日报》2014 年 1 月 9 日。
② 戴锦华、滕威：《2012 年度电影访谈》，载《光影之痕：电影工作坊 2012》，北京大学出版社，2014，第 25 页。

图 3

从制作、拍摄到营销等各个环节都只会与好莱坞合作越来越密切,中国电影产业也会越来越被裹挟甚至是主动参与在全球化的巨大吸力之中。虽然据广电总局报道,面对中美电影新政的威胁,广电总局在宏观调控上暗自实行了"国产片保护月",用以挽救国产票房的危机。同时"专资办颁布了'新四条',通过返还专项资金等奖励方式鼓励国产电影影片制作;在渠道上,鼓励电影院线放映国产影片,加大对国产影片的扶持力度。同年颁布《关于加强海峡两岸电影合作管理的现行办法》,放宽两岸合拍的优惠政策及发行方法,促进两岸间电影合作交流,丰富国产电影的类型产量,海峡两岸将通过合拍、引进等交流方式促进大华语电影的融合。"①但另一方面,与国家暗中保护政策相对的是,好莱坞等各国电影公司纷纷落地中国市场,而中国电影公司也正在力推好莱坞电影的发行,美其名曰:与狼共舞。在这样错综复杂的政策体制、投资环境中,中国电影生产的参照体系正在经历着随时的巨大的变动。因此,相对于全球化带来的危机,票房的增长并不能成为消除危机的一个安慰性符号。相反,我们更应该警惕这些

---

① 艺恩咨询:《2012—2013 年中国电影产业研究报告》。

华丽的数字,尤其是这些数字的增长并不是建立在国产电影的质量提升和在海外市场上的竞争所得。因为在国际市场上,就出口的"45部影片票房不足15亿的收入而言,单片票房仅为3000多万。"①而一项针对欧美观众的调查结果显示,"中国电影在国外'能见度'较低,进入海外商业院线的中国电影数量十分有限。55%的海外观众通过录像带和DVD观看中国电影,32%的英语观众完全没有看过中国电影,三分之一以上的外国观众对于中国电影没有概念,一点也不了解。""一直以来,中国电影打入海外市场的多是功夫片,但是,近年来的古装动作片拍得非常空洞,将一大堆历史的元素进行堆砌,给外国观众的理解带来了困难。"②因此,从另一个更深的层面来讲,这些漂亮的数字可能恰恰在遮蔽另一个更为迫切的危机,也即如何更深层次的推进中国电影与全球化的互动,如何在武侠电影中传达既是民族又是普适性的价值观念,如何在电影国际化生产中形成中国电影的文化自觉意识,如何从创作理念到营销推广都保有电影自身的主体自觉,同时如何时时认清自己在全球化乃至整个消费市场中所处的形势,这不仅是武侠电影更是中国电影应对全球化机遇与挑战的最重要问题。

再次,通过对新世纪武侠电影繁荣的背后原因分析,发现不止是表面繁荣那么简单。

应该说,研究新世纪武侠电影,首先要基于对新世纪武侠片的业绩肯定。一,它们迅速地改变了中国电影的历史走向,进而也重组了中国电影的产业格局,以高额的票房贡献和知名度在当今中国文化产业的历史上留下了浓墨重彩的一笔。二,这些影片以强大的明星阵容,强势的营销策略唤醒了观众的历史记忆和大片期待,也促使影院地产商圈雨后春笋般诞生,吸引银行、风险投资及大量国内外资本狂热的圈钱运动。三,这些影片,直接推动了政府管理部门不断跟进政策完善和规范产业制度,诸如不断放开的电影政策,院线制的实施和完善,制作观念的更新和发行方式的多元化,档期制的逐渐成形,资本构成的多元化,CEPA的推行,影片分级

---

① 艺恩咨询:《2013—2014年中国电影产业研究报告》。
② 肖扬:《缺少文化价值——中国电影海外收入下降43%》,《北京青年报》2013年09月06日。

制的形成等。正如焦雄屏指出的"《卧虎藏龙》出现于20世纪末21世纪初,是一个石破天惊的转折,可以说它改变了整个华语电影的概念,从那个时代开始华语电影就有了一个质变。"①

但是需要注意的是,在文化软实力的竞争越来越多地依赖电影产业、文学艺术等产业化的当下,这些电影在急速"撑大"中国电影工业规模的同时,也引发了一系列国内国外市场、机制等方面的更深层次的连锁反应。一方面,《卧虎藏龙》《英雄》等大片的成功,导致了大量国际"热钱"的蜂拥而至,作为风投的目标对象之一,武侠电影制作越来越多的暴露出其对内对外在制度、产业、思维上的诸多短板。另一方面,武侠大片作为新千年电影投资最具潜能的价值洼地,对奇观化、数码科技的过度追求,造成的却是对武侠题材过度功利性的挖掘,比如过度透支的武侠内涵,刻意古板的传统文化输出,思想性和叙事能力的极度贫血,大师造梦能量的过度消耗,等等。

这些问题的凸显,一方面显示了中国电影在入世之后,在参与全球化的过程中,不期然的以西方"他者"所谓的世界性意识形态,或者借助强势目光进行文化乃至美学的包装和改造,进而讲述中国的传统故事,这是否意味着,即使中国经济在全球金融危机的背景下开始了"戏剧性"的"崛起",但是一种中国主体的叙述依然暧昧模糊,在电影中形成一种文化自觉、文化自信的叙事形态依旧任重而道远?另一方面,随着电影产业化的壮大,电影市场也逐渐打破了传统的武侠动作、喜剧、爱情片一统市场的局面,出现了类型片的多元化、细分化,诸如冯氏贺岁片、职场片、悬疑片、魔幻片、惊悚片、谍战片、历史片、青春片、怀旧片等类型片渐成气候,正在不断刷新着中国的票房纪录,而从2010年开始,中小成本制作的更贴近现实题材的影片,无论是在票房还是口碑上也屡屡双赢。如爱情片《将爱情进行到底》以2000万的成本,6天就票房过亿。《失恋33天》,1500万的成本,最后以3.5亿盛大收官。②《钢的琴》更是以其深厚的文化底蕴和娓娓道来

---

① 严保成:《后卧虎藏龙时代——焦雄屏学术讲座综述》,《北京电影学院学报》2008年第1期。

② 戴锦华:《光影之忆:电影工作坊2011》,北京大学出版社,2012,第4页。

的真诚诉说,赢得了众多学院评论家的激赏。同时,惊悚片的观影群体也逐渐增大。2012年的国产票房较2011年同比增长129%,《笔仙惊魂》《十二星座离奇事件》《青魇》等影片都取得了较好的口碑和票房成绩。此外,一直以来较弱势的国产动画片也有很大的发展,除品牌系列《喜羊羊与灰太狼》系列外,改编自游戏的《洛克王国》《摩尔庄园》等在市场上的反响也均较好。同时,主流商业片与主旋律影片的多种合谋,也显示了政治、历史与资本相恋后所迸发的巨大潜能,如果说在2006年之前,武侠电影一直扮演着国产大片的主角,是中国电影产业走向世界的代言者。但是2007年随着冯小刚《集结号》票房口碑的双赢,主流商业大片结结实实地印证了主旋律如何能够以艺术/商业合谋的面貌赢得市场。而借助2009年新中国成立60周年的东风,国产电影中主旋律献礼片多达40多部,票房成绩超过10亿元(2009年总票房62.06亿)。主旋律电影的市场化,或者说商业化,或者说如何能够"又红又娱乐"成为在市场化道路上摸索前进的中国电影又一个值得思考的方向。而之后的《山楂树之恋》《唐山大地震》《孔子》《建国大业》《让子弹飞》《十月围城》等的成功无疑验证了当初的设想。

  思想的匮乏、犬儒和妥协姿态,制作观念的他者化、过度奇观化,历史感的缺失,对传统文化的悖逆和扭曲,再加上其他类型影片的快速成长和成功实验,使得刚刚在新世纪豁然开阔的武侠电影创作,面临再一次的挑战。诸如在宏观的层面上,对外:古装武侠片如何在制作、技术、观念、舞美、剧本、演员的选择等方面摆脱西方他者的凝视,在文化自信的道路上迈出更坚实的步伐,如何在全球化的复杂身影里树立起新的中国影像,如何为中国电影搭建起一个重新赢得世界尊重的文化平台,如何重新讲述中国的江湖故事,如何在新的历史文化语境中演绎武侠精神,如何使"武/侠"的双重魅力既接续起悠久的历史传统,又对接上世界文化的深层脉动……对内:古装武侠片如何在激烈的市场竞争中,继续激发观众对武侠片的期待,如何在释放传奇想象、构建乌托邦神话的根柢上,建构起与当下意识形态、社会现实之间的有效勾连,如何通过虚构的叙事凸显出人、社会、秩序、权力、文化、历史、传统、资本、意识形态等之间的深刻关联和演变,如何实现与其他文类的良性互动,为保证中国电影生态环境的可持续发展做出应有的努力。在微观的层面上,古装武侠片如何在创作中,更好地处理叙事与数字技术的结合,如何在文化传承中发掘出更深层次的文化意蕴,如何以创新的美学经验和表现手法,制作出具有中国思想、中国特色、中国风格、中国气派的优秀武侠片,等等,都将成为武侠电影创作或者研究不可绕过的重要话题。

二、症候与生存:全球化语境与武侠电影的盛放/迷失

作为当代社会文化最重要的特征之一——"全球化",其所带来的语境的变迁,不仅影响着电影创作的理念、制作发行方式和整个电影的产业进程,也同样深刻地改变着电影理论的相关思考和电影研究的固有范式。具体地说,就是"全球化"带来的新世纪中国电影格局、产业体系与美学风格的变迁,一方面深刻地影响着电影产业内部从政策开放、制作发行、档期营销到传播内容的拓展和审美趣味的革新上。另一方面也始终伴随着中国经济、社会、政治在文化、体制、意识形态(诸如传统/现代、艺术/商业、精英/大众)等多层次全方位的碰撞与重构。

新世纪以来,中国电影产业濒临危机边缘,在内外交困中,武侠电影隆重盛放,颇有意味地以一个"武侠"承担起了救电影产业于水火之中的重大使命。但此番武侠电影的勃兴并非简单的1990年代娱乐精神的再度来袭。第一,是在亟盼"中国电影走向世界"的热诚呼唤中,恰逢其时地作为一个理想的载体,融合资本权力、知识精英、意识形态和观影大众多方力量的话语诉求,以民族化对抗全球化的高调姿态正式出场。第二,在经济、政治与文化高度全球化的现实语境中,新世纪武侠电影承担的不仅是如何复兴武侠电影,寻求武侠文类在新世纪新表达的责任,而是被相当程度地当作重组中国电影工业航母的一个有效策略,也即通过打通传统中国与现代中国,通过对历史文化的现代性转化勾连起东方视域与西方视域,进而打造中国影视传媒产业的国际品牌。第三,因为侠义精神、江湖想象作为承载中国传统文化和古典意蕴最具民族特性的本土文化,因而,武侠电影还被无形中赋予了印证中国崛起,建构国际化素质的"文化大国身份"、侠之大者的勇者风度的时代使命。

这些策略和使命,对2000年之前的还为那些知识精英和主导政治所

不齿的武侠电影来说,无疑是种荣耀,但是吊诡的是,武侠命题内在的"武"/"侠"/以弱抗暴/快意恩仇/逍遥自在等精神内核,却显然区别于新世纪急切的渴求"和平"与"强盛"的整体社会情绪。而此似乎也注定了武侠电影在当下的别一种命运,因此当充满悖论的武侠题材在新世纪的破空而来,也就不难理解为何这些武侠电影普遍地出现了以夸张的视听奇观,极端唯美的古典元素的运用,让人匪夷的历史价值取向,被抽空精神的武侠外衣等,来创造那个看似充满东方奇观,实则价值混乱、历史感缺失、主体中空的全球同质化想象空间。而这些则都成为我们观察电影/中国/全球化复杂关系的极好样本。

因此对武侠电影的考察,首先是基于全球化语境下,对武侠电影在新世纪的勃兴作出解释,分别从内部原因——体制改革的呼唤、导演心态、媒体评论的全方位商业位移和外部原因——全球化的危机、奥斯卡情结方面逐一论证。其次,在论证这些原因的同时,也试图说明,武侠电影在新世纪的诸多工业和美学上的嬗变与这些因素的复杂关联,力争在宏观视野上对新世纪武侠电影的出现、嬗变的背景、趋向原因做一粗线条的勾勒。

(一) 一个呼唤——中国电影渴望走向世界的呼唤

想要对任何一种文化现象,更准确地理解和预测它的发展走势,必须将它放置于一个更宏大社会形态和更广阔的文化环境中,才能较为客观地分析和评论它出现的原因。新世纪武侠电影的大规模出现首先是中国电影体制商业性诉求的产物。因为对中国的意识形态来说,商业性、娱乐性并非天然的合法。某种程度上,自列宁在20世纪初提出并强调电影可能具有的传播舆论的意识形态功能以来,电影作为国家意识形态机器的有效组成部分,在1949年之后,就受到了国家政权超乎想象的"错爱"和极为严格的管理模式。因此,在新中国前30年中,电影与娱乐无关,而武侠电影更无生存空间。直到1980年代后期,代表娱乐精神的大众文化才在悄然间争夺着精英文化和政治主导文化的控制权,在前者对后者不动声色的占领中,电影的经营、管理体制、政策思想才发生了多元化的改变。从计划的统销统购模式到市场化的自负盈亏模式,电影制片公司开始直接面对市场。而武侠电影的商业化、娱乐化诉求开始在犹抱琵琶半遮面的羞涩中,浮出水面。但是对大众文化趣味的长期忽视,加上其产业化进程的缓慢,使直到2000年初,还在摸索期的中国电影,陷入了前所未有的内外交困的危机之中。接下来的路该如何走,成了萦绕在众多电影人心头的困惑。

1. 大众/商业 VS 艺术/政治——2002－2003年电影体制改革的大动作

从计划经济到市场经济,体制的冰封是首先需要突破的。改革开放之后,中国电影体制的改革始自于1993年电影业界著名的"3号文件"和1994年的"348号文件",分别放开了中影公司和各大电影制片厂自主权。1995年,广电部继而发布《关于改革故事影片摄制管理工作的规定》,放开出品署名权,使得中国电影的制片、发行、放映、合拍等领域渐次向社会资本开放。与此同时,中影集团以票房分账方式开放国内市场,引进"十部大片"(其中包括成龙电影3部,好莱坞电影7部①)。这虽然被戴锦华等一些学者惊呼为"狼来了",但进口大片也从一定程度上诱发了国产电影市场的鲶鱼效应。《红粉》《阳光灿烂的日子》《红樱桃》《摇啊摇,摇到外婆桥》荣登票房前10名,成就了1995年电影市场的一丝狂欢。当然在电影产业远未充分开放和体制远未成熟面前,"1995的电影狂欢,除了成就了好莱坞奇观与金钱之流外,显然并未造就民族电影工业的曙光与国产电影的复生。"②而后的电影市场也的确证明,所谓的"九五五零工程"③,虽然得到了国家投拍资金的大力注入,但中国电影,除了冯小刚以《甲方乙方》开创的"贺岁片",成为在进口大片挤压中仅存的微弱果实,整个国产电影市场一片颓靡。1992年生产国产电影167部,之后逐年递减,到了1998年跌至82部。1999年回升到102部,却是因为国家为国庆50周年"献礼片"拨出的1亿多元的专项资金的特殊扶持,至2000年,总产量又下降至80多部。④ 随着

---

① 包括《狮子王》《亡命天涯》《红番区》《未来水世界》《断剑》《碟中谍》等。
② 戴锦华:《狂欢节的纸屑——1995中国电影备忘》,载《雾中风景:中国电影文化1978－1998》,北京大学出版社,2000,第457页。
③ 1996年中央提出,"九五"期间每年拍摄10部精品故事片,5年要出50部,即是所谓的"九五五零工程"。
④ 任忆:《面对入世的大背景国产电影艰难闯市场》,《瞭望新闻周刊》2001年第38期。

产量萎缩的还有票房的大幅下滑。"1989—1991年我国电影票房收入为27亿元、25亿元、23.6亿元。1992年、1993年全国的票房收入分别是32亿元、28亿元。93、94年是最低谷,到1995年,全国电影票房跌破10亿人民币。至1998年,全国电影票房收入14亿元,其中美国分账影片票房高达7.85亿元占54%。……1999年中国电影的出品量和票房数破了有史最低记录,电影票房收入只有8.1亿元。"①2000年电影票房收入8.6亿元,2001年电影票房收入8.9亿元。2002年,中国入世,引进的大片数量从每年10部增至20部,"狼"的威胁越来越大,而中国电影产业因多年体制弊端的积习,自主创新能力的缺乏,加上摸索中的挫折让本已孱弱的国产电影几乎走到了落潮的临界点。

生存还是毁灭,坚守精英立场还是市场化之路,答案已经不言自明,与其说这是大众文化汹涌而至的必然结果,却不得不说是2002年的国产电影在生死存亡边界的猛然醒悟,是一种迫不及待的纠偏选择。实际上,现在来看,中国电影当时观念滞后,创作手法陈旧,市场前景暗淡,很大程度上正是归因于当时电影旧体制的脚镣:过多的选材禁忌,过于繁琐的审查程序,过于模糊的市场诉求,因此,在严酷的生存法则面前,进入新世纪的中国电影体制只能迫切地进行转型,不断打破自身界限,寻求新的创作立场、身份认同和市场定位。而对电影的商业化趋势和产业化定位的认同,对市场机制和国际市场法则的尊重,就理所当然地成为接下来电影体制改革的几个努力方向。接下来,广电总局、文化部对电影商业化、产业化战略的主动谋求和迫不急待主要表现在以下几个信号上:

(1)加快推动各电影公司的集团化和股份制改革。2000年,国家广电总局面对市场,果断推动以上改革,结果是中国电影集团公司(1999年2月12日成立)之后,西影股份有限公司(2000年6月成立)、长春电影集团公司(2000年成立)、上海电影集团公司(2000组建)、峨嵋电影集团(2003年6月)、潇湘电影集团(2003年6月成立),中国六大电影军团相继成立。

(2)加大电影市场多重资本的注入:2003年10月8日和10月29日,

---

① 韦小波:《中国主流商业电影的审美与叙事研究》,博士学位论文,浙江大学,2012,第4页。

广电总局相继出台了第19号令(《中外合作摄制电影片管理规定》)和第20号令(《电影制片、发行、放映经营资格准入暂行规定》),其中20号令第三条鼓励境内国有、非国有单位与现有国有电影制片单位合资、合作成立电影制片公司或单独成立制片公司;第五条鼓励国有、非国有单位控股或单独成立电影技术公司,改造电影制片、放映基础设施和技术设备;第七条鼓励国有、非国有影视文化单位成立专营国产影片发行公司;第十条鼓励境内国有、非国有影视文化单位以参股、控股形式投资现有院线公司或单独组建院线公司。这一方面为非公有资本进入文化产业提供了政策保障与支持;另一方面,多重资本的介入,虽然客观上促成了资本结构中的投资主体的多元化可能带来的对创作多元化的诉求,但同时也从上游决定了电影的产品结构。比如:新世纪政府资本、境外资本和社会资本三方割据的状态代替了之前原有的国有资本对电影行业的垄断。各种资本从各自获得利益的目的出发,必然会加剧中国电影美学格局和取向的分裂和重组,从而推动了主旋律、娱乐片和商业片三分天下的生产格局的快速形成。而他们之间对市场和观众的争夺,又使得"奇观美学"的商业性元素成为其不可避免的选择,在美学形态上则是相对应的形成了"人物奇观美学"、"空间奇观美学"、"东方奇观美学"三种主要类型。

(3)"院线制"发行机构的建立。2001年,广电总局和文化部颁发了《关于改革电影发行放映机制的实施细则(试行)》,明确提出我国电影发行放映的主要机制为"院线制"。结果2002年6月1日,全国23个省(市)共建立31条院线,总计872座影院,1581块银幕。此后几年,这个数字逐年攀高。"截止2012年全国院线范围内新建影城880家,总影院数3680家。新增银幕数为3832块,平均每日新增10.5块银幕,总银幕数达到13118块,中国电影银幕成功'破万'"。至2013年,荧幕总量为18195块(见图4)。①

(4)电影体制的更深度改革。2003年9月28日,广电总局相继颁布了《电影制片、发行、放映经营资格准入暂行规定》《中外合作摄影电影片管理规定》、《电影剧本(梗概)立项、电影片审查暂行规定》等重要文件,对减低电影制片环节,降低入行门槛,鼓励民营、外来资本投入,放开合拍片

---

① 艺恩咨询:《2012—2013年中国电影产业研究报告》。

限制,放开发行环节,鼓励多渠道出口,减少电影的审批和审查环节的限制上做出了明确的鼓励和支持。

图 4

(5) 电影产业化步伐加快。2000 年 10 月,中共十五届五中全会在《中共中央关于制定国民经济和社会发展第十个五年计划的建议》中明确提出要"完善文化产业政策,加强文化市场建设和管理,推动有关文化产业发展",因此,文化产业化的提法,为电影工业走向产业化道路实现了政策突破和理论创新。

尹鸿曾说 2002－2003 年,"中国电影业对于改革的渴望,对于振兴的梦想,可以说表现出无限的急迫。"[①]从上面主导政治的几个大动作来看,它的追求和期待已不仅止步在救电影于水火之中的阶段,而直接关系着对整个电影文化产业框架的思索。所以自 2002 年中国入世,对中国电影来讲,"商业"开始从一个被主导政治排斥和压抑的贬义性范畴,转变成一个能够迅速使中国走向国际,迈向现代化的重要乃至核心关键词。甚至在很多电影人看来,是否选择商业,成为中国电影产业能否复苏和兴盛的关键所在。

---

① 尹鸿:《2002 中国电影产业备忘》(上),《电影艺术》2004 年第 2 期。

2. 从精英到商业的集体位移——导演心态、媒体评论对电影商业化的认同

因此,在 2002 年之后,拍一部好看的商业片而不是文艺片就成了当时电影人的最大追求和最急切的目标。除却张艺谋以敏锐的眼光率先试水《英雄》,并取得高额票房之外,陈凯歌也一转自己曾经精英的姿态,不无肯定地声称:"我们的市场,尊重市场的问题,是将来中国的电影能够真正出现多样化的根本的战略问题。"①陈凯歌的这种宣言成为其转型商业电影的一个显著标志。② 而一直由于体制和个人化表达的原因,走精英路线的"新生代"电影人也开始放低身段,试图与商业化大众路线握手言和。比如,娄烨的困惑:"究竟安东尼奥尼还是《红番区》更接近电影的本质。"③而张扬在接受采访时也明确表示:"好电影就具有商业性。"

另一方面,专业电影理论界也紧相呼应,一直在为大众文化正名的邵牧君此时发表《颠覆"第七艺术",清算"艺术电影"》,进一步重申电影"首先是一门工业,一门由光学摄录系统和洗印放映体系构成的现代工业,其次它才是一门艺术,一门必须在消费市场上即时找到买主才能生存下去的消费艺术,"并指出:"从个人化的传统艺术分化出大众化的消费艺术,是一代表社会进步的趋势,而从大众化的消费艺术分裂出个人化的传统艺术,甚至力图消灭大众电影,则是一种逆时代进步而动的,也是不切实际的蠢行。"④

现在重新回望这些言论,虽然当时为电影的大众化商业化趋势贡献了理论力量,但反拨之力太大,也使得很多言论和导向明显地呈现了偏执,甚

---

① 《中国电影·别蔑视普通人的感情》,《一出戏和它阐释的中国电影走向》,《南方周末》2002 年 9 月 30 日。
② 2002 年 9 月 30 日,《南方周末》整版刊登文章《中国电影·别蔑视普通人的感情》和《一出戏,和它阐释的中国电影走向》,以某种宣传和刻意的姿态突出陈凯歌的这种转型。
③ 戴锦华:《初读第六代》,载《雾中风景:中国电影文化 1978—1998》,北京大学出版社,2000,第 416 页。
④ 邵牧君:《颠覆"第七艺术",清算"艺术电影"》,《电影艺术》,2004 年第 3 期。

第七章：全球化背景下新世纪武侠电影的症候式解读

至让当时的很多电影人、评论界和媒体都呈现出一种明显的追赶商业化的急切和焦虑。比如国内几个重要的电影杂志毫无例外地大量增加了关于电影商业化、大众化的讨论文章。纵观《电影艺术》杂志2002—2003年总目录,其中占重要分量的是关于电影发行、放映机制、院线制问题和对"类型电影"的讨论。在"外国电影理论和国际视野"栏目中,大量的篇幅圈定了"类型片"与"好莱坞",而翻译的相关文章则被美国理论覆盖,可以说,好莱坞的成功成了此时中国电影走向产业化的标杆和参照。① 即便在较多地保留着对艺术致敬的《北京电影学院学报》上,商业、产业也成为这一时期的关键词,比如学术话语更多地聚集在"全球化时代的民族化思考"问题上,而在"中国电影研究"栏目增加对"私营电影业"的关注,韩国电影的商业机制和好莱坞的电影产业则成了"外国电影研究"栏目的重点。如果说上面的迹象还不足以显示,那么最具症候意义的则是"中国电影史"栏目的新增,但如果说之前的电影史演绎的是电影的宏大叙事,那么此次则重新翻检出了曾经被革命叙事一度遮蔽或漠视的"电影的产业化、商业化"历史。比如对香港1960年代的"邵氏企业"武侠电影的关注。像李道新的文章《中国早期电影史:类型研究的引入和垦殖》,李韧的文章《邵氏家族企业的电影产业发展》,周燕的文章《黎民伟与中国早期电影工业》,都不约而同地表达了对昔日商业电影、大众电影曾不屑一顾的姿态的后撤。

应该说,新世纪电影对商业化、大众化道路的接受和认同,既是国家现代化进程中的应有之义,也是全球化浪潮的必然趋势,更是大众审美诉求的自发显现,同时也是精英文化、官方文化在市场经济大环境变动后对文化变迁的一种回应。电影从属于大众文化,市场经济追求文化产业化,逐渐成为学界和官方的共识。张艺谋在《新世纪中国电影的自我定位》中也曾说到:"(中国电影)走出荒凉绝对不能光靠电影人,不能光靠知识分子,一定要靠观众和社会的需求。"② 而"从政治和文化的角度看,张艺谋的真

---

① 《电影艺术2002年总目录》,《电影艺术》2002年第6期。《电影艺术2003年总目录》,《电影艺术》2003年第6期。
② 张艺谋:《新世纪中国电影的自我定位》,载张震钦、杨远婴主编《WTO与中国电影》,中国电影出版社,2002,第87页。

正力量恰恰在于影片的虚无浅薄。虚浅不仅挑战了中国古今把文学艺术当作'载道'工具的观念,而且也深深动摇了中国传统文化(以及世界上许多其他传统文化)的一个重要信念——只有深刻、尖锐、内在的主体才是有价值的。"①

事实上,从中国电影在建国后一直服务于意识形态的发展现实来看,当电影消耗了其意识形态自身的能量之后,走向大众,走向商业,不仅是其作为艺术的一种自身逻辑发展的必然趋势,同时也是新千年之后历史、社会、文化、经济在新的时代格局和新的全球化高度各种力量相互碰撞、妥协的必然趋向。而中国电影在2002年、2003年左右在体制上实施的一系列改革,不仅是新世纪电影发展的基础,同时也是其壮大的必然支撑。但是,从接下来,广电总局、国务院对电影政策的一系列朝向商业性迈进的大刀阔斧的改革举措来看,其体制的局限也越加明显,最突出的表现在:一、资本的过度涌入,自2003年允许外资和非公有制资本进入电影行业以来,过多合法的非法的热钱的涌入,不仅打乱了电影行业正当的竞争,破坏了电影生长的自然规律,在迅速撑大了中国电影行业虚假繁荣的背后,也导致中小成本电影无立足之地,极不利于中国电影生态格局的生成。二、"是以若干影院为依托,以资本或供片为纽带,由一个发行主体和若干影院组合形成,实行统一品牌、统一排片、统一经营、统一管理的院线制",②在推进电影产业格局进程中发挥了举足轻重的作用,但其过度商业化的运作模式也暴露出了严重问题。比如,盈利模式单一,上映影片同质化严重(多集中在商业大片),院线缺乏差异化服务等。这就需要院线和影院进行特色化排片、合理安排商业片、艺术片、纪录片等影片的档期,以更好地适应市场细分的要求。三、缺乏对不同类型的国产影片、中小影视企业的扶植力度和长效的人才培养机制。这些都不同程度地导致了当时以及接下来的电影政策不由自主的朝着资本主导的商业化、产业化的方向位移,反拨之心

---

① 林勇著,林勇、赵海风译:《文革后时代中国电影与全球文化》,文化艺术出版社,2005,第128页。

② 刘汉文:《回望与期待:电影院线制改革十年的思考》,《当代电影》2012年第3期。

的过重,首先在政策上给当时的电影人一种过度市场化的错觉,同时也相当程度地影响着电影行业人才培养的不良导向和不健康机制。

三、策略与情结:奥斯卡情结与作为策略选择的武侠电影

(一)一个情结:中国电影的奥斯卡情结

如果说,中国的文学界一直纠缠着"诺贝尔文学奖"情结,那么,中国电影界也一直存在着"奥斯卡最佳外语片"奖情结。这种情结与其说是几个电影人的追逐目标,不如说是全国观众对于中国电影走向世界的深切期待,或者说国家借以重组电影产业,促使电影走出国门,对外进行文化输出,建立起健康和可持续发展的电影生存机制,进而建立文化强国的深重压力和借重力量。因为经历过1990年代电影的落寞和阑珊,中国的电影政策和体制,都迫不及待地想要寻求突破和重建的契机。而奥斯卡无疑成了迎合这种期待的最好目标。正如曾有人指出的:"中国导演之所以拼命要拿奥斯卡外语片奖,是因为它对美国以外的票房,尤其是日本、有很大的推动。"[1]或许更为重要的是,"获取奥斯卡外语片奖,意味着获得一张象征的合格证;这是挤入好莱坞的全球市场体系的标志,也是一张进入'国际市场'的通行证。"[2]

"奥斯卡金像奖"成立于1927年5月,原名为"电影艺术与科学学院奖"(Academy Award),是美国电影界的诸多知名人士在好莱坞发起的一个"非赢利组织"——电影艺术与科学学院(Academy of Motion Picture Arts and Sciences)设立的一个奖项,作为一个本土的奖项,在刚成立的前十九届奥斯卡评选中,一直没有外语片奖,自第二十届,开始在特别奖中设立了一个"最佳外语片"奖。奥斯卡"最佳外语片"奖的参选影片,每个国家只能选送一部影片,限定在每年11月1日至次年的10月31日,在商业性

---

[1] 孟静:《大片之谜:为什么一定要拍大片?》,《三联生活周刊》,2006年第38期。

[2] 贺桂梅:《看"中国"——电影大片的国际化运作与国族叙事》,载《思想中国:批判的当代视野》,广东人民出版社,2014,第183页。

影院公映过的大型故事片,经由影片选送国的电影组织或者审查委员会推荐,加盖英文字幕,然后送交至美国电影艺术与科学学院外国片委员会审查。经过秘密投票,选出五部提名影片,观摩之后,再经由4000名美国电影界权威人士组成的评审委员会,选出一部,授予"最佳外语片"奖。随着美国文化在全球强势地位的加固,特别是最近几年,以好莱坞大片为代表的美国电影囊括了全球电影市场50%的票房,欧洲近70%的票房。无可争议的美国电影也成为了全球电影的领导者,从各个层面代表着电影的国际水平。所以,伴随着好莱坞电影的全球性扩张以及霸主地位加固而来的是,奥斯卡也几乎成为了国际电影节的中最具光环的一个。每年三月,奥斯卡电影奖颁奖典礼的璀璨与夺目会吸引全球近两亿电影观众的目光。时至今日,谈及奥斯卡,不仅仅是一般意义上的一个奖项荣誉,比如凭借获得奥斯卡提名或者奖项,影片身份地位倍增,能够在世界电影史上留下浓墨重彩的一笔,而且是牵扯着更复杂的资本(比如国际资本,融资的渠道,市场份额等)、权力甚至是政治意识形态的复杂博弈和争夺。中国电影对奥斯卡的追逐,自1949年以来,就没有停止过,从下面的数据中,可以略窥一斑。

1. 1955年《玫瑰文身》获奥斯卡最佳黑白片摄影奖(黄宗霑,美籍华人)

2. 1984年《杀戮战场》获奥斯卡最佳男配角奖(吴汉)

3. 1987年《末代皇帝》获奥斯卡最佳配乐原著奖(苏聪)

4. 1990年《菊豆》获奥斯卡最佳外语片提名(张艺谋导演)

5. 1991年《大红灯笼高高挂》获奥斯卡最佳外语片提名(张艺谋导演)

6. 1993年《霸王别姬》获奥斯卡最佳外语片提名、最佳摄影奖提名(陈凯歌导演、顾长卫摄影)

7. 1994年《喜宴》获奥斯卡最佳外语片提名(李安导演)

8. 1995年《饮食男女》获奥斯卡最佳外语片提名(李安导演)

9. 2001年《卧虎藏龙》获奥斯卡最佳外语片奖(李安导演)、最佳原创音乐奖(谭盾)、最佳摄影奖(鲍德熹)、最佳艺术指导奖(叶锦添)

10. 2003年《英雄》获奥斯卡最佳外语片提名(张艺谋导演)

11. 2005年《十面埋伏》获最佳摄影奖提名(赵小丁导演)

12. 2006年《断臂山》获最佳导演奖(李安导演)

13. 2007《满城尽带黄金甲》获最佳服装设计提名(奚仲文)

14. 2014年《一代宗师》获最佳服装设计(张叔平)和最佳摄影(Philipper Le Sourd)提名

    从上面冲击奥斯卡的提名和获奖情况来看,自1990年代以来,中国电影几乎每年都会冲刺奥斯卡,但是几次逼近却总是败走麦城,比如张艺谋、陈凯歌等领军人物都已获得过柏林、戛纳、东京国际顶级电影节的青睐,然而于"奥斯卡"却总是失之交臂。直到《卧虎藏龙》的出现,可谓恰逢其时,犹如一剂强心剂,重新唤醒了中国电影和中国导演的信心。一时间,电影界武侠大片蜂拥而至,但是今天回望《卧虎藏龙》之后的诸多跟风之作,绝非简单的商业复制,而是反映了电影人、投资者以及官方政治各有诉求的暂时合谋。因此再讨论这些电影的意义,恰在于他们已经涨出了电影娱乐性的浅层表面,而应该放在电影作为娱乐产业的整体框架上一个重要角色的关键尝试。

    在促进中国电影产业化进程的层面上,肯定中国电影的奥斯卡情结,无疑有着积极的意义,因为正是奥斯卡的诱惑,促使中国电影及时实现在电影工业意识上的最后转型以及此后对市场游戏规则的尊重与熟悉。从这个意义上说,奥斯卡就不仅仅是个诱惑,也不仅仅是导致中国电影在接下来的几年中严重功利化趋势的罪魁祸首,而是产生了相当积极的鲶鱼效应。但是值得警惕的是,在对奥斯卡的追逐中,也完成了对奥斯卡商业模式和娱乐性的强大认同,主导政治在借助奥斯卡建立自己的电影产业时,也及时的收编了"娱乐",使得"娱乐"摇身一变,成为中国走向世界、对接国际舞台的一把关键钥匙。而也正是在对"娱乐"的奥斯卡运作中,武侠片毫无悬念地成了对外输出的首选,这不仅是因为《卧虎藏龙》开启了一种可能,也不仅是因为武侠是中国最成熟的类型片种,而是武侠被当做了中国传统文化的强力暗示和代言,选择武侠,就是选择了中国文化。当然用武侠电影扮演"冲奥"的急先锋,既是对武侠电影的厚爱,也是对武侠电影的损伤。

    因为如果对《卧虎藏龙》获奖的秘密逐一厘析,就能够发现其吊诡之处:奥斯卡对《卧虎藏龙》的厚爱,一方面,是竹林、建筑、酒肆村舍,皇城宫墙的中国气派和中国传统的剑、刀、戟、鞭,轿子、烟枪、书法、家居、唐装,古琴、大鼓、箫、笛等器物，以及玄妙幽深的中国功夫和深邃悠远的东方儒道哲学，组成的一系列相对宏大和完整的东方文化意象群。另一方面，在价值观的传达上，李安讲述的武侠并不同于传统武侠致力于表现侠客们在江湖/庙堂、"侠之大者"/自由之侠、善/恶、正/邪等对立的伦理秩序中的反抗、妥协或者彷徨的心态刻画和行动逻辑阐释。而是要试图借助武侠，讲述西方意义上人性的复杂和欲望的显露，如李安自己所言："藏在人们心中的虎和龙。"因此某种程度上，可以说奥斯卡对《卧虎藏龙》的接受和认可，或许并不基于其对中国传统的武侠文化的理解和由衷激赏，他们感兴趣的依然是从李安的编码中解读出来的西方推广的普世的对人性精神价值的解读。这种吊诡既凸显了东西方文化传统自古以来的差异，但也显然打开了中国电影进军奥斯卡的神秘窄门，也即西方视野中的"东方主义"。按照萨义德的理论，"东方几乎是被欧洲人凭空创造出来的地方，自古以来就代表着罗曼司、异国情调、美丽的风景、难忘的回忆、非凡的经历。"①尹鸿也指出："在西方人的'东方主义'中，东方其实常常都是一个双面人，一面是面目狰狞的妖魔化的东方，专制、愚昧、落后，那是西方人通过一个'反面'的'他者'来确立自己的优越性的文化、心理策略；另一方面则是含情脉脉的天使化的东方，温馨、宁静、祥和，这是西方人借助一个'正面'的'他者'来平衡自己文化盾的另一种文化/心理策略。事实上，无论是妖魔化的东方，还是天使化的东方，都与我们正在遇遭遇的和已成历史的东方无关。"②

而《卧虎藏龙》之后，国产电影向奥斯卡陆续提交的几部影片正是此种方便法门的产物。现在重新回望张艺谋、冯小刚等人的电影作品，不再是仅仅指出这种东方主义对国产电影的伤害，而是要警惕在当下继续存在着的无意识的自我东方主义的影响。因为纵观新世纪十几年的电影生产，消费主义意识形态的横行四通，国家主流文化价值观的逃逸，对自身历史的粗浅化、断裂化叙述，对当下诸多现实问题的回避等等，都是新世纪中国电

---

① 萨义德：《东方学》，王宇根译，生活·读书·新知三联书店，2007，绪论第1页。

② 尹鸿：《全球化、好莱坞与民族电影》，《当代》1999年第4期。

影自我东方主义造成的文化主体性缺失的危机症候。尽管近几年，优秀的作品不断涌现，比如《绣春刀》、《一代宗师》等武侠电影都致力于讲述中国人自己的故事，但是作为一种文化表征的类型，新世纪武侠电影仍然没有很好地实现其自身与文化传统、自身与历史境遇、自身与全球化市场的良好互动，仍未能建立起一种主体间性的、自然化的、历史化的互动式想象关系。

"越是民族的才越是世界的"这句话经常被当做处理民族文化与世界文化时的一种基本立场。但是在真正的文化输出和对外文化交流时，国际市场对权利和利益的争夺和相互博弈作为一种常态和不可消失的力量，始终是并且将一直是阻碍文化平等交流的重要障碍。只要存在文化的差异，文化交流的不平等性就会或多或少地凸显，因此，高势能文化对低势能文化的强势倾销才是当下全球化背后文化传播的深层逻辑。从这个意义上看奥斯卡情结，它对新世纪初期中国电影的影响就是，带来了两方面的失落：一是在"东方主义"那个"他者"的目光觊觎下，中国电影对世界市场和西方审美的无意识迎合，某种程度导致的中国文化的"被看性"和"被阉割性"。另一方面，在中国电影"自我东方化"的过程中，会不自觉地按照假想的"他者"标准重新组合和阐释中国传统文化，并且生产出另一套编码体系，这就某种程度的造成了既无法获得自我认同，又不被"他者"理解的畸形文化，再一次强化了中国文化的"被看性"和"被阉割性"。如果说，资本来源、市场诉求、作为产业化的制作和营销机制、市场的分化、观影群体的全球化、对文化价值观的普世性的要求等，都在更为深刻地加剧着文化的同质化倾向与文化认同的危机感，那么中国电影VS好莱坞的关键，首先在于：如何在斑驳的文化语境中，建立起中国电影的文化自觉意识，如何形成中国电影的主体性建构，这不仅是武侠电影应该拥有的自我反思意识，更是关系中国电影发展繁荣的重大难题。

（二）一个策略：作为策略选择的新世纪武侠电影

如上所述，中国电影在体制、理论和外部环境上已经高调地走向了商业和大众，但是在实践上如何真正和大众"亲密接触"，也就是说，电影人拿什么让观众支持当下的电影。如果说2000年前，第五代导演主要是依靠小众的艺术电影到海外市场掘金,那么进入2000年之后,电影工作者必须用尽量大众化和娱乐化的题材吸引尽可能多的观众走入影院,特别是自1994年中国电影市场以分账的形式每年引入十部好莱坞大片,好莱坞电影以其强势的特技、制作理念和价值观在中国大行其道,比如在"1998年,全国电影票房收入只有14亿元,其中美国分账影片票房竟高达7.85亿元,超过全国总票房的一半,而其中仅《泰坦尼克号》一片就高达3.6亿元,占去全国总票房1/4。"①面对这种强势的文化进攻,中国电影该选择什么样的应对策略,还有在"全球化"对民族性资源的征用、整合和改装的过程中,受众惯有的传统文化积淀、审美意识、价值态度、情感面向等方面,也会发生一系列复杂而微妙的震动和变迁。而这种震动和变迁,也恰恰映照着和反射着观众对所谓的"全球化"/"民族性"、"传统性"/"现代性"、"商业性"/"审美性"等复杂的文化质类的冲突和妥协,乃至强势与弱势的想象。因为"受众在接受电影'跨文化'传播的过程中,正是通过不断释放想象,来缓解现实的焦虑,来诉说现实的困惑,来满足对历史和现实进行重构的欲望,来实现自我的价值认同。"②但是需要注意的是,新世纪的电影观众却基本都是伴随着好莱坞电影的审美趣味成长起来的,他们的民族文化和传统文化的缺失,急需当下的电影进行文化反哺。

  因之,当前的电影,面临的不仅仅是如何拯救电影产业的问题,而且还需要担当文化传承,以坚强的民族精神内核塑造国人集体价值观的重大使命。从这个意义上看,武侠电影在此时的盛大出场,绝非偶然。特别是2001年李安的《卧虎藏龙》在奥斯卡奖项上的成功,又在实践上为国人的探索提供了有力的指引。因此,古装武侠片的兴盛,一方面得益于其与生俱来的商业性、娱乐性和广泛的受众群体,无所拘泥的想象空间,另一方面则得益于其无所不包的题材载体以及可以纳入其中的传统文化意蕴、历史内涵、人文底蕴等特殊属性,一时成为集合官方、导演、资本、市场、奖项诸多

---

① 王一川:《大片十年:中国电影美学得失》,《人民日报》2012年12月14日。
② 沈鲁、姜娜:《全球化与民族性——论新世纪中国电影文化使命与产业振兴的双重担当》,《新疆艺术学院学报》2007年第2期。

第七章：全球化背景下新世纪武侠电影的症候式解读

诉求一致青睐的对象。因此，自 2002 年，张艺谋的《英雄》横空出世，并成功创造了 2.5 亿元的票房奇迹开始，何平、陈凯歌、徐克、冯小刚等都相继涉足武侠电影市场，推出了《天地英雄》、《十面埋伏》、《无极》、《七剑》、《夜宴》等，这些影片都以好莱坞商业大片的制作、营销、发行手段为标志杆，从而掀起了中国第一轮古装武侠大片的热潮。

但是值得注意的是，上述创造了一个又一个票房神话的古装武侠"大片"却无一例外地造就了新世纪电影"越骂越看"、"越看越骂"的现实奇观。令人诧异的是，这些影片取材种类繁多，从悠久的关于"刺客"的传说，比如《英雄》、《十面埋伏》，到仙魔神怪等传奇轶闻，比如《画皮》、《画壁》，从描述江湖恩怨的《七剑》、《剑雨》到演绎历史典籍的《赤壁》、《赵氏孤儿》，从魔幻大剧《蜀山传》、《无极》到爱国英雄《霍元甲》……其文本主题从儿女情长到宗族伦理、从豪门恩怨到家仇国恨、从历史传说到魔幻传奇……几乎横跨了沉积千年的中华文明。其制作水准也并不绝对逊色于好莱坞影片，但吊诡的是，当很多流传千年，甚至是被人耳熟能详的故事，再一次被搬上荧幕时，并未如故事自身口口相传时那样感人至深，反倒是饱受诟病，是什么样的市场逻辑导致这些电影在得到口诛笔伐的同时，还赢得了高额的票房收入？是什么样的叙事逻辑改变了"经典"的故事结局？是什么样的价值取向导致了中国故事既不受国外欢迎，又取悦不了国内大众的奇怪现象？是什么样的审美趣味导致了历史意义与文化底蕴的接连退场？

上述疑问，除了在文化工业层面和审美追求层面对新世纪武侠电影提出质疑，更重要的是种种疑问都隐含着一个关键问题，那就是"为何中国人看不懂自己的故事？"这背后暗示的答案正是，中国传统的文化观念、价值形态乃至逻辑体系正遭遇某种程度的解构和重组，正在不被自己的民众理解和接受，试图取代的则是另一种所谓的全球化时代的普世价值观。例如，《英雄》中原本"风萧萧兮易水寒"的悲壮和弱小者反抗强权统治的文化，被改写成了"天下""共荣"而放弃刺秦的宏大想象。《赵氏孤儿》把昔日那种臣子忠心，歌颂壮士忍辱负重慨当以慷的悲歌，改写成一场关于"人性"的质问和权衡。《王的盛宴》把赞扬那场英雄豪杰揭竿而起，奋力抗争为践行理想，也为救百姓于水火的战争，改写为关于"权力"的厮杀。而《龙门飞甲》则把英雄豪杰惩奸除恶、扬正祛邪的快意恩仇，改写为一场关于权力、欲望、贪婪的肉搏……因之,新世纪古装武侠电影带来的一个更为尖锐的事实或许在于,这其中的被替代物,诸如传统的反抗、悲壮、匡扶正义的精神内核并没有因文本被呈现而流转传承,而所有的替代物,诸如人性、欲望、权力也并未因其呈现于大银幕之上,而成为人类反思和警惕的对象,却堂而皇之地成为当下中国进入市场经济后,被全球化的一种形象注脚和生动折射。也可以说,正是这些影片尽管其包裹着"传统中国"的文化外衣,但其叙事演绎逻辑与价值意识体系,因为对接上了全球化时代的普遍的"人性",而具有了天然的合法性和正当性,进而成为全球强势文化价值观念进行文化殖民和文化融合的有效渠道。因此,这些电影某种程度上正在以宣扬传统的方式消解传统文化,并不遗余力地充当着全球化时代强权文化的布道者,犹如一面"爱丽丝魔镜",将观众不自觉地带入对他者文化的迷恋和想象当中,以画面的奇观、价值的想象作为手段,为"肢解历史为我所用(《赤壁》上、下)"、"胜利的失败者(《王的盛宴》)"、"赢家通吃(《满城尽带黄金甲》)"、"虽败犹荣(《霍元甲》)"、等等,这些新世纪的中产阶级主体中空和心灵裂痕,所感受到的现实境遇和尴尬处境提供强大的"精神抚慰"和"及时安慰"。而此才是当下武侠电影包括一些古装大片最需要反思的精神内核和文化立场。

在笔者看来,这些古装、武侠片遭遇边骂边看的奇特景观,正是新世纪武侠电影在经历传统/现代,历史/现实,东方/西方,艺术/商业转型期的中国电影生态的特殊重要症候。作为中国电影产业化进程的重要推动力量,很多评论和媒体都很容易把这种艺术和思想上的贫瘠和稚嫩,当作中国电影"襁褓"时期的必经阶段,加以原谅,或者直接越过思想内容的层面,欣喜于中国电影在票房、产量、院线等持续攀高的数字幻影。倘若此时再次关照新世纪武侠电影的出场,或许忧虑就多于欣喜,从体制改革向商业性的大开洞门,到导演心态、媒体评论向商业性的全方位位移,从对好莱坞商业运作的多面模仿,到《卧虎藏龙》的成功实践,从《英雄》的虚张声势,到《无极》的口水战,武侠电影作为新世纪中国电影产业化的一个领头兵,一种重振文化产业雄风的策略选择,正无形中显示着武侠电影在新世纪的开端走向、审美风格和文化迷失。

第八章：新世纪武侠电影的意识形态属性与价值嬗变

　　作为大众文化的一种，娱乐性、商业性应该是武侠电影最基本的特征，如果说，在1990年代之前，这些属性还不具备意识形态合法性的话。那么1990年之后，伴随着市场化进程应声而起的则是娱乐性、商业性在电影行业乃至文化领域中各个角落的快速蔓延。学界曾普遍将此总结为"后冷战时期"的"去政治化或者去意识形态化"思潮。但学界的这种论述，却被伊格尔顿当作一个著名的反讽之例。在他看来，意识形态绝非仅仅限指于政治意识形态，而诸如父权制、性别主义、新殖民主义、消费主义、种族主义以及自由市场经济等都应当被当作意识形态的一种。卡尔·曼海姆则在更高的层面上将意识形态研究概括为知识社会学。经过伊格尔顿、曼海姆和阿尔都塞对意识形态的多重解读，现在我们再讲意识形态，它就不仅仅是一种观念形态，而是如阿尔都塞说的，是人类与世界的一种想象性关系，而这种想象关系却越来越具体化、生活化地进入我们的世界。尤其是当下，当消费主义日益兴盛，我们就极为容易被消费和自由的假象麻痹，看似自主的选择却有可能使我们跌入更为隐蔽、更为自觉，更近乎一种"社会无意识"的新意识形态，也即"在走出意识形态的伪装下滑进意识形态"。也就是说，这种隐蔽的意识形态比传统意义上作为政治、观念体系的意识形态更宽泛也更多元，因此，虽然某些意识形态在产生、传播和接受中携带着一定的社会无意识，但是因为温情脉脉的面纱遮拦，在表面上却会造成一种"去意识形态"假象。而且它还会借助传媒无孔不入的渗透力和巨大的扩张力，结构起隐形的巨大网络，无形中左右大众的思维、行动。因此，伊格尔顿不无警惕的称这些意识形态是"强有力的、有时是致命的"。也就是在这种意义上，可以说，我们面临的意识形态批判任务较之前不是更轻而是更为艰巨和复杂。法国后现代理论家让·路易·鲍德里，在他的《基本电影机器的意识形态效果》中,他认为电影本身可以视为意识形态国家机器的一个最佳装置,一个可以不断地对意识形态进行复制和再生产的最佳装置。电影是一个隐藏着的意识形态神话。①

虽然在电影的各个类型中,武侠电影因其虚构的故事逻辑、遥远的时空间距,有距离的叙事策略等特征,有可能成为最少受意识形态控制和渗透的文化文本。但是前面我们也讲过,新世纪文化语境的巨大改观,几乎是带来了武侠电影创作"范式"级的革命。武侠电影不是越来越脱离社会现实、越来越玩起纯娱乐的游戏,也不是越来越退至传奇的幕后,成为"意识形态"的"飞地",而是作为当下电影产业的一个重量级的角色参与着行业地形图的绘制。这就决定了新世纪的武侠电影不再是封闭的武侠"传奇",而是无论院线分布、投资渠道、制作理念、价值观传达、市场诉求,还是营销策略都浸润着意识形态的渗透。从这个意义上,可以说,武侠电影,自新世纪以来,几乎就扮演着某种奇特的对抗西方,构建国家形象名片的角色,始终是传达意识形态价值的重要途径。

一、从娱乐行为到休闲政治——观影行为的多重意义

从电影史的发展过程来看,电影自被作为大众文化的一种,理所应当首先应该是一种平价的大众娱乐行为,例如国外的电影票的定价:欧美国家通用的单张电影票的价格不应该高于本国城市普通劳动者平均月收入的1/200—1/100,是名副其实的大众艺术。如果说在中国,1990年代之前,电影对普通的大众来说,仍然是廉价的,比如,1982年,进影院看功夫"大片"《少林寺》可能只需要0.1元钱,大约相当于当时月薪的1/2000。那么到了1997年,看一部好莱坞大片《泰坦尼克号》可能就要需要花费30元,40元,有时甚至是120元。到了2002年,《英雄》北京地区最低票价为40元,最高为120元,均价超过当时国民人均月收入的1/10。2008年,全国平均票价大约为40元,而到了2010年,3D《阿凡达》在北上广等城市平

---

① 陈国辉:《英雄——意识形态性分析》,《内蒙古师范大学学报》2007年第1期。

均票价 120 元,二三线城市 70—80 元,最高卖到 150 元。2011 年,3D 版《泰坦尼克号》最高票价已经达到 180 元。从 1982 年到 2012 年,按照世界银行提供的数据,从 1982 年人均收入的 210 美元到 2012 年的人均收入 4700 美元,短短 30 年时间,人均收入仅仅涨了 20 多倍,但电影票价却翻至原来的 1000 多倍。这可能也是很多人一种切身的感受,电影越来越贵,[1]也越成为一种特定人群的消费品。除却票价的大幅上涨,影院的分布、选址也在新世纪显示了一些颇有意味的空间政治学症候,早在 1970 年代,列斐伏尔就指出,空间作为一种意识形态存在。在他看来,空间是个被建构的社会产物:"空间一向是被各种历史的、自然的元素模塑铸造,但这个过程是一个政治过程。空间是政治的、意识形态的。它真正是一种充斥着各种意识形态的产物。"[2]他提示我们,看似客观存在的空间,自然环境、人文景观都隐含着被政治化的可能,成为构成某种潜意识政治策略的有机部分。戴锦华也曾在那篇影响甚广的文章《大众文化的隐形政治学》中提出负载在"空间"这一名词上的复杂政治学含义。自 2002 年起,十年的时间,众多星级的、豪华的多功能影城在各大都市横空出世,成为衡量和见证一个城市的经济与实力的新坐标。庞大的影院连锁几乎成为大中城市的专属。大型的院线基本都分布在一个城市最具商机和可能的新商业中心,也即 CBD 中心区,这些中心不仅与类似的购物公园、餐饮等消费项目相互支撑,同时也与一个城市的权力中心、财富中心、资讯中心、决策中心形成复杂的有机网络。这种城市空间网络的形成"不是一个单纯的地理空间,而是一个资本和权力合力运作的空间,是一个在生产社会关系的同时也生产

---

[1] 但是有意思的是,高额的票价,并未真正带来影视公司或者电影产业的繁荣。据不完全统计,2012 年,中国电影产业总收入为 209 亿元,其中票房收入 170.73 亿元,虽然已经是持续的高速增长,但收入却不足整体传媒产业的 3%,可以说,电影市场化的改革、院线制的推进以及制作大片的高额成本、数字 3D 化等是直接促成高票价的主要因素,然而对于国内电影电影公司,每年真正盈利的只有 20%,所以只有高额的票价水平才能维持当下现代化的影院运营机制。

[2] 亨利·列斐伏尔:《空间政治学的反思》,陈志梧译,载包亚明主编《现代性与空间的生产》,上海教育出版社,2003,第 62 页。

着话语的空间。"①这一特定空间不仅为消费主义的逻辑提供了温床,更是将休闲生产为一种政治,将一种趣味生产为一个阶层。同时影院越来越昂贵的消费价格也将很多城市,特别是三、四线城市中数量庞大的低收入人群排除在外。虽然越来越多的人开始走进影院,每年的数据报表都在显示观影人数的倍增,但是相较1979年全国观影人次的293亿,2012年全国观影人次的4.67亿②、2013年6.1亿③委实让人警惕。

　　昂贵的票价,象征消费权力和资本欲望的豪华院线的出现,都在显然暗示着一个事实——新世纪电影的受众群体已在不期然中发生了很大的转换。相比较1980年代普通大众对电影的热烈追捧,新世纪以后到电影院,一边体验高质量的影音效果,一边享受饮料爆米花的零食休闲,使得看电影逐渐成为一种需要花费一定时间、一定情绪、一定金钱的享受性休闲娱乐行为。应该说,伴随着《英雄》对电影商业性大幕的开启,中国电影在开辟了一个新的产业神话的同时,也开启了一个新的票价时代,它带来的影响,不仅仅是电影接受观念的变化,也即它不再是一种传统意义上的平民娱乐,而是成为携带审美趣味、消费能力区隔的新型消费。这就客观上导致电影院已经不再是1980年代大众意义上的消费娱乐,而是一种具有阶层分隔、有闲享受的休闲消费。休闲消费由此就带有了一定的政治属性,因为正是时间和消费划开了中产阶级与普通劳动阶层的界限,所以,消费什么、何时消费,就成了特定阶级的身份识别码。恰如鲍德里亚认为的:"时间在这里并不'自由',它在这里被花费,而且也没有被纯粹地浪费,因为这对社会性个体来说是生产身份地位的时刻。"④这种有闲阶层也即现在所谓的"新中产阶级"。虽然在中国,所谓的新中产阶层究竟该如何划分,数量到底有多大,还没有定论,但是他们在消费领域显示的巨大能力和

---

　　① 包亚明:《上海酒吧——空间的生产与文化想象》,载王晓明主编《在新意识形态的笼罩下——90年代的文化和文学分析》,江苏人民出版社,2000,第127页。
　　② 艺恩咨询:《2012——2013年中国电影产业研究报告》。
　　③ 智研数据中心。
　　④ 鲍德里亚:《消费社会》,刘成富、全志钢译,南京大学出版社,2008,第154页。

公共空间形成的巨大社会影响力,都使得他们开始决定大众文化生产的走向。比如,它开启了中国电影"视觉"时代的来临,影像、画面也即电影的形式开始脱离故事精神、内容本身,而具有了独立的消费价值,如果说克莱夫·贝尔最早提出"有意味的形式"中的"有意味"指的是形式相对内容本身具有的审美属性,那么今天所谓的"有意味的形式"则除了美学意义之外,还赋予这种形式美学以消费的意识形态色彩。在这个意义上,可以说,"消费主义与政治结下了不解之缘,不仅消费空间成为政治性的,而且个人消费行为中的认同等私人体验本身,也都变成了一种政治力量。"①所以尽管很多人不无愤慨的诟病当下武侠电影的内容贫血、精神软骨、价值暧昧、逻辑漏洞,既缺"武"也少"侠",但是却并不妨碍初见规模的"新中产"、80、90后的大学生们对视觉美感的狂热。这也是武侠电影频频遭遇"越看越骂、越骂越看"的部分原因。卡林内斯库早就一针见血地指出:"流行文化基本上是在回应中产阶级的心理需求。"②

需要指出的是,当看电影这种生活方式本身成为一种政治时,也即形成了吉登斯所言的"生活政治"。而当这种生活政治日益渗透进武侠电影制作生产以及发行放映后,当下武侠电影以及电影院所承载的意义无疑变得更加含混,比如,在过路人或者普通市民眼里,电影院是个具体的地理存在,武侠电影也是一个电影实体的存在。在媒体的眼里,武侠电影里隐藏着挖掘不尽的武林秘史、今古传奇、爱恨情仇以及娱乐圈明星的花絮故事。在国家权力的眼里,武侠电影成了推动电影工业繁荣昌盛的重要力量。在怀旧者的视域里,武侠电影意味着读不完的历史和逝去的武侠情怀想象。在中产阶层的眼里,武侠电影是释放其参与历史政治的隐秘心理手段。在各种资本主体的眼里,武侠电影是赚钱,投资的理想福地。在导演和制作人的眼里,武侠电影某种程度上实现了他们各自的对武侠文化的欲望阐

---

① 包亚明:《上海酒吧——空间的生产与文化想象》,载王晓明主编《在新意识形态的笼罩下——90年代的文化和文学分析》,江苏人民出版社,2000,第136页。

② 马泰·卡林内斯库:《现代性的五副面孔》,顾爱彬、李瑞华译,商务印书馆,2002,第260页。

释。而对众多武侠爱好观影者来讲,武侠电影又成了复活他们心中武侠梦的一个白日想象。而在文化批评者的眼里,武侠电影却又变成了武侠与政治、媒体、资本等一起进行空间生产与话语生产交叉叠合的很好样本。其实无论新世纪武侠电影承担了多少意义的扭结,从某种意义上来看,武侠电影在当下呈现的种种复杂性,却无疑昭示着当下中国文化生产的复杂性和意义的多重性。

二、中产阶级价值的显影与遮蔽

对本研究中的武侠电影来讲,中产阶级之所以值得关注,一方面在于他们是武侠电影真正的消费者,另一方面乃是由于中产价值、审美趣味、消费需求在武侠影片中的无意投射,正在不期然间改变着武侠电影传统的文化诉求。

首先,武侠电影题材选择的贵族化。不同于之前武侠电影诸如《笑傲江湖》《独臂刀》《新龙门客栈》《少林寺》等对底层、小人物出身的江湖侠客传奇故事的演绎,新世纪绝大多数古装武侠片都将故事的主人公圈定在古代权贵阶层、官宦世家等群体之上,底层百姓和布衣群体不仅数量较少,而且也不再或者较难承担起表现影片主旨或者功能的重任。可以说,在中产阶级的观众群体生成的同时,武侠电影的叙事也开始积极呼应这个群体。他们在叙事中的重要性日益凸显。而影片的场景设置、语言设计、到情节设计,都投合着这些受众。如《英雄》的主人公是高居众英雄之上的秦王;《十面埋伏》主人公是奉天县捕头;《无极》的故事围绕着光明大将军、北爵王;《满城尽带黄金甲》的故事集中在宫廷的王、王后以及三个王子身上;《夜宴》则是厉帝、婉后与太子的权力和欲望展演;《江山美人》的故事围绕燕国公主、燕大帅进行。就连《血滴子》也是宫廷与血滴子天团的权力大战。可以说,凡涉及下层群体,这些影片都普遍设计了一种下等对上等阶层臣服甚至是顺从的叙述立场。《无极》中作为唯一显示了反抗和正义力量的昆仑奴,以一个奴隶身份践行者自己对将军的顺从。《剑雨》中对中产阶层家庭幸福生活的向往和描述,《锦衣卫》的青龙是锦衣卫的统领,武功盖世,正义镖局老镖师的女儿乔花对之无条件地仰慕与服从。《大兵小将》中看似以一个普通草根代表的大兵为主角,但是影片也最终呈现了其对卫国太子的宽恕、理解和支持,进而臣服在卫国太子后来的爱民政策、太平理想之中,在面临秦国攻打的情况下,他选择了"不战而降"的方式。这与《英雄》用无名的死亡唤起秦王的"和平"意识存在极为相似的逻辑:当两方存在着一种和解对抗的契约时,都是以弱者放弃抵抗或者用死亡的方式来唤醒当权者的爱民意识,显然这逻辑里面存在着明显的强大与弱小、高贵与卑下的不平等。再比如,同样以叶问故事为题材的电影《叶问》(1、2)和《一代宗师》,选择的主角叶问,不仅是一个有盖世武功之人,也是一个好丈夫,即使是被战乱逼迫,衣食不保,也是自始至终都保持着中产阶层的优雅和修养。这些都在表明,目前武侠电影有意无意间流露出来的这种浓烈的精英倾向与权贵意识,一方面可以看作是对当下电影观众的主体——中产阶层对身份地位期待的一种回应,所谓的武侠不过是传达这种隐秘诉求的一件方便外衣;另一方面,它甚为危险的是,以认同顺从甚至是依赖权贵精英的行为规范取代了仗义疏财、扬善惩恶的传统伦理,摒弃了底层群体对社会正义、公众权益的某种渴望,从而呈现了与侠文化所蕴含的公正、正义的价值取向甚为不同的价值诉求。

其次,武侠电影形式表达上的奇观化。电影的大片化、影院的豪华化和院线制以及由此带来的高票价,已经将影院观影界定为一种精英化、中产化的艺术形式。新兴的中产阶级,必然在武侠电影这样一种以大众情感抚慰为主流叙事的媒介中,寄托特定的情感诉求和价值诉求。而武侠电影在奇观消费上的成功也的确证明了,只要在形式上获得一种新鲜的外观,就能够获得这些受众的青睐。于是,武侠电影普遍披上了中产化的外衣。新世纪武侠电影的奇观化,是个有目共睹的特征,这种对炫丽的感官印象、视觉断片的强调,某种程度上正显示了"奇观"作为一种消费品,其潜藏的是影片的自我定位和对潜在观众的社会身份与地位的预设。让人在观影时可以完全忽略故事、情感的合理性,这就是形式包装的巨大力量。影片对古代帝王、权贵生活热衷,一方面为影像的华丽、铺张、奢侈提供剧情支持,比如,恢宏的古典建筑、精致的服装道具、烦琐的礼教仪式以及大规模的拼杀场面,只有放在上层权贵生活中才能顺理成章;另一方面,这些华丽的影像也暗示了当下电影观众的身份,促进观众对其自身阶层的认同。武侠电影的大制作、豪华的明星阵容、炫目的数字特技、唯美的意境展演,显然对应着现实中收入尚佳、具有一定社会地位的中产观众的消费诉求。它们在外形包装上的奇观性就已然决定了它们在市场上的胜出,至于故事内容的逻辑性和价值观念,则淹没在武打特技的视觉贩卖中。因为没有成熟而深入的内在价值的支撑,所以这种外在的美学追求往往沦为一种表象性的、情绪性、情感性的表演。一言蔽之,武侠片之所以在故事情节、价值理想、立场倾向上偏向古代权贵与精英们,很大程度是因为其观众诉求与分配,可能更多的限定在当下社会已然占据优势资源的中产阶层身上。

再次,武侠电影价值观的迷失。如果考察新世纪武侠电影的叙事主题,可以发现这些影片,普遍的呈现了如《夜宴》《满城尽带黄金甲》《血滴子》《龙门飞甲》等为主的宫廷争斗,以《天地英雄》《风云 2》《十面埋伏》《江山美人》《无极》《锦衣卫》《四大名捕》等为代表的精英贵族之间的权力争斗、情感伦理和个人欲望之间的纠缠。那条曾经在坊间流传甚广的"×××不可信"的段子,正悄然暗示着这类武侠电影的流行性症候,由中产、贵族、皇室身份所承担的权力/人性/欲望命题,开始成为武侠影片关注的主题。《满城尽带黄金甲》中皇帝、王后、太子对阴谋的算计遮挡了影片应突出的主题。《十面埋伏》中由阴谋和争夺支撑起来的追杀压过了对爱情自由的叙述。《龙门飞甲》中后宫宠妃、宫廷机构对权力/欲望的争夺也压过了影片对惩恶扬善、为民除害的侠文化的刻画。如果说,传统的武侠电影中"侠"的存在意义和行侠动力,是为了打破社会的等级秩序,对抗强权政治,为底层百姓申冤代言,修正法律在现实中的缺陷,为观众提供在现实中被压抑的正义感和责任感,安抚底层人们的精神焦虑。那么,随着观影群体由大众百姓向中产阶层的滑动,影片的此类功能则逐渐消解。可以说,以往历史、神话、武侠电影对故事精神内核——不畏生死、抵抗强权的赞颂,在新世纪得到了另外的表达。比如在《英雄》中,张艺谋改变了叙事策略,刺客对强权政治的反抗过程,被部分的替代为刺客对现有政治秩序的认同过程。可以说,《英雄》这部影片颇具症候性地提出了当下社会对于权力的认识,一方面无限的崇拜权利,另一方面保持梦想对抗强权,而《英雄》的意义正在于分裂性的呈现了巩固权利与向权利挑战这两种对立。

三、深度模式的逃离:被消费的历史

"武/侠"作为对民族情感和集体无意识的表征,正是依靠着民族历史传承和记忆实现着全球华人对中国民族、国家概念的认同。但是随着全球化越来越加深的影响,文化历史的同质化都在潜移默化地消淡历史的深度和民族、国家的概念。不同于1980、1990年代的武侠片对民族历史的依赖和借重,历史在新世纪武侠片中更多地成了逃逸和被悬置的对象,或者被处理成了具有现实象征意义的背景。比如《七剑下天山》《武侠》《剑雨》历史背景的淡出;《卧虎藏龙》《英雄》《天地英雄》《十面埋伏》《满城尽带黄金甲》《狄仁杰之通天帝国》等虽然有明确的历史背景,但是这一历史背景却满满地蕴含了意识形态的所指,成为当下中国位置与世界关系的深度隐喻,与传统的武侠世界缺乏意义关联,所谓的秦、唐、清等朝代的历史图景,不是被更深的挖掘武侠文化历史底蕴和提炼武侠价值,更多地被当作观赏性的历史景观、视觉元素,这与其说是为电影叙事提供真实氛围和叙事的承载空间,却不如说是作为中国典型代表的朝代如秦、唐、明、清,一方面更多成了被架空的历史场所,成为供给导演进行现代人性、情欲、恩怨、争斗等的抽象背景,另一方面也成为电影暴露、展演中国文化景观诸如独特的朝代服装、宫廷、市井器具、音乐书法绘画的理由。

从中国武侠文化的发展过程来看,可以说,武侠文化能够有今天的成就,很大程度上得益于"历史"这一指代民族、国家、集体的记忆的深度参与。由于武侠文化特定的对快意恩仇、伸张正义的江湖写照,对庙堂秩序的固有反叛,使得武侠存在的叙事和行侠逻辑相悖于现实的价值立场、行事原则,因其虚拟空间的想象而与现实拉开距离,而历史时空的悠远和跨度弹性却恰恰为武侠的腾挪跌宕提供了最佳的空间和想象。所以武侠与历史的碰撞嫁接以及相契相合,就显出了多重的意义,比如金庸的武侠小说,其能够开创一个武侠新时代,使得武侠能够登堂入室,站在与精英文学相对应的地位上,很大的原因是因为金庸小说的历史情结,正如有论者所言:"与其把这种套路调侃为'金庸的验马情结',不如说通过这样的处理,金庸正好把皇权政治、国家兴旺纳入武侠小说的视野里。他的'江湖'不是一个单纯的正邪斗法的所在,而是存在于中国特定历史时刻的一个虚拟社会。"①而且,历史对武侠的型塑,也从根底上给予充满想象和虚构的武侠文化以历史的深厚底蕴,将武侠精神的内核传承与民族想象、群体记忆的演变同步与和谐,使武侠具备了文化虚拟的元素,也承载了某种历史的真实成分,这也是我们谈到武侠文化,总是离不开中国历史的文化积淀的原因,也是西方总是把武侠文化当作中国文化的特色与代表的原因。

但是在新世纪武侠片中,历史不是被藏匿,就是被架空,逐渐淡出了导演、投资方和大众的期待视野,失却了历史深厚的牵绊和底蕴,这些武侠电影也就在某种程度上失去可资攀缘和探索的时间维度,成了漂浮在想象时空中的海市蜃景。当然当下的武侠电影在放逐历史的同时,却征调了自然景观或者历史景观的作用。如果说1980—1990年代的武侠电影是借用历史来勾连虚构的江湖和当下的现实处境,而现在却是永恒的"自然"来接通现过去与现在,这个变化曾被詹姆逊一眼看穿:"大陆电影工作者对风土景物的一再肯定和台湾及香港的电影工作者对空间的处理和经验大为不同。"②这种变化的逻辑在于:景观拥有的仿相性,使得利用"自然"实现对"历史"的再现,是种便宜的平面直观呈现,这不仅符合后现代语境中,读图时代的到来对历史深度意义的消解趋势,也彰显着中国工业化进程中,资本的强势形成对获取精神意义的可能性愿望的压抑和阻塞,因此,在借助历史场域构架武侠电影的江湖空间时,对历史的开发,普遍的采取了一种以"自然"或者"景观"来替代的历史文化的取巧做法。比如《卧虎藏龙》、《天地英雄》、《十面埋伏》、《大兵小将》、《神话》、《七剑》等普遍切碎了自然完整的空间,从巍峨雄壮的秦朝宫殿到富丽堂皇的唐代器具,从缥缈毓秀的武当山辗转到漫卷西风的明代大漠,从小桥流水的清代江南到美不胜收的唐代竹海,等等,武侠电影虽然以各异的景观点出了各个朝代最具美感的自然地域,但过于抢眼的视觉奇观却凝固化了作为朝代的历史,而拼贴组合的快速翻转也取消了对本土地域和朝代历史的深度进入。

---

① 刘瑞兰:《中土·江湖》,《读书》2005年第8期。
② 詹姆逊:《重绘台北新图像》,载郑树森主编《文化批评与华语电影》,广西师范大学出版社,2003,第158页。

第八章:新世纪武侠电影的意识形态属性与价值嬗变

因此,可以说,这些看似纯粹客观的"自然"在全球化语境中,正在代替历史深度成了漂浮在本土民族、家国意识上,或者多元共生或者渐趋同质化的世界文化中形成自我认同、辨识自我身份的简单符号。而因此带来的也正是当下人们普遍的用视觉心理取代历史深度、民族个性体验的心理倾向,这就造成了人们无法与曾经共通性的历史文化对话和沟通的障碍,而这也是人们在观看影片时,普遍觉得影片架空,缺乏主心骨和极度贫血的深层原因。贺桂梅在论述新世纪武侠大片时,曾经将日本学者柄谷行人关于"风景"是一种认知性装置的理论引入,她认为"只有当银幕上的'中国'影响能够与个体(也是观影主体所占的位置)的内在欲望构成'能指'与'所指'的深度关系时,中国风景才可以成为'被看见'的对象。"①但是在新世纪的很多武侠大片中,奇观展示成了控制影片叙事和抒情的外在力量,当自然风景的过度堆积不能唤起观影者的历史感和集体经验,无法建构起影片叙事的那个"内在主体"时,"外面"的风景与内在主体/欲望之间的对应法则就被破坏了。这也是我们观看《十面埋伏》《满城尽带黄金甲》《无极》《夜宴》等大片时,普遍的感觉叙事与景观分离的深层动因。

实际上,按照詹姆逊对自然景观与全球化美学关系的深度探究,我们还可以看到,我们对一个社会的偏爱和歧见,很大程度上是源自于我们通过景观展现的地域化或者碎片式的信息积聚,而不是基于历史真实意义上的深度探究。同时历史的自然化呈现也为"资本"与"自然"的结合提供了更为方便的可能。新世纪武侠电影中普遍出现对自然景观极端化、唯美化的偏爱,这一方面根源于"自然"与资本在世界范围内的流通的积极参与,另一方面也根源于这种极端"自然"与审美消费的共生共谋,"资本已经完全侵入了审美和艺术的领域,审美已经构成资本的一部分,成为资本本身的表现。"②当然,需要警惕的是这种自然的极端化、唯美化,绝非仅仅是自

---

① 贺桂梅:《看"中国"——电影大片的国际化运作与国族叙事》,载《思想中国:批判的当代视野》,广东人民出版社,2014,第 187 页。
② 迈克尔·沃尔什:《詹姆逊与"全球美学"》,载大卫·鲍德韦尔、诺埃尔·卡罗尔《后理论:重建电影研究》,麦永雄等译,中国社会科学出版社,2000,第 653 页。

然的常态,而是影片用影像包装自然,试图推行"眼球经济"的商业运作模式的粗暴显露。

可以说,在当代仿像文化的背景下,武侠电影是以大众文化商品化的消费逻辑和模式表达着对历史的理解和利用,使得"历史"由往日的严肃、神秘、崇高逐步趋向世俗和碎片,以满足大众眼球消费的欲望。而电影以其与生俱来的商品特性和视觉影像,更是成为后现代仿像文化渗透的载体,以虚构江湖、历史为题材,结合电脑特技视觉渲染的武侠大片则尤为典型。因此很多武侠大片在银幕上所呈现的关于历史、地域、文化等的形象仅仅是其自身的仿像符号,并不能让我们将其对接进这些景观的历史深处,比如《满城尽带黄金甲》的场景造型,菊花台的恢宏布置,《无极》中对开头神话的高蹈空灵的渲染,因为脱离了其与影片展示的历史背景或者现实叙事逻辑,因而给予观影者的感觉是先于其指涉物存在的(也即鲍德里亚所言的"仿像的先在性"),也就是说,当影片的景观展演脱离它的表达功能和意义显现时,就意味着景观会呈现一种用于"其他目的"的视觉欺骗,而这种"其他目的"有时更多的是指向消费主义的利益观或者占统治地位的意识形态的表达。正如鲍德里亚在《基本电影机器的意识形态效果》中的观点:"我们可以把电影看作是一种从事替代工作的精神机器。它与统治地位的意识形态所规定的模型互为补充。"

虽然对武侠题材来讲,要求其对历史进行深度探究并非武侠电影的本意,对历史的适当消费,是其商业化与娱乐化的本性,而新世纪的武侠电影也正是借助于对历史的消费推行其全球营销的商业战略的。但是武侠作为特定类型,武/侠的存在依然离不开历史成为景观和动作展演的深层铺垫。倘若说,1990年代之前的武侠电影的缺点是过于坐实了历史,历史空间的狭小限制了武侠文化想象力和创新度的延伸,使武侠电影显得过于沉重和呆板,那么新世纪的武侠电影,却矫枉过正,让历史过度视觉化,在眼球经济的效应之后,却不仅带来西方审美的疲劳,对武侠缺乏深度、内涵的厌倦,也削弱了本土武侠电影中承载民族、集体意识的能力,部分的丧失了大众对武侠电影的未来期待。

四、新世纪的隐喻：武侠与政治的和解

江湖与庙堂、反抗与压制、正义与秩序一直以来都是武侠叙事借以展开自己的几条关键线索，而这三组语词归结为一点就是武侠与政治意识形态的关系问题，"自古以来，侠文化都属于一种亚文化形态与官府文化相对立。早在先秦的韩非子就站在政治家的立场上以'儒以文乱法，侠以武犯禁'对侠做了定论。"①事实上，说武侠是国人最深切的历史集体记忆，正是因为自古以来，在缺乏公正法律的困境中，数以代计的老百姓正是通过"武侠（以想象颠覆现实的权力关系）、清官模式（以想象皈依现实的权力关系）的双重方式，与现实政治达成某种妥协。"②但是，对生存在新世纪的武侠电影，其与政治的关系，出现了颇为吊诡的新特征：一是对强权政治逻辑的暧昧认同，二是武侠与现存秩序的复杂"和解"。这些特征，一方面，不仅表现了在消费主义时代，作为电影产业的一部分，武侠电影的生存与当下市场经济之间必须进行的多元复杂的共谋/合作关系，同时也表现了武侠电影与国家文化输出方面，在对抗全球化或者文化殖民问题上达成的暂时蜜月协议。另一方面这种变化也隐喻着武侠电影人对中国当下的政治地位的认识，同时也隐约曲折地表达了中国在当今世界政治秩序中的所能扮演和期待扮演的角色和功能。更富有意味的是，当武侠电影中侠客/江湖与政治/国家之间的关系的变动，被搁置在全球化、中国崛起论、传统文化热、西方自由主义价值观、电影工业资本等一系列"共时性因素"，和诸如接续历史/传统文化/集体无意识，武侠电影自身（即艺术自律性）发展规律等一系列"历时性"因素上时，武侠电影所呈现的其与政治意识形态之间的关系，或许远远比我们想象的复杂得多。在此限于篇幅，不可能对上述纷繁的关系做一一的解读，只是希望通过以下几个电影文本，试图对这些关系中颇具代表性的几种做出些许展示。

---

① 乔洁琼：《新武侠电影的发展与新世纪武侠电影的思考》，《柳州师专学报》2005年第1期。
② 陈林侠：《新世纪武侠电影：西方文化冲击下的精神嬗变——兼论全球化语境中的武侠电影发展困境》，《理论与创作》2006年第2期。

比如《英雄》讲述的是一个刺秦的故事。但是这个故事却已然不同于传统武侠文化里，作为刺客的侠客与作为统治者的秦王，以及其构成的反统治/统治、反压迫/压迫的基本的叙事逻辑。传统刺秦故事里侠客扮演的是以生命反抗权威、秩序，为弱者争取生存权利和政治利益的角色。这种逻辑不仅构成了武侠文化的核心，也是现代中国文化处境的重要象征。但这个传统的模式却在张艺谋这里被颠倒。武侠文化传统的"正义"观、善恶二元对立观念被强制拆解，而一种新的"强者"政治逻辑则悄然浮出地表。电影通过"残剑"的哲学，为我们描述了一个为了"天下"而生的"秦皇不可杀"的新观念，这不仅改写了我们对传统正义观的认知，也强烈地冲击了我们已有的历史观。影片中秦皇曾言："六国算什么？寡人要率秦国的铁骑打下一个大大的疆土。"从影片渲染的氛围，不难理解秦王声称的"大大的疆土"已经超越来了所谓中国历史上真实的国族界限，抽掉了几乎任何关于中国当时秦国的历史事实，在空间与时间上都成了"天下"的隐喻，全球"普遍性"的一次展示。而这个"天下"/"和平"所携带的信息和承载的现实寓意，已经远远超越反抗/压迫、正义/暴力的传统指涉，拥有了至高无上的绝对正义。如果联系中国当时的文化和社会出现的新状态，也即随着中国经济实力的强大，有关中国想象的一些部分已经渐次完成了对第三世界的"脱域"状态，而有了新的位置表征。而"飞雪"、"残剑"、"无名"对秦王的理解和支持也恰恰表示了此种"天下/和平"新秩序，在中国的全球化和市场化进程具有的合法性，中国不仅接受了这种新的全球逻辑和强者哲学，而且凭借其"脱域"程度，有可能参与并实际建构着这种新的全球秩序。从这个层面上可以将《英雄》中各种力量的博弈和结果理解为是要给"9·11"之后的世界秩序一种新的阐释。而张艺谋《英雄》的出现正富有意味地体现了，一方面中国在可能变成世界的"强者"的过程中对传统善恶正义反抗观念的强力改写，另一方面，这种改写也理所当然的包含了对于"弱者"的冷淡和无视，无名放弃了刺杀，但作为天下象征的秦王却并没有放过无名，万剑扑面而来的杀气和霸权，使"天下"依然充当了杀死弱者的刽子手。而无名为天下的牺牲则从另一个侧面也显示了弱肉强食的丛林法则的逻辑和无情。

如果说，《英雄》中的"天下"意识使得侠客自愿地将其刺杀的目标秦王视为真正的英雄,那么《天地英雄》中的"护宝故事",则演变成了校尉李向朝廷效忠、表明心迹、誓死护卫朝廷尊严和精魂的故事,而无论这两个故事的外壳如何不同,相同的是其中的"江湖",都隐秘地指向了为朝廷提供合法性和保护性的"江湖"。再比如以讲述乱伦故事为主题的《夜宴》《满城尽带黄金甲》,"权力是以男/女、父亲/母亲这样的两张面孔出现的。"也即是说,影片中既存在着"父亲的权力",也存在着"母亲的权力",而"这两种权力无论在视觉形象还是在情节依据上,都呈现为某种分庭抗礼的格局",但作为对父权统治进行挑战的"子一代",却无一例外的呈现出人格展示上的多疑、软弱、萎缩,尤其是乱伦题材的引入,更使得他们不同于传统武侠反抗者的崇高与伟大。与对传统反抗者歌颂相区别的是,这些影片进一步的吊销了子一代反叛的合法性、正义感和悲壮感。如果说这仅仅是故事内部呈现的子一代对父权秩序代表的强权政治的认同,那么倘若将这两部影片放置在新世纪电影进军全球市场的规则之下时,"那种对以北美市场为典范的'全球市场'的进入与渴望,不正可以读作对一种父法式的秩序的渴望吗?"①从这个意义上来讲,这两部电影同时讲述子一代对父一代的乱伦故事,并不仅仅是商业大片为制造市场噱头的偶然选择,而是隐含着颇具深意的政治/文化潜意识。"在叙事层面上对暴力和杀戮的过程呈现,既可视为对新权力/秩序的恐惧和臣服,也可看作是遭到压抑的潜意识的外化。"②

政治意识形态在新世纪武侠电影的另一种表述则是武侠与政治秩序的握手言和。《卧虎藏龙》中,侠客李慕白与贝勒爷的和谐关系,《英雄》中刺客与秦王的惺惺相惜,《大兵小将》中,大兵对太子的宽恕和支持,《武侠》中刘金喜与徐百九的患难之交,《四大名捕》中侠客与六扇门、神都府的联合等,都在隐隐地暗示着,在政治面前,武侠放下了曾经反抗的灵魂,或认同于秩序,或受到政治的庇护,打破武侠文化一以贯之的用侠客之功夫重建新秩序的叙事模式和叙事理想。这些症候,一方面显示了在当下中国的

---

① 贺桂梅:《看"中国"——电影大片的国际化运作与国族叙事》,载《思想中国:批判的当代视野》,广东人民出版社,2014,第187、194页。

② 同上,第194页。

处境中,创作者对现实秩序的认同折射,一方面也显示了在资本权力的诱惑面前,作为既得利益的武侠电影创作者与国家秩序在双赢面前的合谋,以及缺少对秩序反抗的犬儒心态。因为且不说当下的中国秩序远没有达到人人公平的地步,就连文化也远没有实现费孝通所言的"各美其美,美人之美,美美与共,天下大同"的理想,"侠客在权力面前必须保持独立的精神,才能践行惩恶扬善的使命,对于权力结构异常坚固的中国社会来说,这种独立精神显得尤其稀缺,因此也尤为难能可贵。"①因为,侠文化在当下社会的意义或者说人们对侠文化的期待,绝不仅仅是侠作为一种文化功夫的存在,而是"一股站在边缘社会、底层群体的层面上,维护、守望社会正义、监督公众利益的公平分配、公正使用的理想力量。"②从这个角度上来说,新世纪武侠电影中侠客与政治的合谋,还意味着,侠客身份的变换。传统的侠客,是站在平民的立场,实现着对现实秩序的不合理批判,而变身后的侠客,则充分的精英化,很大程度上不再是为弱者代言,甚至是站在了相反的立场,成了现存政治秩序的维护者(当然这个秩序是他们认为的合理的秩序,如狄仁杰最后放弃了推翻武周政权,原因是他看到了武则天对天下治理的英明之处),他们与政治一起,既分享着既得利益,也实现着对弱者的无意识压迫。从上面的分析中,可以看出当下武侠电影的政治倾向性,无论是融入现存的政治格局,认同强者的政治逻辑,还是如《武侠》、《剑雨》,对政治的回避,对世俗生活的认同,《大兵小将》中对"一亩五分田"的小人物平淡生活的向往,都或隐或显地折射了一种对侠客道义的担当的逃避,某种程度上呈现了一种缺乏政治立场的犬儒心态,这种心态既是创作者在面对政治权力审查、资本经济的诱惑,缺乏自觉的主体意识的表征,也是政治、资本逻辑的强大对武侠精神主体的严重阉割。

当然如果想要更深层次地探究新世纪武侠电影与当下政治意识形态的关系,那么实际上需要将全球化政治、资本的因素引入我们的分析范

---

① 叶勤:《从武侠片的风光看中国电影》,《福建艺术》2005年第3期。
② 陈林侠:《当下古装大片的武侠分裂、国族想象及其认同危机》,载《新世纪新十年:中国影视文化的形势、格局与趋势——中国高等院校影视学会第十三届年会暨第六届中国影视高层论坛论文集》,2010年11月1日。

畴，因为倘若我们毫不怀疑，一部电影的制作完成及其最终的美学形态呈现，是由整个电影工业运作系统、编创团队、意识形态控制、传统文化或外来文化影响等等要素，最终在资本的支撑下相互作用的结果的话，那么我们就更不应该忽视经济基础，主要是当下电影投资的多重资本对电影美学形态的影响作用，也即"经济是文化发展的根本动因"这一最基本、也是最根本的分析前提。也就是说："电影，远非仅仅只要满足银幕前的观众，它更是涉及其他很多种人需要的工业。制片厂、银行、政府、投资老板、制片经理、技术发明家、导演……一种类似家族族谱似的关系，影响着电影的生产。每一格胶片上的所有因素——人物、色彩、声音、构图、背景、道具，经过仔细地观察，都可以看到隐藏在其后的端倪，这些因素都是来自各方面条件妥协的结果。"①在新世纪中国电影美学（不仅仅是武侠电影）的一系列变化正是电影工业在资本变动中主体位置和功能变动的隐秘折射。具体地说就是，新世纪武侠电影的产品结构，从上游来讲主要取决于政治权力、资本结构中的投资主体。

在新世纪的中国，电影的资本结构大致包括以下三种主要投资模式：政府资本、民间资本和境外大资本。因之各种资本主体的不同投资理念在影片制作中的冲撞、妥协，最终会导致影片在美学上呈现出纷繁杂糅的裂隙和复杂。如果说 2000 年之前，武侠电影的投资主体多来自官方资本，那么 2000 年之后，民营资本的迅速崛起以及境外资本（特别是香港资本）的大量涌入，虽然使得政府资本已渐退潮后，但是作为一种政治权力，国家/官方依然以象征资本参与其中。政治/资本的分庭抗礼，使得他们对于影片商业性和利益性的追求和官方对国家形象输出的追求，呈现了种种复杂耦合的扭结，这种新的耦合状态从而整个带动了武侠电影从策划、制作到发行、放映以及后产品开发等等各环节的"创意灵动"，并深刻地改写着这一时期武侠电影的生产格局和审美走向。例如在电影《无极》中，香港演员/大陆演员/韩国明星/日本影星的集合阵容，对应的恰是影片资本的多重来源和市场定位。《七剑》中对高丽女子角色的加入，《墨攻》《神话》中对

---

① 理查德·麦特白：《好莱坞电影——1891 年以来的美国电影工业发展史》，胡克、刘辉译，华夏出版社，2005，中译本导论，第 1 页。

韩国影星的启用等，这种普遍的通过在亚洲市场进行跨国运作的商业模式，一方面固然是考虑亚洲消费市场的利益所得，但另一方面也暧昧地呈现了中国对邻邦的友好和解姿态，建立起中国对亚洲国族共同体的隐秘认同。这种认同关系倘若说在上述影片中还稍显隐蔽，那么在2006年的《霍元甲》中则暴露非常明显，如果说以前的霍元甲和陈真形象唤起的是民众心中对民族英雄誓死抗日的民族主义热情，激荡起的是对日本侵略与不正义的仇视和对抗，而霍元甲的正义和悲壮恰是建立在对日本形象的彻底凶残化的基础上的。那么到了2006年的《霍元甲》中，影片却讲述了他如何从一个争强好斗的武夫变成一个超越民族仇恨，化解民族矛盾的英雄故事。面对此前对日本形象的简单化非正义式的否定，《霍元甲》进行了大幅度地改写，不仅呈现了对以田中为代表的日本武士道精神的尊重，也将中日之间的仇恨转化为个别的日本商人的投机与丑恶，霍元甲在中毒后，面带微笑地倒在日本武士面前的镜头，以及他对准备为他报仇的弟子们说的话"你们要做的不是去报仇，仇恨只能生出更多的仇恨。我不想看到仇恨。最重要的是——强壮自己。"这些都颇有意味地暗示了，中国人对待昔日的敌人，再也不需要通过打杀对抗来解决，尤其是"当中国宣称要和平崛起的时候，我们需要通过'自强不息'来赢得世界的尊重和敬畏，而不是以暴制暴去计较上一个世纪的耻辱。"①。从这个层面上来看，影片中霍元甲流露出来的对敌人的宽容和自信，正映照着当下正在崛起中的大国风范。除了在民族精神上，影片展现出来的超越国族的政治和解之态外，更有深意的是影片中对农劲荪形象的变脸，从过去凸显其武林人士的身份到转变为一个民族资本家的形象，进而竭尽全力支持霍元甲，这背后不期然地体现出，恰是影片制作者对当下国家之间利益博弈本质的透彻洞察。

另一个通过呈现权力/资本互动带来的影片创作价值观的变动，或者说典型地体现了影片创作理念与当下政治意识形态互认的影片是《墨攻》，影片讲述了战国时期，一个名叫革离的人，通过其信仰的"非攻兼爱"的墨家思想帮助梁城成功地抵御了强大的赵国侵略，但最后却被自己的信仰所

---

① 川江耗子:《〈霍元甲〉：大国民风范》，豆瓣影评，http://movie.douban.com/review/1063873/。

困囿,同时也不被他人理解的故事。该片的资本结构涉及中国大陆、中国香港、日本和韩国,共计1600万美元,演员和制作班底也汇集四地,有着不折不扣的"泛东亚"制作团队和背景,这就要求影片在价值观、世界观和审美观的传达上必须拥有基于亚洲文化想象,然后辐射西方文化,进而为其他文化背景所理解和认同的制作理念。相较于《卧虎藏龙》对儒家"修身、心性"学说的全球化表达,《天地英雄》中对佛家"智慧之光"的普世价值的传达,《英雄》中模糊和填平中国/天下,反叛/和平之间沟壑的新型叙事逻辑而言,张之亮成功征调了墨家的文化思想,用以寄托和宣示其对于和平反战、个人信仰、生命价值的悠远诉求。此举可以说既撇开了在武侠电影主题中经常出现的儒、释、道文化思想,借用墨家与这些历史影像进行了深度的"互文本"式的文化关涉,同时作为一种与"读经热"、"汉服热"、"国学热""尊孔热"等一系列传统文化热潮不同的模式,其对应的是另一系列流行的话语序列:诸如"和平崛起"VS"非攻","社会主义市场经济"VS"交相利","和谐社会"VS"兼爱"以及"节约型社会"VS"节用"等。某种程度上,这种选择不仅与中国当下的主流意识形态"不谋而合",甚至成为中国借助传统文化精神进行全球化文化推广策略的隐秘症候。

第九章：新世纪武侠电影奇观化的美学悖论

　　从美学上看，电影既是一种文本艺术，也是一种视觉艺术，因此自电影诞生以来，图像叙事和文本叙事之间一直存在着妥协和争斗。如米歇尔所言："文化的历史部分就是图像符号和语言符号之间争取支配地位的漫长斗争的历程，任何一方都是为自身而要求一个可以接近自然的特权。"①从这个意义上说，1990年代之前的武侠电影，引人入胜的故事情节和血肉丰满的人物形象一直是武侠电影着力塑造的重点，新世纪读图时代的到来却带来了电影创作根本性的变革。詹姆逊曾指出的："整个文化正在经历一次革命性的变化：从以语言为中心转向以视觉为中心。电视、电影以及电脑的发展，具有后现代社会生产方式所生产的一种特殊的时间性……以视觉为中心的文化将改变人们的感受和经验方式，从而改变人们的思维方式。"②因此，进入新世纪之后，武侠电影在叙事表现上一个重大的改革就是以数字化特效技术的大制作影片，显示了中国电影产业在技术和视觉效果上，迈入与国际电影尤其是与好莱坞电影相抗衡的数字3D阶段，也初步展示了电影奇观化在视觉和冲击力效果上的神奇魅力。它不仅成了中国当代电影从以"叙事"为主的叙事电影，向以"画面"为主的"奇观化"电影的转变标志，同时作为一种对新的审美风格和表现方式，奇观化也气势汹汹地改变了传统电影的叙事逻辑、制作观念和营销策略以及审美风格。可以说，这种"奇观化"转向既是新历史时期，中国电影官方、评论、媒体、创作者

---

　　① W.J.T. Mitchell, *Iconology*: *Image*, *Text*, *Ideology*, Chicago: the University of Chicago Press, 1986, p.43. 转引自梁虹《视觉审美批判：当代电子媒介影像分析》，文津出版社，2009，第57页。

　　② 詹姆逊：《快感：文化与政治》，中国社会科学出版社，1998，第2—3页。

与观众之间不断沟通、对话、协商和妥协的自然结果。更是在全球化趋势中,中国电影与世界接轨,模拟与试图超越世界的必然产物,可以说从《英雄》开始,之后的《天地英雄》《满城尽带黄金甲》《风云二》《无极》《功夫》《十面埋伏》《夜宴》《画皮》《武侠》《剑雨》《狄仁杰之通天帝国》《西游降魔篇》《白发魔女传》《一代宗师》《绣春刀》等影片不同程度上表示了对特技制造、影像奇观的偏爱和钟情。当然相较其他类型片,武侠由于其自身的腾挪跌宕的虚拟空间、灵动无形的武打设计、子虚乌有的江湖世界,使得新世纪影片的奇观化最主要的表现为古装武侠电影的奇观化。

但是这些武侠奇观大片在凭借其视觉冲击力取得票房大胜的同时,展现的却是艺术成就上的被痛骂贬斥,造就了中国当下独特的"边看边骂",一边是海水、一边是火焰的观影奇观。那么这里的问题就是,对特效科技和视觉狂欢的重视,是否会必然的压抑电影的叙事能力?且不说张艺谋、陈凯歌、冯小刚都曾以讲述精彩的故事见长,徐克、陈可辛、程小东更是武侠叙事的高手,但是在新世纪的这些影片中,故事逻辑的漏洞几乎成为无一例外的通病,更不用说影片思想性的极度贫血。鉴于此,周宪曾将电影划分为"叙事电影"和"奇观电影",①前者的"叙事电影这个概念本身昭示了叙事性在电影中的核心地位,它是依照叙事的要求来结构的。因此,电影如何展示情节、塑造人物、编写对白等,成为叙事电影的基本要求。"②后者的"奇观电影"则变成了以视觉、图像生产为主导的电影创作。在这里,"叙事电影"和"奇观电影"的区分,对我们认识传统电影和数字化制作的高科技电影,提供了直观的描述,但是这种描述极易带来认识、观念上的混淆——"叙事"与"奇观"是否就截然对立?

事实上,无论电影的叙事类型、创作理念有何区别,叙事性一直都是电影的本性,只是不同的创作理念需要不同的叙事策略、叙事风格乃至表现模式来支撑。奇观化与其说是一种对叙事电影的反动,毋宁说是叙事功能的一种巨大变革。因此,在当下,研究武侠电影的奇观化,不仅在于肯定奇观化对电影叙事的强力补充,尽量消除奇观与叙事之间的对立,阐释奇观

---

① 周宪:《论奇观电影与视觉文化》,《文艺研究》2005年第3期。
② 同上。

化与叙事在武侠电影中可能有的完美融合和相互推动,也将探究作为理论跑马场的武侠电影在奇观与叙事之间所进行的探索努力和实践得失。

一、形下之"器"与形上之"道":奇观与叙事的辩证法

新世纪的武侠电影与之前的一个最明显区别就是现代数字、科技技术的介入,作为以虚构见长的武侠片,1990年代之前,一个很大的制约因素就是,武侠电影太过于写实,无论是侠客精神的洒脱空灵,还是神秘江湖的诡异变幻,抑或是打斗动作的审美展现,武器剑术的想象创新等都因为技术的落后成为创作者不断唏嘘的遗憾。自徐克在《蜀山传》中第一次运用威亚展示特效技术带来的武侠新的表现,特效带来的奇观一度成为武侠电影制作人追求的一项重要目标。到了新世纪,数字技术的成熟、特效的广泛应用,使得越来越多的电影成为奇观技术的演练场。但是对奇观的过多迷恋,势必会导致电影的叙事模式的巨大变化。因为奇观带来的想象力的延伸和所引发的感官享受固然重要,但缺乏叙事逻辑,尤其是意义价值的支撑却更容易将电影带入绝境。当下中国电影的一个现状就是,奇观化技术表现还远未成熟,却匆忙地放弃了对历史深度和价值意义的叩问和追寻。事实上,"文学与剧本创作的贫乏将成为真正限制奇观电影发展的瓶颈。"①

客观地说,奇观影像的特点就是,它要遵循"展现"自身的逻辑而非叙事的逻辑,因此摄影机机位的选择、焦距的使用,后期的剪辑,画面的设计,视角焦点的选择,帧数的多少上,明星特写的部位等方面,都会因为服务于展现奇观的目的,而多少造成对叙事的延宕和破坏。也就是说,在奇观电影中,话语主导、声音主导的电影叙事很多时候会让位于奇观展现。这在武侠电影中,表现得尤为突出,因为武侠电影是对叙事和奇观都极为重视的类型影片。新世纪的诸多导演大都热衷于奇观化表现,因此他们往往会为了奇观展示而牺牲语言叙事的完整性和意义深度。造成"形式"大于"内

---

① 王颖吉:《从传统电影到奇观电影——电影叙事模式变化及其前景》,《文艺争鸣》2010年第1期。

容"、"奇观支配叙事"的严重问题。

但是叙事和奇观这两者并非不可调和。好莱坞大片的成功,诸如《阿凡达》(3D)事实上已经证实了奇观与叙事的完美结合。需要指出的是,奇观化并非无源之水,它的兴起是电影艺术自身逻辑发展的合理趋势,它回应的实际上是默片时代的图像叙事在受到话语叙事长久压抑之后的必然反弹。当然,这种反弹的目的不是要消除话语叙事,恰恰是要在两者之间寻找新的平衡点,武侠电影中对奇观的需求,以及近年来的诸多实践性探索,正是寻找这个平衡点的不断尝试。这正如保罗·莱文森所言"新技术像初生牛犊一样急忙亮相、炫耀力量和新的手法,具有超越的力量,技术本身实际上就成为内容。"①因此,与其说新世纪的导演对奇观有着疯狂的迷恋,不如说,这是电影艺术自身逻辑发展中必然要经过的探索和实践期。因为对任何一种艺术而言,其自身同样存在着作为艺术本体的客观规律:"电影的发展与其他艺术相似,也体现出内部各要素的竞争性关系,在相互较量中生成、壮大和实现内部自治,最终使历史与逻辑在这里达到统一"。② 从理论上讲,从默片时代到有声电影,再到图像霸权,电影艺术的逻辑一直遵循着媒体演化定律——媒体霸权的形成与反霸权的补充形式,因此,奇观电影的兴起也只是演化定律的一次调整,当奇观成为霸权时,那些受压制的文学叙事模式将会被重新强调和启用,而这些启用和融合也必然会带来奇观电影艺术审美价值的新境界。事实上,电影艺术的发展正如托马斯·门罗曾经指出的,"没有某种从任何角度来看都是最好的艺术,没有某种生产、演奏或经验感受是艺术唯一正确的方法。"③电影艺术在任何的技巧(奇观)和意义(叙事)方面的开拓,都要最终符合于电影自身发展的"两极运动律"的理论,这种理论用门罗的话说就是"指每种文化形态,都是

---

① 保罗·莱文森:《莱文森精粹》,何道宽编译,中国人民大学出版社,2007,第4页。

② 颜纯钧:《景观电影——电影史的又一个幼稚时期》,《电影艺术》2006年第5期。

③ 张强:《从极化到综合——试论电影艺术的两极运动律》,载王亮衡编《电影学研究》第一辑,中国广播电视出版社,1997,第412页。

由两极对立动态地构成的两极对立或交替出现,或同时并存,并不断地发生冲撞和抗击,双方都有向对立面反方向运动的趋势,而一极又为另一极所牵制,因而在对立的两极中便形成了一种张力平衡场,其效应就转化为文化发展变迁的内部动力。"①对电影来说,叙述和奇观正是电影艺术发展的运动两极,它们在电影艺术的发展长河中,必然会不断地进行调节,相互制约,也相互促进,从而促进电影本身向着更为完善更为平衡的高级形态演进。而电影评论界在围绕叙事和奇观理论上的诸多纷争、论辩,一方面固然是理论自觉的写照,但从电影艺术发展的内部规律来看,未必不可以看作是对奇观和叙事这两极运动在电影实践中不断偏离,又不断纠正求索的必然反应。

事实上,当下的武侠电影实践已经正在印证这种媒介互补定律和两极运动律。从最初的《卧虎藏龙》,到《英雄》《满城尽带黄金甲》《风云二》《十面埋伏》《无极》,再到《武侠》《剑雨》《投名状》,再到《狄仁杰之通天帝国》《一代宗师》《绣春刀》,奇观化的运用也已经历了一个从新奇—滥用—慎用—较为娴熟的运用,导演们也显然在调整着自己的步伐,电影毕竟是一种在声音/画面、感性/理性、商业/艺术、真实/奇观中互补平衡的综合艺术。诚如普特南所言:"我本人也长期致力于象征着两种传统的最好方面的有机结合,即美国电影的叙事方式、活力和通俗性同欧洲电影的细致、思辨的结合。"②爱森斯坦也曾经在他的《影片:形式/意义》中将优秀影片的制作过程形象化为撰写"音乐总谱",也即综合运用电影的各种"表现材料"、叙事方式和意义深度,然后寻求多声部间的和谐与配合,使得电影"通过一系列多线条的同时性进展,既保存其独立的结构秩序,又与整个段落组成的总体秩序不可分离。"③但对当下的武侠电影创作者来说,这里的努力方向则是,一方面,如何探索奇观更深度地参与叙事,使奇观成为推动故

---

① 张强:《从极化到综合——试论电影艺术的两极运动律》,载王亮衡编《电影学研究》第一辑,中国广播电视出版社,1997,第413页。
② 戴维·普特南:《美欧电影分歧的焦点——文化属性和商业属性间的冲突》,刘利群编译,《世界电影》2000年第4期。
③ 爱森斯坦:《影片:形式/意义》,转引自安德烈·戈德罗、弗朗索瓦·诺斯特:《什么是电影叙事学》,商务印书馆,2005,第33页。

事情节发展的逻辑力量,或者成为塑造人物形象的有机部分,或者成为营造叙事氛围,烘托内心情感的有力建构。另一方面,如何在叙事中寻找与奇观技术的结合点,通过奇观具有的超强表现力释放被束缚的想象力和创新力,达到叙事、意义与奇观的完美融合,仍然是当下武侠电影工作者需要求索的方向。

二、在奇观与叙事之间腾挪跌宕:《一代宗师》的启示

自 2002 年,《英雄》拉开了国内武侠电影追求奇观化的大幕,其后,众多的古装武侠电影都偏执在"奇观"二字上,饱受诟病。虽然《剑雨》、《武侠》、《狄仁杰之通天帝国》、《龙门飞甲》、《血滴子》、《狄仁杰之神都龙王》在融合叙事和奇观展演方面有了新的突破,但是传统侠之大者的傲然风骨和深长悠远的侠义精神,尤其是武侠人文情怀的再次失落,让很多看似华丽好看的武侠影片,始终在一种以揭开"阴谋"、"秘密"为主导的叙事框架内腾挪伸展,侠之境界始终局限在阴谋、复仇的狭小格局之内,无法将触角伸进自我与集体,历史与天地,宽恕与悲悯的大格局内交融升腾,直到《一代宗师》的出现,武侠电影才总算在叙事与奇观之间,在真实与虚构之间,在历史与当下之间,在商业和艺术之间找到了大致的平衡。

(一)在"真"与"美"之间:奇观与叙事的交融共生

《一代宗师》是王家卫对民国武林潜心研究多年的心血之作,民国作为中国武术最后一个黄金时代,一时英雄辈出,高手风云际会,王家卫选用咏春、八极、八卦和形意四种武术套路,用自己独特的影像风格,诗意而深情地追忆和描述了那个时代,故事情节前半段以金楼比武,叶问胜出为线索,后半段以宫二为父报仇为线索,串联其间的是叶问和宫二含蓄婉转的感情线索。整个影片故事情节相对完整,既做到了交代前因,藏而不露的铺垫,又流畅的铺叙了围绕宫家发生的门派之怨、国别之仇、南北之争的恩怨离合。同时也以独特的遮挡、镜像、慢镜、明暗交替等镜头语言渲染着民国武林即逝将逝的辉煌和苍凉。

1. 作为叙事动力的奇观

不同于王家卫一贯擅长的文艺风,《一代宗师》的武打戏篇幅几近一

半,真正撑起了作为商业片所必需的"奇观"部分。比如开头,叶问雨夜大战众打手一段,各种特写和慢动作的铺叙纵然是为了增强商业噱头和视觉刺激,但其同时也暗示了影片情节未能铺开的部分。如果说夜雨打斗是高手对路人,那么金楼比武则是行家里手的切磋较量。宫二与叶问在金楼中交手一场显然是影片叙事的重点,两人本门派数招之后,开始互换拳法比试,在拳掌翻飞之间,二人一上一下,惺惺相惜、情愫暗生,叶问和宫二的个性和感情关系就通过武戏被点染出来。同样在金楼比武中,与叶问过招的几人,也被王家卫拍得各有各的打法,身段和力量,通背拳有通背的样子,起承转合一挥一转,都有模有样,颇有行家风派。猴拳、蛇拳不仅形似,也点到了拳术的精髓,着意不多但招招厉害,而两排书架间约定的攻守换防,更是将决胜于方寸之间的高段打斗演绎到极致和完美。当然王家卫的武戏还不仅仅在于尊重各式功夫本身的招数的形神展示,更是通过叶问与宫老爷子以及宫二一文一武两场戏,在武术打斗展演之上添了武德和境界。全国武林大会上关于"拳有南北乎"的一问一答,展现的武德无须多说。而境界则生动的表现在叶宫二人的决胜方式上"谁有破坏谁输"。如果说之前的《霍元甲》、《叶问》等传统武侠的打斗场面追求的是将破坏之力发挥到极致,那么到了《一代宗师》这里,武侠遵循的不仅是招式、力量和技巧的暴力展演,更重要的是强调了"武/侠"不灭不害的"生生之道"。这无疑是对侠义精神的更深延伸。

2. 作为意境、情感呈现的奇观

作为王家卫八年磨一剑的诚恳之作,《一代宗师》,在影像呈现上依然保持了王家卫电影用画面讲故事的一贯风格。这部影片在对人物内心的推拿定夺、人物性格的细描刻画、环境气氛的铺设营造、情感氛围的缓急调度、画面的精雕细刻,言有尽而意无穷的旁白,打斗场景的细节展示方面,呈现着和弥漫着相当浓重的电影化的诗意语言,甚至可以称其为诗意武侠。影片虽然以一代宗师叶问的人生经历为"主",但是影像画内画外的絮语铺陈和各门各派精致的功夫动作,以及唯美的打斗画面所折射出的,依然是民国时代整个"武林"的"侠胆真心"和中国式的武侠生存空间。在制作观念的表达和艺术境界的追求上,《一代宗师》也超越了以往的对侠客个人化的刻画和描写,进入到对武林群像人生大开大合的集体画像上,而王家卫也从自我创作的层面上印证了"见自己,见天地,见众生"的诗意境界。海德格尔曾说:"一切艺术本身就其本质而言都是诗。"①王家卫也说,功夫就是时间,而现代电影"节奏"就是意境。在《一代宗师》里,电影呈现本身就是一场功夫,叙事与意境二者难分难解,比如关东之鬼为叶问点烟,伴随着"火柴"从特写到全景的呈现,关东之鬼的形意拳的架势也借此徐徐拉开,影片运镜与功夫展演的轨迹合二为一,真正做到了功夫、电影、人情的一嗟三叹。再比如叶问与宫老爷子金楼决战,两人以"饼"为隐喻开始过招,与影片之前酣畅淋漓的打斗相比,此段影像更在意的是言语交锋,更像是一场高手间的意念比拼,虽然招式简约却但却意蕴丰富。这一段比武,比的不是武功的招式的高低,而是武学信念与修养的得失,这种比武的方式在金庸武侠以及《英雄》中也不少见,体现的是"武至最高境界乃是道"的传统哲学命题。但是金庸抑或是张艺谋对此的处理因为武术招式的过于虚化,武功和武道的对应缺乏相应的关联而难免失之于说教,落入窠臼。正如陈平原在《千古文人侠客梦》中指出的,《神雕侠侣》中独孤求败的剑学意境,《天龙八部》中枯容大师的"非枯非荣,亦枯亦容"的武学心得,纵然"都源于作家对佛道思想的领悟,但这种悟道妙语说多了,也就成了俗套。""同时用庄禅境界来解说武功,有时不免模棱两可似是而非,初看甚觉玄妙,细想则未必高明。"②在《一代宗师》里,夺饼的较量中,叶问第一招掌心向上,称之为"阳手",暗指"慈悲",只会伤人,不会致人于死地。第二招使出阴手,掌心向下,也称"超度"。第三招使用"咏春听桥",借力打力,以无招化有招。可以说在一段看似简答的比武中,叶问阳手、阴手的交替,却实际上暗含着太极八卦与咏春阴阳互生互克的循环与再生哲理。

《一代宗师》里的影像奇观除了助推故事逻辑和烘托意境呈现之外,还善于描摹和传达复杂的人物情绪和影片整体氛围。比如对穿梭人流的快进式呈现、对寂寞面庞的长时间凝视、对明暗交织的岁月光影的偏爱、对幽怨的如泣如诉的音乐的钟情等,都是王家卫电影的招牌特征,表达的也是

---

① 海德格尔:《诗·语言·思》,张月、石向骞、曹元勇译,黄河文艺出版社,1989,第 81 页。

② 陈平原:《千古文人侠客梦》,人民文学出版社,1992,第 103 页。

他的电影中一些恒定不变的主题:时间/漂泊/人生/孤独/爱情等。在《一代宗师》里也出现了类似的关于"等待"的场景,例如张永成家里那盏等叶问回家的灯,宫二在金楼等叶问赴宴的侧影,火车站苍茫白雪中,一袭白衣的宫二独自等马三现身等,叶问扯掉一粒纽扣若有所失的等待等等,同样的"等待"却被赋予了不同的情绪,寂寞、焦躁、信念、怀念等等情绪都随着画面的流转而升腾、蜿蜒、流淌。正如徐浩峰所言:这部电影"诗化的结果就是浓缩和概括时间。像宋代的山水画,布局和写实能力达到巅峰,后来出现文人画的倾向,下笔寥寥,就是为了提升意境。"①

(二)在"虚"与"实"之间:文化与历史的琴瑟和鸣

1. 念念不忘、必有回响——历史的深度重现

武侠与历史的碰撞,嫁接以及融合应该说一直是武侠小说赖以拓展自身文体容量的一个方便法门。自唐宋豪侠传奇出现以来,"侠客"二字与历史英雄、绿林好汉一直有着根脉的渊源,"武侠"与深度历史的分道扬镳乃是现代性发生以来,娱乐性得以正名的一种逻辑演变。但是当金庸之后,尤其是新世纪武侠电影繁盛以来,武侠电影对娱乐性和通俗性的过分强调,使得历史在武侠题材叙事里遭遇冷遇甚至被放逐。暂且不说《黄金甲》《天地英雄》《十面埋伏》等虽然出现了明确的历史、朝代,但是这些朝代在影片中更多的是仅仅只是个淡远的"历史"背景,与人物故事、情节推演缺乏深层对照和意义关联。即使是如《霍元甲》以历史人物为主角,演绎出人物与历史、命运、家国的恩怨,但故事的历史背景也多少由于应和当下意识形态的主流话语而成为影片主题表达的一个借用。从这个意义上,再看《一代宗师》,它讲的就不是一个宗师的故事,而是通过对岁月更迭、时代变迁的刻画,呈现出一个时代的宗师们在各种现实规则、现实压迫与环境变动下,对各自曾经秉承的武术精神的妥协、反叛、转变以及坚守。徐浩峰说,"《一代宗师》跟其他的功夫片是不太一样的,是符合历史的,当时的中华武术会是想改变中国人的根性的,《一代宗师》的叙事是建立在历史引擎

---

① 张成:《拍出功夫片的类型焦虑——专访〈一代宗师〉编剧徐皓峰》,《中国艺术报》2013年1月4日。

的基础上的。"① 比如影片中对四种拳法的招式的尊重,对师门间行话的特写,对"里子、面子"问题的探讨,对八卦六十四手传人宫二对门派规定"不嫁、无子女、不传武艺、终老一生"的承诺,对叶问儒雅的民国武风的描写等等,这些浸淫着真实武侠文化的意象和散点,在影片铺设的如水一样的婉转绵柔,如山一般深沉厚重的时代氛围中,仿佛可以让人触摸到那个荡气回肠的关于武侠的黄金时代,也似乎可以就此映照出古老悠久的传统文化回响,在这个意义的呈现上,《一代宗师》不像金庸或者当下武侠电影中对"历史"那般天马行空的想象,或者对"历史"进行为"现代"所用的演绎,而是通过对即将逝去的整个民国武林群像的写照,带给我们似曾相识的真实和一些欲言又止的共鸣与震动。正像王家卫所说:"武学千年,胜负都是过眼云烟。我们在意的不是一招一式,我们在意是整个武林。"②

如果说过去的武侠电影,更多的是借助"历史"刻画一个人物,铺叙一个门派,演绎一个时代的传奇,那么《一代宗师》在意的不仅仅是单个英雄的人生际遇,更是众多人物,不同门派在几个时代的历史演变,比如叶问最终开馆授徒,宫二一生奉道终老,一线天以理发为生,丁连山隐于街市,归于平淡。王家卫没有刻意将谁塑造成为英雄,他展示的只是那个时代习武之人应有的武学情怀和最终被时代浪潮裹挟,怅然若失的历史命运。正如王家卫自己说:"从叶问开始,就是从一棵树开始,最后观众看到的是整个武林。戏里面,他们都可能成为宗师,最后却只有两个人成为宗师,这是时势使然。"③ 当然也是大时代大历史的必然趋势。

2. 见自己、见天地、见众生——"武侠"境界的重构

如果考察整个中国侠文化的流变史,可以发现,"知识分子和真正的侠义之士的一般心态和对社会的理性认知是与中国历史上绵延不绝的'儒道

---

① 张成:《〈一代宗师〉费心血 千呼万唤始出来》,《中国艺术报》2013年1月9日。

② 李丽:《王家卫:我们在意的是整个武林》,《羊城晚报》2012年11月15日。

③ 张成:《〈一代宗师〉费心血 千呼万唤始出来》,《中国艺术报》2013年1月9日。

互补'相辅相成的。真正有社会担当的侠义之士与'齐家治国平天下'和强调自我道德完善的儒者有诸多相似之处。"①如果说在金庸的武侠小说中，侠客的塑造经历了一个从"侠之大者"到"无侠"再到"非侠"的现代性转变，逐渐卸去的是侠客责任担当的儒家"入世"情结，而赞颂和弘扬的是无为而为、淡泊名利的道家"出世"情怀。那么在当下，"侠"的精神内涵则不是指向的儒道入世/出世的对立和不兼容，而是寻求两者在道义/责任与自由/独立,个人与集体之间的互补共生。王家卫在采访时曾坦言："大多数片子只是单纯追求动作。而在这部片子中，我们想强调荣耀和传奇。中国武术家将自己视为园丁，能够照料这片花园，对他们来说是一种荣誉，将武术精神流传下去，发扬光大。在这个个人成绩似乎是成功唯一衡量标准的时代，我认为这是非常难能可贵的。"②

为拍摄《一代宗师》，王家卫曾经采访了一百多位中国武术界的各派名师，历时八年，从北京、天津、河北、山西到内蒙古、吉林、上海、浙江，从佛山、香港到澳门、台湾，他发现其中很多门派的师傅一个人恪守一个门派，不离不弃，念念不忘，只是为了将父辈的武学精神和武学之道传承天下。这种对武术精神的坚守与敬畏也正是王家卫在影片中一以贯之的创作理念。随着对民国武术世界的认识，王家卫对《一代宗师》的叙述视点，也从最初的对一个人、一条街、一个门派的注视和守候，慢慢绵延到对一个群体、一个时代乃至一个世界的遥望和敬畏。而这种将一个现象推演为一个概念，将一个个体通约为人类的情感时，影片在对武侠世界的想象和认知之外，就似乎必然的呈现了"见自己，见天地，见众生！"的层层深入。见自己，是要认识自己，懂得方寸之间的进取、谦卑，是要对得起自己心中的仁义，感情，为自己心中留一盏明灯。见天地，是明白天外有天，才能眼界开阔，博采众长，才能看透人生浮沉，守住世间正道，在混沌的天地之间点一盏明灯。见众生，是要明心见性，心怀众生，是要传扬武学，以武强人，以德

---

① 金丹元、马婷：《新世纪中国武侠电影的审美流变及其焦虑性诉求》，《艺术百家》2012年第1期。

② 拉里·罗特：《荣耀和传奇：王家卫谈〈一代宗师〉》，陈薇薇译，《电影世界》2014年第2期。

化人,为黑暗乱世中的众人指起一盏明灯。影片中宫二说"我见过自己,也算见过天地,可惜见不到众生。这条路我没走完,希望你能把它走下去。"宫二报仇之后,誓不传艺,使宫家八卦拳的六十四手烟消云散,因此称不上是"见众生"。叶问在时代艰难中却把咏春发扬光大,才真正点出了"见众生"的情怀。

3. 有一口气、点一盏灯、有灯就有人——侠义精神的再生

《一代宗师》将自己的武侠境界阐释为:"见自己,见天地,见众生。"也即是说,武术的境界不仅仅在于个人的武学修为高下得失,也即见自己和见天地,更在于为暗夜中行走的众生"传灯"。"灯"在佛教中是一个经典的意象,因此"传灯"也常常被认为是传授佛法,所以也往往与"指路"、"度人"相提并论,在影片中,所谓的"有灯就有人"表面是指功夫技能的传承,但功夫本身作为中国传统文化的一种,其所包含的"魂"与"神"却是影片所要指涉的关键内容。如果说,以往的武侠片,大多将重心放在中国功夫的展演上,能够在功夫拳脚上做出新意,就算及格,再进一步能够将功夫上升到"侠义"精神,可算是优秀了。但是《一代宗师》则不仅止步在"见天地、见众生"的武侠境界的构建上,更重要的是传达了将"武/侠"精神和道义薪火相传的胸怀与气度。

从这个意义上再来审视影片,那么王家卫算是不负众望,拍了一部难得的"功夫"电影,从见招式到见人,从见人到见武林,再从见武林到见众生。《一代宗师》虽然名为武侠+宗师,但隐在这两个关键词背后的依然是武侠精神的生存之道——那就是"有一口气、点一盏灯、有灯就有人。"比如影片最后交代一线天逃亡支护,借开理发店的同时,在香港秘密传授八极拳。叶问则更是传灯无数,正如他的武术观,"对我而言,武术是大同的,千拳归一路。到头来,就两个字:一横一竖"。倘若把这大同思想用在武术里,那么在叶问看来,理想的武林,不仅应是开放的、平等的,更应该是互相分享、互相进步的。因此影片的最终,王家卫通过对"薪火相传"的阐释让这侠义的信仰,照耀了众生。

三、器械奇观化与意义的延宕

如果说,在早期的武侠电影中,电影技术的运用是为了营造更为逼真

的二元对抗性叙事语境,是为武术动作的展演提供更为可信的氛围,使武术动作成为传达和表现人物爱恨情仇或者特定性格的一种手段,如贾磊磊所言:"武打动作的引入既是强化影片观赏性的市场策略,同时也是一种为了更加生动、深入地展现影片主题的表意方式。"①斯蒂芬·希斯也曾说:"在电影的早期时代,也许是电影技术而非电影本身吸引着观众。"纵观新世纪的武侠电影的一个显著特点,就是电脑技术的发展,带来的电影制作水平的质变。比如在《荆轲刺秦王》中,荆轲与秦王大殿对决,一个悲愤交加,一个惊慌失措,长剑与短剑在湍急紧凑的音乐中犹如一红一黑两只蝴蝶在历史的背景中翻飞缠斗,在这里武器的展演与武打技巧的表现因为充分的浸泡了凄凉悲壮的旋律与氛围,不但没有脱离影片的叙事逻辑,而且是,成为影片塑造人物形象的一个有力的抒情段落。

那么进入新世纪后,随着数字技术的逐渐成熟,制造视觉上的影像奇观已经成为武侠电影制作的惯用手法,数字带来的改观不仅可以满足制作者对相似"真实"的追求,在不歪曲事实的基础上,使用逼真的视觉效果强化武打场景、人物的高强武艺以及兵器在功夫中的力量和冲击力,同时作为一种震撼眼球的光效和数字技术,其同样能够获得市场、工业消费和观众的青睐。比如新世纪之后对电脑特技的大量运用让诸如《天地英雄》、《英雄》以及《七剑》、《无极》、《见龙卸甲》、《狄仁杰通天帝国》、《狄仁杰之神都龙王》、《绣春刀》、《一代宗师》等武侠电影成为一道道视听感官的饕餮大餐。可以说,数字技术在当下的武侠电影中的体现,不仅表现在审美风格和后期剪辑方面,更是成为一个组建武侠江湖的叙事逻辑的有力构成,同时正在执着地推动着电影整个制作观念的转变和扭转观众的审美取向。

关于特技带来的正面的论述,已经有太多的文章述之,不再赘言。在此所要探讨的是,作为以展现功夫、武术和侠客精神、江湖文化为内容的武侠电影,最突出的特点就是虚幻与真实、历史与当下、想象与写实的组合,因此无论是各大门派的过招、武功的展示,还是刀枪剑戟、棍棒、暗器等兵器、服饰、武打套路的呈现,都必然要经过演员编演、武美设计、摄影机录制以及后期剪辑拼贴等技术手段的处理。对一部好的武侠电影来说,银幕上

---

① 贾磊磊:《中国武侠电影史》,文化艺术出版社,2005,第 245 页。

最终呈现的刀光剑影、门派伐异、武林争锋、江湖风云、意境营造等都应该是电影艺术语言、武侠精神、传统文化和价值观念外化,也即是说作为形式技巧的一部分,特技理应承担起凝聚和释放影片叙事内部隐藏的各种能量,成为影片叙事推动的有效手段和途径,但是新世纪武侠电影在特技与叙事的融合上,或者说在寻求以特技奇观整合电影叙事、释放形而上精神的潜能方面,显然有些力不从心。

比如以七剑客拯救一个即将消失的武庄(武庄表面上住了一批普通的老百姓,事实上却是反清组织天地会分舵人马),进而对抗朝廷野蛮政治为故事底本,敷衍出来的电影《七剑》。影片一开始就展示了清朝军队在风火连城的率领下,用一个先进、怪异、类似怪兽的武器对村庄进行血腥屠杀的段落,出场人夸张的衣饰,器械上的翻新和人物造型的景观化给影片带来了震撼性的刺激感。以一个商业片的标准来看待这个开头,的确抓人眼球,然而随着对武庄的拯救过程的展开,影片渲染的重点放在了天山七剑的来历和呈现上,重在展示器械的神秘和精良,倘若到此,器械的奇观化还不足以抢占对剑客行侠逻辑,对影片叙事展开的影响的话,那么到七剑客下天山,在拯救"武庄"这个他们看来正义非凡的使命下,由于影片篇幅时间的限制,七剑客的个性魅力来不及从容展开,器械的展示和繁复变换的镜头就湮没了人物的形象和叙事脉络。同时在影片色调的呈现上,强弱光明显的对比和色彩造型的夸张,某种程度上也削弱了影片的主题表达,再加之出场人数众多,影片意图呈现的还不只是七个主角,因此给观影者带来的感受则是,很多人甚至连七个剑客姓名、形貌、正反角色,都很难对号入座。也就是说,在《七剑》里,"七剑"这个兵器本身的精美和来历占据了编导创意和叙事上的较多偏重,它甚至部分的打破了武术设计"术/道"相辅相生的文化思路,《易传·系辞上》曾曰:"形而上者谓之道,形而下者谓之器",因此,在源远流长的武侠文化里,武器或者功夫、技艺的展演目的都是道义的传达,但是《七剑》中,传统的以易取难、以简胜繁、以小博大等所演绎的侠客文人之"武"隐退到幕后,而剑器的优良和精湛反映的恰恰是对影片所要传扬的道义的遮蔽和覆盖。

如果说,徐克对武侠电影的景观呈现更多地体现在高科技特效、器械的锋利、武器的变换、场景的魔幻化上,那么张艺谋则在武侠景观的唯美、器械的速度、功夫的密度上出彩出新。比如《英雄》中,黑白红灰的水墨搭配,意境十足的造景和场景布置,无名十步一杀的"快剑"展示,秦兵密如暴雨的利箭等等。还有《十面埋伏》中飞刀门迅疾盘旋、例不虚发的飞刀,小妹密集紧凑、鼓点迸裂的武舞,最后决战时,快速转换的季节、摇曳迅疾的竹林追杀等,都突出强调了场景的动态化,以及器械之密和功夫的速度之快,这种"动感"和速度之"快"与影片采取的高速摄影的叙述之"慢"相结合,使得影片呈现出节奏的扣人心弦,令观影者不时地唏嘘感叹,紧张不已。也就是说影片呈现的"快"之速度与观影者对"快"的刺激效果的需求不谋而合,体现出当下社会对一切都"快"的无意识追求。包兆会也如此肯定,"在技术速度盛行的当代社会里,标志视觉速度的'快看'和'看快'的两种'看'的方式,因与'时间'、'效率'联系在一起,已得到了现代人的认可,并获得了一种合理性和合法性的身份。"①诚如斯言,如果说"快看"的出现对应的是众多观影者对影片产生的奇观效果的无意识追求,是观众在以视觉为主的图像媒介支配下,不自觉地将"快看"以及高速摄影作为对影片叙事技巧的一个默认,乃至是必须如此的手段和方式,那么"看快"凸显的则是在"时间就是金钱"、"时间就是机遇"等等很多指标,都以时间的快慢为衡量标准的当下,人们对"速度"的狂热追求和迷恋,在这种意识之下,"快"既暗示着对机会争夺的占先和经济利润的赢利,更是意味着对资源和信息的掌控。当然从社会层面上说,伴随着各类资本投资对利润回报的快速追求,作为度量现代化发展程度的一个重要指标,"速度"不仅存在在工业和商业领域,而是在社会生活,包括饮食起居、普通百姓的价值意识的各个层面中存在,并且已经成为社会秩序、权力运行和认知体系、生活态度的一个基本准则。但是只重"速度"毕竟是一种过于功利的想象,因为任何人和事物的健康成长,都将是"速度"与"质量"的和谐而非偏废。对武侠电影来讲,只重"速度"不讲"质量"折射的不仅是导演、投资方遮挡不住的功利和苛求快速成功的焦躁心态的折射,更是当下中国整个社会浮躁不安的无意识反映。

　　从上面的简单论述可以看到,无论是徐克式的器械繁复、功夫炫耀还

---

① 包兆会:《后现代景观下的"速度"》,《读书》2002年第9期。

是张艺谋式的速度、场面中心展示,都呈现了一种无法掩饰的"技术中心主义"色彩。从理论上来讲,技术的可"复制性"某种程度上可能会造成对精神道义的放逐,因为技术的奇观化会不同程度的改变传统那种慢速的、带有反思性的、具有审美主义色彩的静观呈现方式,可以说,重器轻义的这种思维和创作方式,其对崇高性、深刻性的部分消解,势必某种程度上造成了武侠影片包括其他武侠文类(如小说、游戏等)对流传悠久的"剑胆琴心"、"匡扶正义"式的武侠文化/精神的传承和发扬,使得传统武侠文化的几个核心范畴儒、释、道、墨、侠文化等精神内核遭受很大程度的削弱,如《七剑》更多的呈现了一个拯救武庄的空壳,《英雄》中侠义在强权政治面前出现的臣服与萎缩,《十面埋伏》在展示爱情的浪漫中,消解了传统的侠义精神,《夜宴》《满城尽带黄金甲》则是一连串的宫廷阴谋,难得一见侠之大者的正义和勇敢。与这些传统文化精神的退场相对应的是传统伦理秩序的部分沦丧,也即,技术中心主义会消解传统的正义/非正义、善/恶、正/邪等道德伦理秩序,但又无法在短时间建立起所谓的更新的现代道德伦理秩序。如果以功夫、武器、技术的高下来混淆善恶,就很容易让影片呈现血腥武斗的场面。比如"身体动作即是一种'过分炫目的崇拜',动作虽然'炫目',但令人'分心',严重影响了电影的思想与情感的传达。"①而武侠电影一旦失去思想、伦理维度,将从上而下架空影片的人性道德和人文关怀。

同时,如果武侠电影对身体动作、武器技术过度依赖,还可能会导致武侠电影中"向善"的宗教伦理维度的缺失。在贾磊磊看来,武侠对宗教情怀的靠拢,并不是在武侠电影中宣传宗教旨意,"如果说,善恶的对立冲突曾经是主流电影推进叙事的两种力量的话,那么,由于宗教的介入,中国武侠电影的叙事结构中便出现了'第三种力量'。"②这第三种力量也即以宗教情怀的深远和韵味来平衡善恶正邪二元对立,以形上之"道"的精神/文化

---

① 陈林侠:《当下古装大片的武侠分裂、国族想象及其认同危机》,载《新世纪新十年:中国影视文化的形势、格局与趋势——中国高等院校影视学会第十三届年会暨第六届中国影视高层论坛论文集》,2010年11月1日。
② 贾磊磊:《佛家伦理与认同逻辑》,载《中国武侠电影史》,文化艺术出版社,2005,第255页。

来提升单薄的形下之"器",进而以社会伦理的深度和厚重来整合纯粹的个体主义立场。诚如斯言,"在不同价值体系的冲突中,武侠电影的叙事原则时常是向宗教伦理倾斜,有时甚至经常让位于宗教的法理,使武侠电影在某种意义上皈依于宗教的精神。换言之,宗教伦理经常成为支撑中国武侠电影的文化根基。"①而在传统经典的武侠电影中,武侠与宗教精神的结合俯拾皆是,比如早期的张彻、胡金铨的电影,以金庸、古龙小说改编的电影,儒家的侠之大者风范,道家的逍遥自由精神、佛家的无欲无求、大慈悲大宽恕的"放下"、"隐逸"等精神内核,都成为提升武侠电影精神境界、拓展武侠电影思想深度不可或缺的内在力量。但是,当下的奇观技术中心主义在过度关注商业价值和眼球经济的同时,也模糊了影片向善、向美的维度,弱化了武侠电影在现实与虚构之间,获得伦理道德提升的可能,也相当程度的消解了武侠人物形象或者武侠电影依凭传统伦理和人性关怀而获得的巨大人格魅力和精神感染力。因此目前武侠片对武术器械、身体动作的集中渲染越夸张,倘若没有内在的侠客精神和文化底蕴做支撑,观众对这些影片所渲染的侠客和英雄只会越来越缺乏认同、崇拜与敬仰。

从理论上看,在一门艺术的生成规律中,以"技术"为中心的创作思路走的是"从形下而形下"的思维通道,而武侠文化的精神内核遵循的则是"从形下而形上"的绽开方向,技术中心主义更关注影片制作的技巧、呈现的奇观化,所以更注重文本的碎片化,人物形象的具象化,思维方式的逻辑化。但武侠精神本身则更注重对侠客人物的塑造的虚实结合和提纯化,对江湖意境的虚构和想象,对传统文化积淀的传承和期望。因之,武侠电影也因这种虚构的想象被称之为"成人的童话"。但在新世纪,这种艺术想象不是对精神道义和侠客形象的乌托邦想象,却更多的呈现为用特技实现功夫的极端化、以超强的视听和奇观观感混淆感性体验,以形下的器械技术助长人类的浅层思维方式,既弱化了对武侠文化的想象力和认同感,也减弱了对侠客精神的崇仰和传承,陷入了缺乏人文关怀和信仰道德模糊的怪圈。事实上,在艺术的发展史上,影视艺术的出现是人类远古的审美愿望、

---

① 贾磊磊:《中国武侠电影与宗教伦理》,《西南师范大学学报》2005 年第 3 期。

想象能力与科学技术、传播媒介高度融合的结晶。诚如法国电影印象主义派的代表人物,路易·德吕克曾在他的《电影及其他》一书中所说的,"我们是目睹一种不寻常的艺术,也许是惟一的现代艺术诞生的见证人,因为它同时既是技术的产物,又是人类精神的产物。"①可以说,对武侠电影来讲,器械技术的视觉震撼和精神道义的深远幽思作为支撑武侠电影腾飞的两翼,犹如亚努斯的两面孔,具有相辅相生,同等重要的价值和意义。所以数字化的武侠影像在为观众创造视觉奇观的同时,不应该忽视侠义精神和文化的传扬,视觉奇观必须做到融合叙事、思想、精神,武侠电影才能真正成为"武、侠、情、器、思"的完美整合。

四、景观催眠术:景观叙事的意识形态性

在武侠电影愈演愈烈的景观化叙事中,故事深度和文化价值的缺失已经成为制约武侠电影继续发展的一个巨大症结。罗伯特·麦基在《故事》中说:"文化离开诚实而强有力的故事便无从发展。不断地耳濡目染浮华、空洞和虚假的故事的社会必定会走向塑落。我们需要真诚的讽刺和悲剧、正剧和喜剧,用明丽素洁的光来照亮人性和社会的阴暗角落。不然的话,就会像叶芝所警告的那样……中心将无法固定"。② 阿伦特也曾说:"遏制故事的生发意味着生活和生命力丧失的症候。"陶东风也认为:"故事的存在是真正的生命存在的标志,是千差万别的个体存在的标志,是一个社会、一个人拥有自由和梦想的标志。在有活生生的生活的地方、在人们拥有个性、自由和梦想的地方,就有故事,后极权社会(也包括极权社会)之所以没有故事,是因为后极权社会敌视生活、敌视个性、没有梦想的容身之地。"③如果说,1990年代之前的武侠电影,其因为对家国、民族观念的过度关注,影像视觉的呈现还并不自觉,那么当下武侠电影对叙事的景观化则是过分依赖,这就使得影片必须充分地挖掘着镜像语言自身的话语潜力和情绪感

---

① 盘剑主编《影视艺术学》,浙江大学出版社,2004,绪论,第1页。
② 罗伯特·麦基:《故事》,周铁东译,中国电影出版社,2001,第16页。
③ 陶东风:《故事、小说与文学的反极权本质——关于阿伦特、哈维尔、昆德拉和克里玛的阅读笔记》,《中华读书报》2007年12月23日。

染力,1990年代之前,我们看武侠主要的还是感动于武侠精神的宣扬,但是新世纪之后,我们在其中可以直感的是镜头语言本身的"色、香、味"——镜语(人物形象、场景、段落、镜头)的景观。但是遗憾的是,这种在武侠电影中的反经典叙事的景观化叙事,并非指向中国当下电影向现代主义形式艺术的深度探索,也就是说,武侠对景观形式的追求,不是基于一种对电影本体论的肯定,寻求电影艺术本身在叙事与奇观之间的有效结合,而是一种面向消费主义的对叙事的外向化、表层化的撤离,不是将奇观作为意义承载的手段,而是作为眼球消费的工具。所以当下影片中高贵的武侠正义精神、可贵的反抗意识、对重建道德伦理秩序的渴望,这些由经典武侠叙事传承下来的武侠文化正在不断流失;它们不是专注于影片文化精神的开掘,而是在武侠表面化的"卖相"上做足功夫,使其具有足够的魅惑力。

因此,更需警惕的是,当武侠文化被包裹成单薄的奇观画面和无深度的视听形式,就会因为当下消费主义的助长而成为一种坚实的存在,并对观众产生有效的"催眠"作用。因为"景观的本质是拒斥对话。景观是一种更深层的无形控制,它消解了主体的反抗和批判否定性,在景观的迷人之中,人只能单向度地默从。如是,方为景观意识形态的本质。"[①]可以说,过度的景观化对武侠电影的损伤,并不仅仅是对精神意义的部分消解,而是说景观化所产生的催眠作用,会使人们依赖于影像提供的认识经验和价值意识,而不是借助自己的人生体验去看待和感受世界、社会和人类自身,进而建立起价值观和思想体系。在此种意义上,可以说,观看影像本身仿佛成了一种特权,成了建构价值体系的一种最直接有效的方式。这种方式最大程度地剥夺了人类作为生命存在自身,通过直接触觉和直觉感悟领会这个世界的方式。因此,在这个层面上,我们说景观带来的无深度的认识世界的方式,才是武侠电影消费最大的幻觉鸦片。德波曾经在一篇文章中指出了景观的消费特权和阶级属性,他认为"景观之根就植于最古老的社会专门化——权力的专门化之中……景观是等级社会的大使"。也就是说,武侠电影的过度奇观化会造成一种德波所谓的景观迷惑。张一兵就把这

[①] 张一兵:《颠倒再颠倒的景观世界——德波〈景观社会〉的文本学解读》,《南京大学学报》2006年第1期。

种景观效应与心理学治疗中的催眠术联系起来:"景观乍看起来是去政治化的,'景观的最重要的原则是不干预主义',然而,也只有不干预中的隐形控制才是最深刻的奴役。其三,在景观所造成的广泛的'娱乐'的迷惑之下,'大多数'将彻底偏离自己本真的批判性和创造性,沦为景观控制的奴隶……这种意识形态拥有一种真正的'催眠行为'和刺激力量。"①也就是说,景观叙事是魅惑性与控制性并存的,只不过,这种控制来得更"温柔"。景观的意识形态带入功能,非常有力地论证了鲍德里亚和麦茨所谈到的摄影机器所带有的意识形态功能。而有了景观性的表象迷惑,意识形态的抽象概念便可盛行。因此当武侠叙事越致力于表象的景象奇观,那么它所专注的核心价值也必然只能以抽象的、虚空的概念形式存在。在这些存在中,被抽象化的、简单化的符码,被强行指代为它们所指的本体本身,而武侠电影奇观化的种种措施,把摄影机"仿真"、"再现"能力中所包含的意识形态潜能最大化,那么,武侠电影的这些实践则不折不扣地成了当下主流意识形态的合谋者。观众在景观的魅惑与感官冲击中,进入到一种"主动退行"状态,也就在不知不觉间,非常愉快地接受了意识形态的招降。而这也恰恰是现阶段的中国新中产阶层能够接受的叙事和表达方式。

---

① 张一兵:《代译序:德波和他的〈景观社会〉》,载居伊·德波《景观社会》,王昭凤译,南京大学出版社,2006,"代译序"第11—12页。

结语：新世纪武侠电影实践的启示与出路

一、在可能与不可能之间——武侠电影"创新"与"类型"的辩证法

荣格曾在他的研究中说一个民族"如果失掉了神话，不论在哪里，即使在文明社会中，也总是一场道德灾难。"① 的确如此，在当下各种利益权力争锋的背后，现代国家、人与传统武侠题材中的神话乌托邦等遗产的分离，将会导致整个民族的精神危机和生存困境。因为从起源上讲，"武侠"的存在，"反映了人类古老的英雄梦在工业社会的延续，又是羁縻于世俗社会中的现代人试图超越具体时空限制的替代性投射。而虚拟的超现实的江湖世界，则是人类永恒的乌托邦幻像的本能在现代文明的体现。"② 事实上自新世纪以来，武侠电影已经呈现了诸多与之前不同的重要特点，比如令人目不暇接的炫技展览，催生了所谓的奇观大片的出现。比如借用意识形态，实现了当下主流话语对"江湖"、"侠义精神"的改造和意义结构的挪移。比如资本构成的多元化带来的武侠价值传递的暧昧和模糊。所有这些，改变的都不仅仅是武侠这个类型浅表的呈现模式或者审美意象，而是从深层的行侠动力结构，江湖存在方式乃至武侠结构逻辑，都出现了巨大的变化。在这些稍显分裂而又诡异离奇的表象之下，呈现的乃是处于复杂变动中的

---

① 荣格：《集体无意识和原型》，马士沂译，载《文艺理论译丛》第 1 辑，中国文联出版公司，1983，第 275 页。
② 董乃斌、钱理群主编《彩色插图本中国文学史》，贵州人民出版社，2004，第 359 页。

主导政治/产业利益、价值观/存在论的种种胶着与排斥的、破碎而不完整的存在方式与意义空间表现,也是现代、后现代多重繁复的权力力量在这个隐喻"江湖"上的碎片性投射。

这些有益的尝试和实践,使得武侠电影在之后呈现出一股世界性的"变脸"趋势:不仅拓宽了武侠题材的自身容量,打破了传奇与现实的边界,把魔幻、悬疑、探险、推理、恐怖、言情、商业等诸元素熔于一炉,浮现出现代、后现代社会特有的惊险大胆、驳杂暧昧而又蕴意深刻、内涵丰富的叙事风格,也渗透着现代人、主导意识形态、资本商业特有的对现实、人性、政治的质疑解构和重新审视。同时还在一些优秀的武侠电影代表作中,通过共时、互文、非线性等叙事/剪辑技巧和宽银幕、景深镜头等技术元素,将现代人对江湖/现实的认知,缝合在多重链接、多重印象以及虚拟视觉和数字神话的现代性体验之中,并由此创造出了另一种独特的武侠观赏/接受美学。从这个意义上说新世纪武侠电影的这次中兴与创造,其价值就不仅在于通过对好莱坞为代表的西方模式的借鉴,营造一种前所未有的超强效应的视觉盛宴,以催生中国电影产业规模的快速发展;更在于当下的电影人利用现代媒介复合式的叙事模式,和现代性的反思力度,去开拓和构建了一种,基于现代人文化视点的新武侠阐释空间,并引领受众获得了别一种轻松感与丰富感、娱乐感与深刻感并存共在的现代性复杂体验,同时也借此再次体现了人类文明经验和想象力的伟大连续。从上面诸多的论述中,我们已经看到武侠电影在新世纪的突然勃兴,既是武侠电影在经过1980、1990年代创作实践,武侠题材类型发展积累而起的成功经验的合逻辑发展结果,也是中国电影借以进军全球市场的一种无意识借用策略,更是电影数字特技借用虚拟空间践行炫技的绝佳演武场,当然也是中国正在悄然崛起的中产阶级纾解现实焦虑,间接对接主流意识形态,安抚其"白日梦想"的良好载体。

但是随着新世纪武侠电影在市场/大众/官方视野中赚得钵满盆倾的高票房背后,武侠题材作为一种重要的叙事文类,武侠电影作为一种颇为成熟的类型片,却呈现了在影像奇观/叙事动力、侠道失落/商业滑稽、思想贫血/拼盘杂烩等方面,被观影者骂不绝声的诟病。但是作为一种百年来一直被观众喜爱的影像呈现模式,武侠电影本身并没有因为其自身的问题,而遭遇大众的遗弃,相反从2013年观众最喜爱的影片类型的调查结果来看,大约71%的观影者依然把最喜爱的类型投给了武侠动作类影片(见图5)。

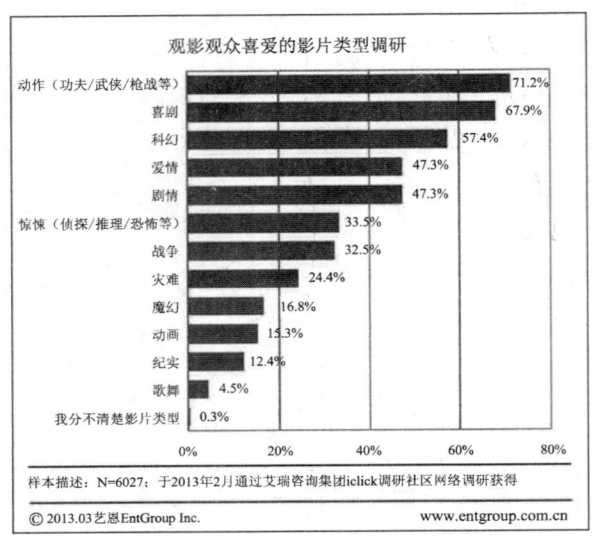

图 5

那么武侠电影在这种深切的期待中,如何对内实现其文类的自反意识,探索武侠电影的自我更新机制,对外如何处理其与其他类型影片的关系,如何在全球化的当下,处理好前面提到的一系列瓶颈问题,就成为武侠电影研究无法绕过的理论难点。它们已经以一种显在而深刻的问题意识和迫在眉睫的急迫性,召唤着学界各方面的阐释和回应。应该说,这是一个不仅牵扯影片制作团队理论素养、产业环境、大众接受、意识形态干预、媒介操控、资本构成等一系列的"共时性"因素,还牵扯接续历史/传统文化/集体无意识等一系列"历时性"因素,同时还涉及武侠电影自身(即艺术自律性)的发展规律,也即内部自我更新转换机制或者自反现象(韩云波的"反武侠"观点①:武侠与反武侠的否定之否定)等一系列武侠本体的问题。关于武侠电影在文类内部对叙事动力、行侠模式、侠义精神,以及侠客形象

---

① 吕进、韩云波:《金庸"反武侠"与武侠小说的文类命运》,《文艺研究》2002年第2期。

的塑造等问题在前文中均有涉及,不再赘述。在这里只就关于武侠电影类型在模式化与创新性之间的关系,稍作论述。因为进入 21 世纪之后,1990 年代武侠电影创作者曾开创出来的千变万化的新的阐释,已经被吸纳入当下人类某种共享的认知结构当中,并由此形成武侠电影的别一种借鉴模式。而当下武侠电影一系列的"转喻"和"隐喻"的面孔类似性,所呈现的正是新武侠叙事以来的某种新的"模式化"认知机制的形成。

所以需要辩证思考的也正是,尽管"模式化"成为武侠电影被诟病的主要原因,但应该说作为一种成熟的文类都有其基本的叙事模式,它由"恒定因素"、"叙事手法"、"情节动力"等基本结构元构成。而且文类特征一旦形成,其发展本身的逻辑力量就会为后来者制订若干创作的无形规则。这些规则可以被发展、质疑、置换,但不能被消除。但是新世纪武侠电影,却在相对程度上模糊了"武侠"文类的类型特点。比如《蜀山传》成为武侠＋仙魔,《一石二鸟》《十全九美》则是动作＋喜剧,《满城尽带黄金甲》则是宫廷＋阴谋,《霍元甲》是动作＋爱国,《龙门飞甲》是武侠＋西部片,《四大名捕》则是动作＋悬疑,《无极》《神话》则是动作＋神话,《狄仁杰之神都龙王》则是动作＋神怪,等等,与传统塑造侠客,张扬侠义精神,传承侠德武道的武侠电影相比,这些电影普遍面目模糊,而诸如《天下第二》《龙凤店》《魔侠传之堂吉诃德》《大笑江湖》,更是在涨破武侠文类临界点方面有过之而无不及。

虽然从武侠文类的发展方面来看,这些电影与其他题材的融合,为武侠电影的发展开拓了一定的思路,因为从理论上来讲,每一种文体类型的基本模式后面,表达的都是文体对不断变换的社会、经济、政治、文化脉络的想象性投射和无意识烛照,比如武侠对喜剧无厘头的吸收,对西部片乃至公路片的元素的借鉴,都在某种程度上表征着当下人们对生存环境的一种认知方式。武侠对神话、魔幻、科幻、悬疑题材的吸收,表达的是中国电影产业谋求与世界电影工业发展同步的一种对接意识。武侠对政治意识形态的无意识投射,表达的或许是中国大国崛起以及文化自信的某种症候。从上述分析其实可以看到,武侠作为一种拥有一定模式化类型化的文化承载方式,在当下的武侠电影创作中,已经远远突破了传统武侠的题材范围。那么引起的思考就是,武侠电影的未来前景走向究竟如何,是与其他文类互动走向文体融合？还是继续其文类本体的独立地位？武侠叙事是应该更强力的介入现实和当下，继续"新武侠"开创的干预和批判锋芒？还是进入玄幻、神魔的超现实层面，继续其乌托邦梦境的营造，实现其对大众情感的精神抚慰？武侠到底是承担文化拯救的功能多些，还是娱乐大众的功能多些？

　　基于以上的问题，我们认为，一方面，虽然"武"与"侠"的具体内涵在不同时期应该有着不同的现象表征，但是一直以来对"武侠精神"的诠释，都是为了更准确地揭示"武/侠"这一历史文化存在的特定含义，是为了更好的传承"武/侠"精神，丰富"武/侠"内涵，所以尽管电影叙事对"武/侠"的内涵可以有不同的表达方式，但"我们倾向于将侠诠释为一种道德或超道德的英雄。这不仅仅是肯定历代文人知识分子对侠的文化创造以及赋予其中的正义人格力量，而且是为了注重保存和发扬这些始终交错互动的历史诠释、文学想象、正义迷思和英雄崇拜在侠的观念意义中积淀下来的道德价值和社会良知等人文精神。"①当然这也是承认"武/侠"在人类社会发展变迁中作为亘古不变的"恒量"出现的作用和价值。

　　另一方面，对武侠电影工作者来说，各类推陈出新的新变，也都不能彻底脱离武侠的基本模式（所谓的"反武侠"也应仍是在武侠题材的概念之下），而必须体现其与基本模式之间的适度张力。因为"任何体裁都有其自己无法逾越的作为媒介的边界。"②张力太弱，容易落入窠臼，但若用力过猛，则又溢出类型之外，无人能"识"。这正如 20 世纪小说发展面临的危机与困境，拯救者之一的昆德拉曾认为"发现只有小说才能发现的，这是小说的存在的唯一理由。"③而对武侠电影叙事来说，武侠存在的唯一理由同样是，保持武侠能成为"武侠"的基本模式，进而开拓武侠文类所能表现的可能性维度和所能到达的可能性深度。而这无疑也是接下来的武侠题材创

---

① 汪聚应：《中国侠的历史文化诠释》，《社会科学评论》2008 年第 4 期。
② 吴晓东：《从卡夫卡到昆德拉：20 世纪的小说和小说家》，生活·读书·新知三联书店，2003，第 313 页。
③ 昆德拉：《小说的艺术》，孟湄译，生活·读书·新知三联书店，1992，第 4 页。

作者所要继续努力的。

二、武侠电影与电影产业的助力关系

随着全球化在中国电影领域的深度展开,机遇与挑战面前的中国武侠电影显然做出了自己的实践和选择,一方面其以独特的国际化制作理念、超豪华明星阵容、普遍性的创作主题、密集奇幻的中国文化意象,承担着中国电影走向世界的伟大使命,和践行着几代电影人的对奥斯卡的不灭幻想,不仅改写着武侠电影的诸多历史叙事/行侠动力/审美呈现的逻辑,也开创了中国整个电影市场的新格局。另一方面,在全球化对政治、资本、权力越来越深的渗透和卷入的过程中,武侠电影也极为严重的暴露出了它在制作观念空洞、意识形态犬儒、奇观修辞偏颇上的诸多短板。这从一个侧面显示了,自《卧虎藏龙》冲奥成功之后,新世纪以来的武侠电影对全球化的乐观想象:期待全球化的到来能够拯救当时已经跌入谷底的中国电影产业,试图通过国际化的制作方式和营销方式对接国际市场,壮大自身,进而对抗好莱坞的强势入侵,激起国内市场的全面繁盛。而《英雄》《十面埋伏》《天地英雄》《满城尽带黄金甲》《无极》的尝试,似乎的确验证了上述对全球化的理想期待,将中国电影产业推向了一个急速膨胀的新时期,再一次以坚挺的数据和昂扬的姿态证明了"发展才是硬道理"。但是,在数据"好看"的背后,武侠电影却陷入了思想的极度贫血,叙事的极度混乱之中,不仅造成了海外市场的审美疲劳,也脱离了本土观众的日常想象。"进入全球化不是一个浪漫的想象,而是世界政治、经济、文化关系复杂的运作。"①2006年之后,随着《集结号》的成功实践,原来武侠电影占半壁江山的产业制作格局出现了新的变化,主流商业大片的兴盛,中小成本电影的异军突起,国内外对武侠电影奇观化的审美疲劳,将新世纪刚刚勃兴的武侠电影再一次推向危机边缘,同时也更为急切的逼迫武侠电影再度反身自问。可以说,2006年之后,大陆对武侠电影的生产开始进入疲惫、调整期,武侠的重镇有所调整,开始了香港技术北上的合拍片为主导的时期。从2007年陈可辛

---

① 张颐武:《全球化与中国电影的转型》,中国人民大学出版社,2006,第45页。

的《投名状》,李仁港的《三国之见龙卸甲》,2008年程小东的《江山美人》,叶伟信的《叶问》、2009年李仁港的《锦衣卫》,2010年袁和平的《苏乞儿》,叶伟信的《叶问2》,徐克的《狄仁杰之通天帝国》,吴宇森的《剑雨》,一直到2011年陈可辛的《武侠》,2012、2013、2014年陈嘉上《四大名捕》(1、2、3)、刘伟强的《血滴子》、2013年王家卫的《一代宗师》、2014年路阳的《绣春刀》等武侠电影逐渐摆脱了重奇观轻叙事的实践缺陷,而呈现出一些颇有价值的新转向:

(一)对全球化的新理解

从前面的论述中,我们可以看到,新世纪武侠电影从《英雄》到《夜宴》,普遍的呈现了世纪之交,中国武侠电影文化面对全球化的一种矛盾心态:也即民族性与世界性的暧昧冲突,同时也表现为文化自卑与文化自信的双重缠绕。比如武侠电影中,一边是面对奥斯卡情结,武侠电影不自觉的通过对中国传统文化的开发,对西方的迎合姿态,另一方面则是对中国功夫展演的自信,以及通过《英雄》等影片呈现出的中国崛起论背景下的依旧强盛的大国意识。这就造成了此时期的武侠电影某种内在的分裂:一方面是影片中强烈的民族精神和本土意识诉求,这种诉求某种程度上正显示了面对全球化,一直绵延不断的挫败感和焦虑感,接续起的是,自1980年代以来,中国电影渴求走向世界的急迫愿景,同时也显示了对全球化的失望。另一方面,则是对全球化的幻想依然存在,对西方话语和意识形态的重视依然强烈,而且通过对国际明星,国际制作团队的启用,试图打通国际市场的实践依然不断。这种文化自卑与过度自信交缠的悖论,正是当下武侠电影精神内核贫乏和主体意识缺乏的内在根源。

当然这种文化自觉意识的缺乏,从2007年开始,有了新的改变,这种趋向首先就是一种将全球化再度问题化进而内在化的过程,也就是说,全球化不再是电影制作的一个外在背景,而是被不期然地被当作电影制作本身的内部问题,当作当下中国在世界格局中的现实处境和坐标位置,也即是说,随着电影制作人对电影与全球化关系的理解,全球化已经内化成为电影自身视域中不得不处理和考虑的一个具体情景。这样,武侠电影面对的本土性与全球化的矛盾就不再是以强烈的民族情怀反抗全球化,或者以所谓的走向世界的名义全面倒向全球化。这既不是回到一种全然对外的状态,也不是停留在一个封闭的国内语境中,而是体现着对中国本土民众的倾情投入,诸如《剑雨》,诸如《武侠》,将视野投向小人物,投向英雄渴求的平凡而朴实的大众生活的温暖现实,以他们的困境、挑战、期望和力量来表达武侠精神在世俗生活中的坚实存在。或者诸如《一代宗师》,通过叶问和宫宝森的金楼比武,发出"拳有南北,国有南北乎?"的反问。叶问的"其实天下之大,又何止南北?在你眼中,这块饼是一个武林,对我来讲是一个世界。所谓大成若缺……"不是固守、亦并非放弃,而是胸襟、通透和豁达。它展现的"不仅是世纪之交港台导演为了应对'后冷战'三地困局所采取的修辞——文化中国,而且是世界视野里的中国文化。"[①]

这些影片展示出来的文化自觉意识,正暗示着对全球化的新理解,事实上,只有当把全球化内在化为中国电影的一个内在现实语境,也即所谓的全球化并非天然的具备一种超越性的普世理念或者视角,它与民族化的关系只是不同的或者说具体的历史关系与知识形态在不同的时空或者网络中的遭遇和碰撞,所以反思全球化的目标,乃是真正理解世界文化的多样共存性,以及在这种多样性中进行民族化选择的可能性,武侠电影融入全球化,并不是简单的放弃自我的文化价值而满足西方的猎奇心理,而是以传统文化为根基,从制作观念到发行,每一个环节都形成自我的主体性,只有形成了相对的主体性,武侠电影才能真正具备一种自我更新的机制和能力。而这种新的内向化不仅意味着当下武侠电影盲目或者急切渴望"走向世界"的想象终结,同时也意味着武侠电影对新的本土大众和传统文化的开掘可能。或许只有放弃了对盲目的世界性意识的追求,建构起武侠电影自身的主体性,武侠电影才能真正克服当前最为人诟病的思想贫血、精神软骨的弊病。

(二)武侠电影与其他类型影片的互动

武侠对电影市场、票房的贡献在新世纪有目共睹,这些辉煌似乎告知在资本时代,在经济一体化时代,中国电影无须其他类型的支撑。然而,在

---

① 戴锦华:《光影之痕:电影工作坊2012》,北京大学出版社,2014,第29页。

中国电影向更深的产业化道路迈进时,这一辉煌是否同时在更为急切地呼唤着中国电影多元化的存在?戴锦华曾说,"中国大片开始挑战好莱坞,却在本土电影市场上接替好莱坞的角色,赢家通吃。这带来的潜在危机正在于——如果没有一个巨大坚实的电影工业、没有电影艺术的基座、没有一个多样化的电影生态,中国电影塔尖上的辉煌究竟可延续几时?"①的确,一个健康有序,发展成熟的电影市场应该是一个价值多元、类型多样、审美不同的多元化多层次的市场。"就国内现阶段而言,应该呈现出金字塔式的结构。底部即所谓大众市场,此向度的影片主要诉诸观众的视觉快感,走'眼球路线'。顶部即所谓小众市场,此向度的影片主要诉诸观众的独特思考或另类体验,走'异趣路线'。在底部与顶部之间,则是更为宽泛的中间市场,此向度的影片主要诉诸观众的心智感受,走'情节路线'。"②自新世纪以来,各个影视集团和导演都重金制作武侠式奇观影片,在打开大众市场,实现中国电影工业崛起上的确功不可没,但它们倘若一枝独秀,过多地占据有限的银幕资源、媒体资源和观众资源,那么只能继续助长当下电影结构单一、资本流动单一造成的电影市场的后劲疲乏态势。而此将终会严重妨害小成本影片、艺术影片、其他类型片的生产、流通,最终损伤多元电影市场的形成和发展。

　　令人欣喜的是,自 2007 年底,华谊兄弟推出冯小刚导演的《集结号》开始,大资本大制作并不仅仅局限在所谓的商业片上,而是投向了主旋律影片的生产,这是国产大片走出单一格局的一个明显信号,之后小成本电影也屡屡获得受众青睐,逐渐成为票房赢家。比如从《十月围城》到《云水谣》再到《建党伟业》、《辛亥革命》、《孔子》,从 2013 年以黑马姿态杀出的贺岁片《泰囧》到颇受好评的《钢的琴》,从 2014 年以魔幻题材勇夺 10.42 亿票房成为上半年年度冠军的《西游记之大闹天宫》,到张艺谋本真回归的《归来》,从频频造势的父子亲情真人秀《爸爸去哪儿》,到开始发力的国产动画片《熊出没》,从 2010 年开始崛起的国产惊悚片《笔仙》,到敢于尝试伦理禁

---

　　① 戴锦华:《中国电影是否需要"文化例外"》,《人民日报》2010 年 7 月 1 日。
　　② 葛颖:《新世纪中国电影不可忽视的两大现象》,《文汇报》2010 年 7 月 18 日。

忌的《逆爱》。可以说从 2010 年开始,中国电影在成功跨过 100 亿票房之后,无疑正在促使国片市场形成商业大片,主旋律影片,小制作影片三足鼎立,集武侠动作、生活喜剧、公路片、悬疑惊悚、魔幻片、青春爱情片、文艺片、伦理片、动画片多元共生的新格局和新气象。而各类影片也正在与市场、观众、影评进行不断的协商、撮合以及互动,通过不断的尝试、突破瓶颈以及在创作理念与制作水准上的提升,已经凸显了国产电影种种越过幼稚期即将走向有序、健康发展轨道的迹象。

如果以 2013 年、2014 年的中国电影为例,似乎已经能够看到国片市场在经过一系列的洗牌和重组,为中国电影产业的壮大和腾飞,为世界电影市场带来的诸多惊喜:比如 2013 年电影票房首次实现 218 亿元,2014 年 296.39 亿元①实现了电影产业化改革以来的又一次重大飞跃,尤其值得欣喜的是国产影片市场份额在越过 2012 年的短暂低谷之后,与进口影片的比例骤然上升为 2013 年的 58.65%,2014 年的 54.51%②,成为目前少有的,能在本土市场上对抗好莱坞电影侵袭的国家,同时大量中小成本、关注现实题材、魔幻题材、动漫题材影片的崛起,也正有效地促进电影产业的多元化和多样化需求的形成。这种种惊喜的背后,实际上印证的是中国电影多年来在各个方面发展积累和不断成长的一种必然趋势,也就是说,在越过最初的稚嫩期和泡沫期之后,中国电影工业,一方面在市场成熟度上,正逐渐走向正轨,比如影片质量对票房成绩的贡献比例在逐步提升,影片资本结构更多元,产业、产品结构更趋合理,产能过剩和产能不足矛盾也正在得到有效化解,整个产业的工业化水平在逐步提升。另一方面,随着观影人数的逐年增加,观影者的审美趣味正在趋近形成相对稳定和多元的风格和类型,电影制作者的从业水准逐步提升,对电影的制作理念、观众诉求、价值传达等有了更为清晰和理性的认识,电影理论和批评更具指导和前瞻性

---

① 隋笑飞、张正富:《2014 年中国电影总票房 296 亿元》,人民日报海外版,2015 年 1 月 2 日,数据来源:新闻出版广电总局电影局 1 日通报,2014 年我国故事影片产量 618 部,同比减少 20 部;全国电影总票房 296.39 亿元,同比增长 36.15%,其中国产片票房 161.55 亿元,占总票房的 54.51%。

② 同上。

等。总之,虽然国产电影仍然存在着诸如不尽人意的地方,但当下中国电影产业整体凸显出来的种种强劲的升级势头和张力,也许正蕴涵着中国电影迈向辉煌的契机。

参考文献

[1] 王一川:《中国现代性体验的发生:清末民初文化转型与文学》,北京:北京师范大学出版社2001年版。

[2] 罗钢、刘象愚主编:《文化研究读本》,北京:中国社会科学出版社2000年版。

[3] 周宪主编:《文学与认同:跨学科的反思》,北京:中华书局2008年版。

[4] 孟繁华:《众神狂欢:世纪之交的中国文化现象》,北京:中央编译出版社2003年版。

[5] 黄会林主编:《当代中国大众文化研究》,北京:北京师范大学出版社1998年版。

[6] 陆扬、王毅:《大众文化与传媒》,上海:上海三联书店2000年版。

[7] 陆扬、王毅编选:《大众文化研究》,上海:上海三联书店2001年版。

[8] 陈刚:《大众文化与当代乌托邦》,北京:作家出版社1996年版。

[9] 汪民安主编:《文化研究关键词》,南京:江苏人民出版社2007年版。

[10] 耿文婷:《中国的狂欢节——春节联欢晚会审美文化透视》,北京:文化艺术出版社2003年版。

[11] 单世联:《现代性与文化工业》,广州:广东人民出版社2001年版。

[12] 陶东风主编:《当代中国文艺思潮与文化热点》,北京:北京大学出版社2008年版。

[13] 《中华人民共和国现行文化行政法规汇编(1949—1985)》(上),北京:北京文物出版社1988年版。

[14] 邹贤尧:《广场上的狂欢:当代流行文学艺术研究》,北京:中国社

会科学出版社2008年版。

[15] 汪晖:《汪晖自选集》,桂林:广西师范大学出版社1997年版。

[16] 朱光潜:《文艺心理学》,桂林:漓江出版社2011年版。

[17] 朱大可:《流氓的盛宴——当代中国的流氓叙事》,北京:新星出版社2006年版。

[18] 欧阳友权:《网络文学论纲》,北京:人民文学出版社2003年版。

[19] 欧阳友权:《网络文学本体论》,北京:中国文联出版社2004年版。

[20] 张闳:《文化街垒》,长沙:湖南文艺出版社2006年版。

[21] 刘小枫:《拯救与逍遥——中西方诗人对世界的不同态度》,上海:上海人民出版社1988年版。

[22] 宋伟杰:《从娱乐行为到乌托邦冲动——金庸小说再解读》,南京:江苏人民出版社1999年版。

[23] 张京媛:《新历史主义与文学批评》,北京:北京大学出版社1993年版。

[24] 梁茂春:《中国当代音乐:1949－1989》,北京:北京广播学院出版社1993年版。

[25] 黄望南主编:《黄一鹤的电视艺术道路》,北京:中国广播电视出版社1993年版。

[26] 王思琦:《中国当代城市流行音乐:音乐与社会文化环境互动研究》,上海:上海教育出版社2009年版。

[27] 黄燎原等编著:《十年:1986－1996中国流行音乐纪事》,北京:中国电影出版社1996年版。

[28] 崔健、周国平:《自由风格》,桂林:广西师范大学出版社2001年版。

[29] 李皖:《倾听就是歌唱:酷评流行乐》,成都:四川文艺出版社2001年版。

[30] 李皖:《我听到了幸福》,北京:生活·读书·新知三联书店2003年版。

[31] 金兆钧:《光天化日下的流行:亲历中国流行音乐》,北京:人民音乐出版社2002年版。

[32] 雪季编著:《摇滚梦寻——中国摇滚乐实录》,北京:中国电影出版社1993年版。

[33] 李宏杰:《中国摇滚手册》,重庆:重庆出版社2006年版。

[34] 于今:《狂欢季节——流行音乐世纪飓风》,广州:广东人民出版社1999年版。

[35] 今何在:《悟空传:完美纪念版》,长沙:湖南文艺出版社,2011年版。

[36] 师永刚、刘琼雄编著:《周星驰映画》,北京:作家出版社2006年版。

[37] 戴锦华:《隐形书写:90年代中国文化研究》,南京:江苏人民出版社1999年版。

[38] 戴锦华主编:《光影之隙:电影工作坊2010》,北京:北京大学出版社2011年版。

[39] 戴锦华:《光影之忆:电影工作坊2011》,北京:北京大学出版社2012年版。

[40] 戴锦华:《雾中风景:中国电影文化1978-1998》,北京:北京大学出版社2000年版。

[41] 林勇著,林勇、赵海风译:《文革后时代中国电影与全球文化》,北京:文化艺术出版社2005年版。

[42] 包亚明主编:《现代性与空间的生产》,上海:上海教育出版社2003年版。

[43] 郑树森编:《文化批评与华语电影》,桂林:广西师范大学出版社2003年版。

[44] 阿尔都塞著,陈越编译:《哲学与政治:阿尔都塞读本》,长春:吉林人民出版社2003年版。

[45] T.S.艾略特著,王恩衷编译:《艾略特诗学文集》,北京:国际文化出版公司1989年版。

[46] 让·波德里亚著,刘成富、全志钢译:《消费社会》,南京:南京大学出版社2000年版。

[47] 大卫·鲍德韦尔、诺埃尔·卡罗尔主编,麦永雄等译:《后理论:重

建电影研究》，北京：中国社会科学出版社2000年版。

[48] 弗雷德里克·詹姆逊著，王逢振等译：《快感：文化与政治》，北京：中国社会科学出版社1998年版。

[49] 保罗·莱文森著，何道宽编译：《莱文森精粹》，北京：中国人民大学出版社2007年版。

[50] 安德烈·戈德罗、弗朗索瓦·诺斯特著，刘云舟译：《什么是电影叙事学》，北京：商务印书馆2005年版。

[51] 查尔斯·泰勒著，韩震等译：《自我的根源：现代认同的形成》，南京：译林出版社2001年版。

[52] 查尔斯·泰勒著，程炼译：《现代性之隐忧》，北京：中央编译出版社2001年版。

[53] 萨义德著，王宇根译：《东方学》，北京：生活·读书·新知三联书店2019年版。

[54] 迈克·费瑟斯通著，杨渝东译：《消解文化——全球化、后现代主义与认同》，北京：北京大学出版社2009年版。

[55] 马歇尔·伯曼著，徐大建、张辑译：《一切坚固的东西都烟消云散了——现代性体验》，北京：商务印书馆2003年版。

[56] 米哈伊尔·巴赫金著，刘虎译：《陀思妥耶夫斯基诗学问题》，北京：中央编译出版社2010年版。

[57] 詹明信著，张旭东编，陈清侨等译：《晚期资本主义的文化逻辑：詹明信批评理论文选》，北京：生活·读书·新知三联书店1997年版。

[58] 戴卫·赫尔曼主编，马海良译：《新叙事学》，北京：北京大学出版社2002年版。

[59] 约翰·费斯克著，王晓珏、宋伟杰译：《理解大众文化》，北京：中央编译出版社2001年版。

[60] 约翰·费斯克著，杨全强译：《解读"大众文化"》，南京：南京大学出版社2001年版。

[61] 提摩太·贝维斯著，胡继华译：《犬儒主义与后现代性》，上海：上海人民出版社2008年版。

[62] 特里·伊格尔顿著，华明译：《后现代主义的幻象》，北京：商务印

书馆 2000 年版。

［63］琳达·哈琴著,李杨、李锋译:《后现代主义诗学:历史·理论·小说》,南京:南京大学出版社 2009 年版。

［64］理查德·罗蒂著,徐文瑞译:《偶然、反讽与团结》,北京:商务印书馆 2003 年版。

［65］阿莱斯·艾尔雅维茨著,胡菊兰、张云鹏译:《图像时代》,长春:吉林人民出版社 2003 年版。

［66］费瑟斯通著,刘精明译:《消费文化与后现代主义》,南京:译林出版社 2000 年版。

［67］马克斯·霍克海默、特奥多·阿尔多诺著,洪佩郁、蔺月峰译:《启蒙辩证法》,重庆:重庆出版社,1990 年版。

［68］约翰·斯道雷著,杨竹山、郭发勇、周辉译:《文化理论与通俗文化导论》,南京:南京大学出版社 2006 年版。

［69］多米尼克·斯特里纳蒂著,阎嘉译:《通俗文化理论导论》,北京:商务印书馆 2001 年版。

［70］阿瑟·丹托著,欧阳英译:《艺术的终结》,南京:江苏人民出版社 2001 年版。

后　记

本书的缘起,来自 20 多年的对中国当代大众文化,如何能够来势汹涌地侵入我们的日常生活,并最终无处不在的思考。

作为中国新时期文化变迁的见证者,我们亲眼目睹了大众文化带来的巨大震动。从邓丽君到王菲,从迪斯科到广场舞,从牛仔裤、喇叭裤到中国风,从无厘头到网络搞怪,从《望乡》到武侠大片,从《霍元甲》到网络自制剧……改革开放吹来的文化春风,沐浴和滋养了一波又一波流行潮流。各种文化的"百花齐放,争奇斗妍",悄无声息地改写着中国文化的"地形图"。

但正如在本书中提及的,大众文化作为一个超级能指,从来不是简单的跟着感觉走的情绪放纵,也不是过把瘾就死的时髦姿态,当然更不是试图解构一切的行为实验……40 多年的文化实践证明,大众文化不仅存在于制度与日常行为中,更存在于各种文化权力的激烈交锋中。

于是对大众文化的分析,实际上内含了几重视角:其一,从文化权力的博弈过程来看,大众文化获得命名权和合法性的过程,生动地呈现了意识形态、主流话语、知识精英、资本结构、异质文化、大众传媒之间的复杂冲突、扭结和共生关系。其二,从文化可持续发展的长远目光来看,无论是主流文化、精英文化,还是大众文化,在越来越被全球化、资本化深度卷入的国际市场上,各种文化之间的融汇共通、接纳借鉴已是自觉的趋势。文化间的绝对壁垒被打破,各种文化融合的背后是更细分的垂类发展,其目标乃是达到费孝通所言的"各美其美,美人之美,美美与共,天下大同"。其三,从文化的需求和接受过程来看,改革开放初期,尽管主流话语界对大众文化不屑一顾,但作为大众表述自己特定意义与价值的生活方式,大众文化依然获得了最广泛大众的青睐。这给予我们的启示依然是,文化的传播要考虑接受者的兴趣和需求。

后　记

　　本书对几个话题的思考正是内嵌了上述几重视角，一方面力图还原大众及大众文化的复杂面孔；另一方面也努力解释这些面孔背后更为复杂的权力交锋；当然也期待对大众文化发展过程中，出现的文化传播的规律作出揭示。比如几种文化如何在争斗中走向互相融合，达到共生。大众在某一时期为何会接受这种文化而不是其他，背后的接受心理是什么。

　　当然遗憾的是，基于本书撰写时间的局限，比如本书主要的内容都完成于2013年底，只是阴差阳错，到了现在的2021年底才得以有机会出版，故而对于书中的很多话题的分析与论述，都没有能够延续至当下，对上述所言当代大众文化的发展和传播规律，虽然有了基本的说明，但缺乏最新的案例支撑。不过这也为接下来的研究留下了足够的空间。

　　此为憾事，但亦是再出发的动力。

张乐林
2021年10月于开封